STEIDL

HANS HALTER

Krieg der Gaukler

Das Versagen der deutschen Geheimdienste

STEIDL

Fotonachweis: DER SPIEGEL: S. 57, 112, 114, 123, 139, 149, 167. Süddeutscher Verlag: S. 77. Stern-Archiv: 33, 117. Steidl-Verlagsarchiv: S. 23, 263. Burkhard Lange: 118, 119, 224. Klaus Mehner: S. 115, J.H. Darchinger: S. 111. Bonn-Sequenz, Hans Windeck: S. 113. Munker: S. 116

1. Auflage März 1993

Umschlaggestaltung: T. Flexen
Umschlagfoto: M. del Frate
Satz, Scanlithos, Druck, Bindung:
Steidl Verlag, Düstere Straße 4, 3400 Göttingen
ISBN 3-88243-246-2

Inhalt

Einleitung

Ein Gentleman liest keine fremden Briefe. Ein Gentleman läßt sich nicht vom Geheimdienst anwerben, es sei denn, er ist Engländer und das Vaterland steht im Krieg. Daß der Zweck die Mittel heiligt – man also mit Lüge, Betrug, Verrat, Erpressung und mit Schlapphut, Sonnenbrille und falschem Bart, Freiheit, Gleichheit und Brüderlichkeit beschützen könne –, reden sich die Geheimdienstler permanent ein. Selbstbeweihräucherung und Eigenlob sind in diesen Behörden gang und gäbe. Auch deshalb, weil von den Auftraggebern und den Beschützten Lob nur selten zu erhalten ist. Der ehemalige Verfassungsschutz-Präsident Gerhard Boeden behauptete bei seinem Abschied 1990 zwar, das Ansehen des Verfassungsschutzes sei beim Bürger »weit besser, als mancher behauptet«, präzisierte vorsichtshalber aber nicht, wer »mancher« ist und was »weit besser« bedeuten könnte. Boeden wörtlich: »Wir alle im Verfassungsschutz sind bemüht, dieses Ansehen auch weiterhin zu wahren!« Ausrufungszeichen, sonst glaubt es womöglich keiner.

Den deutschen Geheimdiensten geht es schlecht. Sie haben eine böse Pechsträhne: Viele Jahrzehnte lang durften sie expandieren, in Ost und West gleichermaßen, denn des einen Spion ist immer des anderen Alibi. Doch nun ist der größte, mächtigste und teuerste deutsche Geheimdienst, der ostdeutsche Staatssicherheitsdienst, im Herbst 1989 überraschend verstorben, im 39. Lebensjahr, coram publico. Er hinterließ ein Reich aus Papier und drei ratlose westdeutsche Dienste – den kleinen Militärischen Abschirmdienst (MAD) der Bundeswehr, berühmt-berüchtigt für seinen Dilettantismus; das Bundesamt für Verfassungsschutz (BfV) in Köln samt den regionalen Verfassungsschutzämtern in allen Bundesländern, deren Beamte nicht immerzu mit dem Grundgesetz unter dem Arm herumlaufen können; schließlich den Bundesnachrichtendienst (BND) im bayerischen Pullach bei München, der sich irrtümlicherweise für die »Elite der Elite« hält. Allen drei Institutionen, bezahlt aus Steuergeldern, weht der Wind ins Gesicht.

Die deutsche Wiedervereinigung erweist sich für Geheimdienstler als arge Heimsuchung, aus vielen Gründen: Erstens ist ihnen der liebwerte Feind abhandengekommen, das »Bedrohungspotential« hat sich unbestritten nach Ende des Kalten Krieges deutlich vermindert. Zweitens wurden die deutschen Geheimdienste ihrer eigentlichen Aufgabe, nämlich vorausschauend zutreffende Nachrichten zu sammeln und daraus richtige Prognosen abzuleiten, weder während der stürmischen Herbsttage 1989 noch in den Monaten der Zeitlupen-Implosion der DDR gerecht. Die Dunkelmänner wußten nicht, wie es denn weitergehen wird. Die Blamage ist aus einem dritten Grund komplett: Die alte Vermutung, die westdeutschen Dienste seien von der Stasi gefährlich unterwandert, geriet zur Gewißheit. Das Ministerium für Staatssicherheit der DDR (MfS) war überall dabei: Jahrelang stellte es den Vize-Chef des MAD, besoldete den Verfassungsschützer, der die westdeutsche Republik eigentlich vor den Ostspionen bewahren sollte, las die »Hausmitteilungen« des BND und ließ eine promovierte Agentin im Bundesnachrichtendienst die Analysen fertigen, die den Kanzler über die Weltlage ins Bild setzten.

Blamiert, unterwandert, inkompetent. Plötzlich im Scheinwerferlicht der Öffentlichkeit. Ohne großen Rückhalt bei Politikern, Industrie, Steuerzahlern und öffentlicher Meinung – so nackt, müssen sich die nun gesamtdeutschen Geheimdienste der öffentlichen Diskussion stellen. Das paßt ihnen gar nicht in den Kram. Am Ende, so fürchten sie, werde daraus ein »Gesundschrumpfen«. Beides, das Verkleinern und das Genesen (wenn es denn gelingt), sind schmerzhafte Prozesse. Deshalb bemühen sie sich, das Vergangene einzunebeln. Der Blick der Öffentlichkeit soll nach vorn gerichtet werden – dorthin, wo die neuen Herausforderungen gesichtet sind: In Zukunft will man sich vor allem um den Rechtsextremismus kümmern, um Waffenschmuggel, Umweltverschmutzung, Rauschgift und sogar Mädchenhandel. Auch den Unterschied zwischen Geheim- und Nachrichtendiensten sucht man zu verwischen. Streng rechtlich betrachtet, ist der BND nur ein geheimer Nachrichtendienst, kein Geheimdienst wie etwa der amerikanische CIA. Der BND darf deshalb – eigentlich – nicht mit Waffen handeln und keine fremden Regierungen stützen oder stürzen. Den deutschen Verfassungsschützern fehlen von Rechts wegen alle polizeilichen Befugnisse. Wie das Leben lehrt, sehen die geheimen Beamten das alles nicht so streng. Deshalb wird in diesem Buch auch nicht puristisch zwischen geheimem Nachrichtendienst und Geheimdienst unterschieden. Einig sind sich alle: Nur keine Diskussion! Weder über Details noch über Grundfragen, nicht über Männer und Methoden, Geld und Gesetz. Das Dunkel soll dunkel bleiben und die Zukunft licht und hell...

Ein Geheimdienstler, so hatte schon der geheime Oberpolizist der Weimarer Republik und erste Chef der Gestapo, Rudolf Diels, empfohlen, müsse eigentlich ein Jurist von hoher Bildung, Herzensgüte, Gerechtigkeitsliebe, Strenge gegen sich selbst und so weiter sein. Und so sehen sich viele auch. Der Jurist Otto John, erster Präsident des Bundesamtes für Verfassungsschutz und danach drei Jahre im Zuchthaus (siehe Kapitel II), rühmte die »Perfektionierung der Kunst, mehr zu hören und besser zu sehen« als alle anderen Leute. Das sei Wesen und Erfolg der Nachrichtendienste. Einer seiner Nachfolger, der Jurist Günther Nollau, sprach gern von der »Berufsfaszination«, den »Regierenden beizubringen, was man weiß«.

Das ist alles Quatsch. In Wirklichkeit mißtrauen die meisten Politiker den Geheimdiensten, ihren führenden Männern und deren Charakter. Bundeskanzler Konrad Adenauer wollte während der »Spiegel«-Krise 1962 den BND-Präsidenten Reinhard Gehlen verhaften lassen. Der kleine General – »Ich als Schöpfer und Chef des Bundesnachrichtendienstes« – entging den Handschellen nur deshalb, weil Adenauers Justizminister Wolfgang Stammberger Bedenken äußerte. Adenauer, damals schon 85 Jahre: »Ich bin auch einmal Staatsanwalt gewesen. Früher war das aber ganz anders.« Adenauers Nachfolger im Amt, der sonst so gemütliche Ludwig Erhard, schmiß die kleine BND-Verbindungsgruppe im Palais Schaumburg hochkant raus. Erhard: »Ich will mit diesen Leuten nicht unter einem Dach sitzen!« Dabei verhielten sich die Geheimdienstler schon so lautlos als eben möglich. Ihre Zimmer hatten sie sorgsam schallisoliert, schon deshalb, weil die Kanzler im Stock darunter ihr Mittagsschläfchen hielten. Bundeskanzler Willy Brandt hat die Dienste durch Nichtbeachtung permanent gekränkt; er verlor sein Amt schon nach drei Jahren, weil Stasi und Verfassungsschutz einen aufsehenerregenden Synergie-Effekt, die Affäre Günter Guillaume, produzierten. Bundeskanzler Helmut Schmidt, ohnehin von den eigenen Fähigkeiten stärker überzeugt als vom geballten Intellekt anderer Männer, verkündete öffentlich, daß er auf die Nachrichten und Analysen seiner BND-Spione (»dieser Dilettantenverein«) gut verzichten könne. Die Lektüre der »Neuen Zürcher Zeitung« sei weitaus informativer. Und Helmut Kohl? Er läßt lesen. Irgendein Interesse an den drei deutschen Nachrichtendiensten hat er nie gezeigt. Intuitiv scheint er zu wissen, daß Distanz am besten vor den Strudeln schützt, die geheime Beamte nolens volens in Bewegung setzen. In solchen Strudeln kann auch ein großer starker Mann für immer versinken.

Während sich die westdeutschen Regierungschefs von ihren Diensten zwar nicht unterrichtet, hin und wieder aber doch erheitert fühlten, mißtrauten die ostdeutschen Staatslenker ihrem Staats*sicherheits*dienst aus tiefstem Herzen. Zu Recht, wie die Geschichte lehrt: Womöglich gäbe es die DDR noch immer, wenn sie keinen hypertrophen Stasi gehabt hätte, denn der und die als »Aluminiumchips« verspottete Währung sind die beiden emotionalen Stimuli für den demonstrativen Widerstand der breiten Massen gewesen. Der Stasi hat Honecker nicht erheitert, sondern falsch informiert und am Ende um Anstellung und den ruhigen Lebensabend gebracht. Daß der Geheimdienst, angeblich »Schwert und Schild der Partei«, heimlich auch noch belastendes Material gegen den ersten Parteigenossen sammelte, hat Erich Honecker erst nach Erich Mielkes Verhaftung erfahren. Im sogenannten »realen Sozialismus« ging es hin und wieder nicht nur um das Amt, sondern wirklich um den Kopf: 1953 wollte der damalige Staatssicherheitsminister Wilhelm Zaisser die Partei radikal »säubern« lassen, und »wir mußten sehr aufpassen«, erinnert sich Honecker fast 40 Jahre später noch mit Schaudern. Sicherheitshalber hat er damals geholfen, die von Zaisser (einem ehemaligen Volksschullehrer) aus der Sowjetunion herangeholten Säuberer gleich am Flughafen abzupassen und wieder zurückzuschicken.

Die kurzatmigen Nachfolger Honeckers schimpfen noch immer wie die Rohrspatzen auf den Stasi. Sie habe, sagt

Modrows Wirtschaftsministerin Christa Luft, leider nicht rechtzeitig erkannt, wieviel »geballte Unredlichkeit, Gemeinheit, Hinterhältigkeit, Intrigantentum« im Geheimdienst der DDR beieinander waren. Frau Lufts Vorgänger, Günter Mittag, reut es heute noch, daß er seinerzeit die vielen Milliarden für den Stasi klaglos herausgerückt hat. »Was haben sie im Endeffekt für den Erhalt des Staates DDR bewirkt?« Richtige Antwort, ein bißchen spät: »Faktisch nichts!« Im Jahr 1990, als Gorbatschow mit Kanzler Kohl im Kaukasus die Einzelheiten der deutschen Wiedervereinigung aushandelte, revanchierten sich die Politiker am Geheimdienst Stasi. Das Thema Amnestie wurde gar nicht erst erwähnt, obwohl Markus (»Mischa«) Wolf in Moskau händeringend versucht hatte, es seinen russischen Freunden und Ex-Auftraggebern nahezubringen. Vergeblich; Gorbatschow, dem es ein leichtes gewesen wäre, den Amnestiewunsch durchzudrücken, denn auch in Bonn optierte bereits eine Große Koalition (CDU - Schäuble, FDP - Kinkel, SPD - Vogel) dafür, hielt Funkstille. »Nicht das Gesetz, den Richter fürchte« mahnt ein russisches Sprichwort.

Ist es aber überhaupt statthaft, die westdeutschen Nachrichtendienste mit ihrem glücklosen Gegner Stasi im gleichen Atemzug zu nennen? Lassen sich Rückschlüsse aus dem Ableben des einen auf die Zukunft der anderen ziehen? Oder wird hier Unvergleichbares verglichen? Ja und nein. Die drei westdeutschen Nachrichtendienste sind unvergleichlich viel kleiner und harmloser. Bei näherem Hinsehen wirken sie eher komisch als gefährlich. Wer dieses Buch bis zu Ende liest, der wird, so hoffe ich, diese Einsicht teilen. Aber es hieße, die strukturellen Eigentümlichkeiten von Geheimdiensten zu verkennen, wenn man so täte, als wären die einen »böse«, die anderen »gut«, Freunde und Feinde, Lichtgestalten und Dunkelmänner.

Davon kann keine Rede sein. Die Geheimdienste haben mehr Gemeinsamkeiten miteinander, als sie freiwillig zugeben. Man muß nur einmal einen Blick auf ihren Alltag werfen: Westdeutsche Geheimdienstler tragen von Amts wegen falsche Namen und falsche Bärte. Sie dürfen, wenn es denn dem Rechtsstaat nutzt, die Verkehrsregeln mißachten, brauchen vor Gericht nicht auszusagen, dürfen die Bürger routinemäßig täuschen und belügen und von Berufs wegen selbstverständlich alle möglichen Urkunden fälschen. Weil das Ziel der Geheimdienstler aller Länder gleich ist – sie sollen ihrem jeweiligen Staat und den Herrschenden Schutz und Bestand garantieren –, entwickeln sie länderübergreifend immer mehr Gemeinsamkeiten. Das Lebensziel Staatsschutz führt zur Rekrutierung ähnlicher Leute, fördert neuerdings die Akademisierung der Geheimdienstler, verbiegt ihre Charaktere auf gleiche Weise und macht sie deshalb untereinander kompatibel. Man tut den meisten Stasi-Männern kein Unrecht, wenn man vermutet, daß sie nach dem Exitus der DDR nunmehr am liebsten den neuen deutschen Staat schützen würden, selbstverständlich mit den jetzt von oben dekretierten neuen Methoden. Gelernt ist gelernt, Staat ist Staat, und die Disposition bleibt ohnehin die gleiche.

Der vorletzte Direktor der amerikanischen »Central Intelligency Agency« (CIA), Robert Gates, hat die Optik der Geheimdienstler in ein einprägsames Bild gebracht: »Ein Geheimdienst blickt durch ein einzigartiges und düsteres Prisma auf die Welt. Wenn ein Mitarbeiter Blumen riecht, dann schaut er sich nach einem Sarg um.« Die Sinneswahrnehmungen der Geheimdienstler und ihre Realitätsorientierung sind nicht nur in den USA gestört. Die »déformation professionelle« des Charakters, des Intellekts und der Wahrnehmung ist eine ubiquitäre Erscheinung – und dennoch sollen Nachrichtendienste ganz unentbehrlich sein als »sensibler Seismograph« künftiger Entwicklungen, als effiziente Beschützer der bürgerlichen Freiheiten? Es gibt so viele ungeklärte Fragen: Ist Spionage ein Handwerk oder ein Sport? Ein Räuber- und Gendarmspiel für Erwachsene? Ein Nullsummenspiel? Bataille contre l'ennui? Nutzt es der Demokratie, wenn man zu ihrem Schutz geheime Behörden einrichtet? Und wie viele Männer sollten dort Arbeit und Brot finden, Geheimtinte, gepanzerte Daimler, Dienstttelefone und lebenslange Alimentation als Beamter?

Die Gelegenheit ist günstig, sich ein Bild zu machen. Jedermann darf an der Sektion der Leiche Stasi mitwirken, denn die Akten dieses Geheimdienstes – das gab es noch nie! – darf einsehen, wer betroffen ist oder ein wissenschaftliches Interesse hat. Obgleich die Geheimdienstbrüder und -schwestern im Osten von ihren letzten Devisenreserven noch schnell leistungsfähige Papiervernichter in West-Berlin einkauften, sind die meisten Akten unversehrt geblieben. Es waren einfach zu viele ... Im übrigen sind fast alle Ost-Geheimdienstler noch am Leben, manche singen schon. Auf diese Weise tritt das Charakteristische eines Staats-Sicherheitsdienstes zutage. Und um Staatssicherheit handelt es sich, wie der damalige Bundesinnenminister Gerhard Schröder schon 1958 einräumte, schließlich auch beim nunmehr gesamtdeutschen Verfassungsschutz. Schröder wörtlich: »Bei der den Ämtern gestellten Aufgabe handelt es sich um Staatssicherheit.« Der Minister (er starb Sylvester 1989) hoffte zuversichtlich, »daß wir eines Tages getrost zu diesem Namen zurückkehren können«. Er hat es nicht mehr erlebt. Auch Schröders Nachfolger, der ungewöhnlich schlitzohrige Bundesinnenminister Hermann Höcherl, redete 1963 ausnahmsweise Klartext: »Die Bediensteten des Verfassungsschutzes« seien »Frontkämpfer bei der Bekämpfung des Staatsfeindes«.

Die drei deutschen Geheimdienste – Verfassungsschutz, Bundesnachrichtendienst, Militärischer Abschirmdienst – beschäftigen rund 15 000 Mann, vielleicht auch ein paar mehr (geheim!), vorwiegend Beamte. Bei einer Bevölkerung von 80 Millionen scheinen das wenige zu sein. Verglichen mit anderen Ländern sind es sehr viele. Einen sinnlichen Eindruck von 15 000 Geheimdienstlern bekommt man, wenn man sich bei passender Gelegenheit als Zuschauer einen Volksmarathonlauf ansieht, am besten bei Kilometer 36. Sie glauben nicht, wie lange es dauert, bevor 15 000 Mann an Ihnen vorbeigelaufen sind. Stunde um Stunde, es nimmt kein Ende. Und dann stellen Sie sich bitte vor, jeder der Läufer sei von Kopf bis Fuß mit Tausendmark-Scheinen bepflastert, jeweils rund einhundertfünfzig. So viel nämlich, etwa 150 000 DM pro Jahr, kostet im statistischen Durchschnitt ein deutscher Geheimdienstler. Er bekommt ja nicht nur ein Gehalt, sondern auch ein warmes Plätzchen in einem renovierten Dienstgebäude finanziert, das Benzin für den Dienstwagen, die Fotoapparate, ganz kleine und ganz große Funkgeräte, so wie es die jeweilige Bedrohungslage eben gerade erfordert. In den gefährlichen RAF-Zeiten sattelten besonders fixe Fahnder innerhalb weniger Tage auf 100-PS-Kawasaki-Motorräder um, auf die schmale Haftgrenze zwischen Leben und Tod. Selbstverständlich wird auch die Witwe eines deutschen Geheimdienstlers lebenslang versorgt. Etliche leiten ihre Ansprüche noch von Vatis Tätigkeit in Himmlers Reichssicherheitshauptamt her...

Dieses Buch befaßt sich mit den deutschen Diensten. Nur hin und wieder wird ein Blick auf die Geheimdienste unserer

Nachbarn geworfen. Luxemburg, das sich 22 Geheimdienstler leistet, wird nur einmal und nur hier vorn erwähnt. Daß das Leben der Dunkelmänner nicht nur komisch ist, zeigt der Blick auf unser Nachbarland Dänemark: Ein Deutscher, der für die Regierung Ihrer Dänischen Majestät in der DDR spioniert hat, ist dafür hingerichtet worden. Gibt es irgendein legitimes Informationsbedürfnis der dänischen Regierung, das diesen Preis rechtfertigt? Und irgendeine Rechtfertigung für das Todesurteil durch DDR-Richter? Ist die »Intelligence community« vielleicht gar keine? Früher jedenfalls, meint der »New York Times«-Kolumnist William Safire, habe man diese Leute eine Bande von Intriganten und Verschwörern genannt.

Ich finde, es lohnt sich, ein paar deutsche Geheimdienstler, die es zu Rang und Namen gebracht haben, einmal etwas genauer anzusehen. Das schließt eine Wissenslücke. Normalerweise kennt niemand einen Geheimdienstler. Das liegt in der Natur ihrer Arbeit. Nachbarn, Sportsfreunde, Ferienbekannte, manchmal sogar die eigenen Kinder werden über den Beruf getäuscht. Ein Geheimdienstler räumt allenfalls ein, daß er »beim Staat« beschäftigt sei, in einer »Innenbehörde«. Der Arbeitgeber sieht es gern, wenn die Bediensteten privat möglichst kontaktarm leben und ihre Freizeit miteinander verbringen. Dann darf man sich schon einmal mit dem richtigen Namen anreden. Und auch die »Legende« vergessen, die der Arbeitgeber einem samt »Decknamen« und falschem Paß verpaßt hat.

Die Herren in den gehobenen Positionen – Damen gibt es dort sehr selten – nennen ihre Welt neuerdings gern »Intelligence community«, so wie Wissenschaftler von einer weltweiten »Scientific community« sprechen. Der Begriff »Intelligence«, in der englischen Sprache seit langem für Geheimdiensttätigkeit üblich, hat bei uns die als angenehm empfundene Nebenwirkung, daß er zugleich Verstand, Wissen und einen akademischen Beruf signalisiert. Das tut wohl, ist Balsam für das Gemüt. Denn der gewöhnliche Geheimdienstler leidet daran, daß die Mitmenschen von seiner Bedeutung nichts ahnen. Dieser Sozialschmerz wird stärker, je höher ein Mann in der Hierarchie aufsteigt. Regierungsrat, Oberregierungsrat, Regierungsdirektor – solche Titel sichern die erwünschte Distanz und machen Eindruck. Sie schmücken auch nach Feierabend, würden die Karriere im Tennisclub erleichtern und notfalls den Lehrer der Kinder in seinem pädagogischen Übermut etwas dämpfen. Nur leider: Man darf von seiner Beamtenmacht nichts merken lassen; das hat der Arbeitgeber so befohlen. Die Mitteilung »Ich bin Oberregierungsrat beim Verfassungsschutz« oder gar »General im Bundesnachrichtendienst« ist tabu. Es sei denn, man überspringt die Schwelle, die einen namenlosen Geheimdienstler vom namhaften Präsidenten trennt. Denn ganz oben in den Diensten, da hat man wieder einen richtigen Namen. Man ist wer – auch wenn man nur Meier heißt.

Die Chefs der Nachrichtendienste und die kleinen Chefs unmittelbar darunter dürfen sich fotografieren lassen, sitzen beim Festakt ganz vorn, kennen den Kanzler persönlich, haben offiziell eine Familie, ein Herz und ein Sparkassenbuch. Natürlich steht ihr Name nicht im Telefonbuch – aber nur deshalb, weil sie nicht wollen. Die Präsidenten halten Reden und lassen ihren Text durch hauseigene Pressestellen verbreiten; sie sind gern gesehene Gäste in Talkshows, werden, wenn sie vor Gericht oder einem Untersuchungsausschuß erscheinen, nicht hinter einem Vorhang versteckt. Man liest ihre Ansichten in den Zeitungen. Ihr Wort hat Gewicht. Es ist nicht anonymisiert. Die Präsidenten sind wirklich sie selbst. »Figuren der Zeitgeschichte«, nicht Dunkelmänner mit Legende, sondern Ehrenmänner mit Rang und Namen. Einerseits.

Andererseits wirft helles Licht auch scharfe Schatten. Wer es zum Präsidenten des Bundesamtes für Verfassungsschutz bringt, der steht – meist ziemlich plötzlich – im Zentrum des öffentlichen Interesses. Das hat mehrere Gründe. Weil die Nachrichtendienste darauf bestehen, daß ihre Tätigkeit von Natur aus geheim ist, freut sich der interessierte Zuschauer, der ja als Steuerzahler die Geheimnistuer finanziert, wenn er wenigstens einen kleinen Blick riskieren darf. Wie sieht der Präsident eines Nachrichtendienstes aus? Trägt er auch im Zimmer Sonnenbrille? Wo kommt er her, wo geht er hin, was qualifiziert ihn, hat er studiert, Hobbys, großen Durst, eine Neigung zu Schußwaffen, fremden Sprachen, fremden Frauen? Kurzum: Könnte man zu diesem Präsidenten Vertrauen haben – und damit sukzessive zu dem geheimnisvollen Amt, dem er vorsteht –, oder würde man von diesem Herrn doch lieber keinen Gebrauchtwagen kaufen wollen? Sich nicht informieren und sich nicht beschützen lassen?

Vom Ersten Mann eines Nachrichtendienstes muß der Bürger notgedrungen auf die vielen anderen Männer schließen, die dahinter stehen, im dunkeln, weil es die Sache – wie sie versichern – leider nicht anders zuläßt. Man muß den Ersten also für das Ganze nehmen, und man darf das auch: Der Erste wird ja nicht durch Geburt herausgehoben, sondern ganz ausdrücklich deshalb, weil man sicher ist, daß der Erste auch zugleich der Beste ist. Präsident eines Nachrichtendienstes wollen viele werden, vermutlich fast alle, die dort Dienst tun. An die Spitze wird aber nur gestellt, wer aus der Sicht der Regierung in langen Jahrzehnten Talent, Verstand und Integrität unter Beweis gestellt hat. Es liegt in der Logik dieser Berufung, daß die anderen Geheimdienstler eigentlich nicht besser sein können als der Erwählte.

Es macht also Sinn, sich das Leben prominenter deutscher Geheimdienstler einmal en detail anzusehen, Kopf und Körper, Geist und Seele; die Herkunft nicht zu vergessen. Von der Sozio-Psychologie der Chefs ausgehend, ihren politischen Ansichten, den Stärken und Schwächen werden Rückschlüsse auf die vielen tausend Hintermänner möglich. Der Erste ist womöglich nicht immer der Beste, aber er steht immer für das Ganze. Deshalb erscheint es mir auch legitim, dem skizzierten Mann jeweils ein charakteristisches Problem aus der Welt der Geheimdienste zuzuordnen: die Prognosen, den Verrat, die Prahlerei, den Dilettantismus, Lügen, Kameraderie und Sprachverfall, um die wichtigsten zu nennen. Auf diese Weise gelingt es hoffentlich, zu wirklichkeitsnahen Erkenntnissen zu kommen.

Berlin, im Januar 1993 Hans Halter

Kapitel I
»Ich, Schöpfer und Chef«

General Reinhard Gehlen, erster Präsident des Bundesnachrichtendienstes

Er war ein kleiner Mann mit großen Ohren, Mutti nannte ihn »Reinerl«. Nie war ihm auf dem Weg nach oben die Luft knapp geworden. 25 Jahre lang – von 1920 an – hatte Gehlen als Offizier anderen Männern Beine gemacht. So war er, der Sohn eines armen Leutnants, stetig aufgestiegen. Nach der Machtübernahme des Führers, die ihn herzlich gefreut hat, ging es besonders flott voran: 1933 Kriegsakademie, 1934 Hauptmann, 1935 Generalstabsdienst, 1939 Major, 1941 Oberstleutnant, 1942 Oberst. Kurz vor Toresschluß, im Dezember 1944, ernannte Hitler seinen Soldaten Reinhard Gehlen noch zum Generalmajor. Das muß dem Mann zu Kopf gestiegen sein; zumindest hat es seine Urteilskraft getrübt. Während rundherum alles in Trümmer sank, die einfachen Leute den Zusammenbruch des Tausendjährigen Reiches ganz nahe wußten, glaubte General Gehlen noch an den Endsieg. Er kommandierte im deutschen Generalstab die Abteilung »Fremde Heere Ost« (FHO) und hätte es besser wissen sollen. Denn der General war ein Nachrichten-Offizier, er beschaffte und analysierte Nachrichten über die Rote Armee. Im zweiten Jahr des Krieges gegen die Sowjetunion war er am 1. April 1942 zum höchsten »Feindlage«-Analytiker gemacht worden und hatte seither seinen Schreibtisch stetig Richtung Westen verlagert. Erst 1945, die Reichsgrenzen waren in Ost und West vom Feind schon überschritten, erkannte Reinhard Gehlen, damals 42 Jahre alt, daß er dem Führer Adolf Hitler nicht länger treu sein mochte, Eid hin oder her.

Feierlich hatte der Berufsoffizier einst die linke Hand auf die Standarte gelegt, die rechte Hand zum Schwur erhoben: »Ich schwöre bei Gott diesen heiligen Eid, daß ich dem Führer des Deutschen Reiches und Volkes, Adolf Hitler, dem Obersten Befehlshaber der Wehrmacht, unbedingten Gehorsam leisten und als tapferer Soldat bereit sein will, jederzeit für diesen Eid mein Leben einzusetzen.« Erst hat man Reinhard Gehlen und dann hat Reinhard Gehlen seinen Soldaten beigebracht, daß dieser Eid jeden Vorbehalt ausschließt und für das ganze Leben gilt. »Dir, mein Führer, will ich in unbedingtem Gehorsam treu und mutig beistehen, Dich nicht verlassen im Augenblick des Kampfes, der Not und der Gefahr, so wahr mir Gott helfe. Und finde ich den Tod, dann sterbe ich den schönsten Tod, der einem Mann beschieden sein kann: den Tod der Ehre, den Tod für Volk und Vaterland ...«

Die Sache mit der Treue bis in den Tod wollte Gehlen für sich persönlich nicht mehr so streng sehen. Schließlich hatte ihn der Führer am 9. April 1945 ohne Gruß und Dank von seinem Posten als FHO-Chef entbunden. Jetzt, in der Stunde größter Gefahr für das Vaterland wäre Gelegenheit gewesen, den Schreibtisch endlich mit dem Schützengraben zu vertauschen. Doch danach stand Gehlen nicht der Sinn. Sein ganzes Soldatenleben hatte er fern der Front verbracht. Mit Sicherheit hat er selbst niemals einen Schuß abgegeben, wahrscheinlich hat er im Felde nicht einmal einen gehört. Denn die einzige Gelegenheit, aktiv in das Kriegsgeschehen einzugreifen, hatte Gehlen im Polen-Feldzug 1939 verpaßt. Damals war er als Generalstabsoffizier der 213. Infanterie-Division zum Kämpfen viel zu spät gekommen. Jetzt, fünf Minuten vor zwölf, bot der Chef des Heeres-Personalamtes dem arbeitslosen General Gehlen das Kommando über eine Front-Division an. Gehlen drückte sich, er bat, zur »Führer-Reserve« versetzt zu werden.

Reinhard Gehlen

In seiner schmucken Generalsuniform, weithin erkennbar an den karmesinroten Streifen der Hosen, krabbelte Führer-Reservist Gehlen, nur noch bepackt mit einem Rucksack, am 29. April in den Alpen bergan. Sein Ziel war die »Elends-Alm« im deutsch-österreichischen Grenzgebiet. Dort oben stand die Berghütte, nicht etwa die Alpenfestung, in die sich Gehlen mit sechs Offizierskameraden und drei Stabshelferinnen zurückziehen wollte. Der Schnee lag hüfthoch, die schönen Hosen wurden pitschenaß. Aber auf den Fahrweg traute sich der General nicht, weil er dort womöglich als Deserteur ergriffen und von der SS füsiliert worden wäre. So quälte er sich Stunde um Stunde in der Fallinie bergan. Vom Aufstieg erstmals im Leben völlig erschöpft, erreichte er sein Ziel – ein Zustand, der schon am nächsten Morgen neuem Tatendrang wich.

Diesem Tatendrang verdankt Deutschland den Bundesnachrichtendienst. Denn Gehlen sorgte dafür, daß die von ihm geleiteten Spione, Agenten, Aufklärer nicht in den Strudel des untergehenden Dritten Reiches gerieten. Sie fanden sich, während kalte Winter das viergeteilte deutsche Reich überzogen, Hunger und Schwarzmarkt den Alltag bestimmten, dank Gehlens Führung im Warmen und Trockenen wieder. Diesmal auf der Seite der Sieger, als Schatten-Armee des amerikanischen Geheimdienstes, wohlversorgt mit Dollars und Care-Paketen. Die gab es nicht umsonst. Als Morgengabe offerierte der deutsche General seinen neuen amerikanischen Brotherren all die mikroverfilmten Erkenntnisse, die sein FHO-Stab in den Kriegsjahren gesammelt hatte. Die Amerikaner staunten. Der General hatte Zehntausende von Karteikarten, Daten und Analysen in sicheren Verstecken verbuddeln lassen. Daraus entfaltete sich ein Panorama der aufstrebenden russischen Weltmacht, das die Amerikaner bald das Fürchten lehrte.

Gar keine Frage: Die Wende auf der Elends-Alm war eine brillante Leistung. Völlig unverletzt hatte der Berufssoldat den Krieg überstanden. Er konnte kein Wort Englisch, galt aber ein Jahr später schon als wichtiger Hintermann seiner neuen Arbeitgeber. Er konnte kein Wort Russisch (und hat es auch nie gelernt), doch er dealte höchst erfolgreich mit Erkenntnissen über die Sowjetunion. In Auftreten und Diktion verstand er den Eindruck hervorzurufen, er sei ein ganz alter, ganz erfahrener Nachrichtenfuchs. Dabei war er in dieses Gewerbe doch erst 1942 eingestiegen, hatte also gerade erst die dreijährige Lehrzeit hinter sich. Nach den Regeln der Siegermächte gehörte Gehlen hinter Stacheldraht, womöglich auch vor Gericht. Statt dessen flog man ihn höchst komfortabel in der Maschine eines Generals schon im Sommer 1945 in die USA, begleitet von sechs Offizierskameraden. Dort hat er dann den neuen Bund geschmiedet. Bis 1956 hieß dieser Geheimdienst schlicht »Organisation Gehlen«, abgekürzt: »ORG« oder »OG«; im April 1956 wurde die ganze Truppe von der Bundesrepublik Deutschland übernommen. Seither ist das unser »Bundesnachrichtendienst« (BND).

Gehlen, der von seinem Baby gern im Ton Gottvaters sprach – »Ich, der Schöpfer und Chef des Dienstes« –, verstand es wie kaum ein zweiter, die eigene Bedeutung mythisch zu überhöhen. Der Schreibstuben-General trug, nachdem er seine Uniform an den Nagel gehängt hatte, Schlapphut und Sonnenbrille. Von ihm gab es jahrelang kein Foto.

Er schlich auf Kreppsohlen durch das Gelände, und nur die ganz alten Freunde durften »Herr General« zu ihm sagen. Heimlich nannten sie ihn »Engelchen«. Für alle anderen war er der »Herr Doktor« – wahlweise der »Doktor Schneider« (so hieß er im Innendienst) oder der »Herr Dr. Gebler«, so nannte er sich auf Reisen. Der Doktor-Titel (von dem schon Goethes

Vater sagte, er halte manchen Puff ab im Gedränge) übt vor allem auf nichtstudierte Herren der Nachrichtendienste eine geradezu magische Faszination aus. Auch der abgebrochene Student und spätere Staatssicherheitsgeneral Markus (»Mischa«) Wolf ging nicht ohne falschen Doktor-Titel auf Westreisen. Reinhard Gehlen, das Beamtenkind, tat ein übriges: Er fügte dem Doktor auch noch ein »Generaldirektor« hinzu. So, als Wirtschaftsführer und Akademiker doppelt getarnt, fühlte er sich endlich sicher. Die Zentrale in Pullach hieß bis zur BND-Legalisierung »Generaldirektion« (GD), die unterstellten Außendienststellen »Generalvertretungen« (GV).

Sicherheit liebte Gehlen über alles, mehr noch als Ordnung – die andere Wahnvorstellung der Nachrichtendienstler. Mit der Ordnung hatte es Gehlen nicht so. Sein neues »ORG«-Reich war am Ende so konfus verschachtelt und umzäunt, daß sich niemand mehr – auch er selbst nicht – darin zurechtfand. »Abschotten«, die einzelnen Mitarbeiter und ihre Arbeitsgebiete also möglichst perfekt voneinander zu isolieren, war die Lieblingsidee des »Zaunkönigs«. Deshalb reden sich noch heute in Pullach, wo der BND seit Gehlens Zeiten residiert, die Mitarbeiter im Dienst mit falschen Namen an. Nur in ihren gemeinsamen Wohnsiedlungen gilt dann augenzwinkernd der Klarname als die bessere Alternative. Noch zu Gehlens Zeiten galten zwei Regeln: »Wir nennen uns Organisation, weil wir keine haben« und: »Wer als letzter beim Chef war, hat recht«. Als dem neuen deutschen Ober-Spion auf dem Kopf die Haare ausgingen, ließ er sich zur Tarnung ein kleines Bärtchen wachsen. Zwei gleichberechtigte Signale – die Totenmaske Friedrichs des Großen und ein Foto des Spionage-Admirals Wilhelm Canaris – illuminierten die Welt, in der sich Reinhard Gehlen zu Hause fühlte.

Schon 1948 hatte er 4000 Mann unter seinem Kommando; weit mehr, als er zu FHO-Zeiten kommandieren durfte. Den

Kern seiner Truppe bildeten Offiziere der Wehrmacht, am liebsten solche mit Generalstabsausbildung. Den preußischen Generalstab verehrte Gehlen wie Papst Woytila die Schwarze Madonna von Tschenstochau. In Gehlens Weltbild spannte sich über dem Generalstab nur noch der blaue Himmel. Daß unter dem Kommando deutscher Generalstäbe zu seinen Lebzeiten zweimal ein Weltkrieg angefangen und verloren wurde, irritierte ihn nicht im geringsten. »Ein Generalstabsoffizier kann alles«, erklärte er apodiktisch. Niemand wagte, ihm zu widersprechen, denn das war und ist in allen Geheimdiensten der Welt karrierehemmend. Bei Gehlen hatte für einen raschen Aufstieg der die besten Karten, der aus Schlesien stammte, von Adel war und Kavallerist gelernt hatte. Daß »Reinerl« 1902 in Erfurt geboren worden war und deshalb lebenslang das »b« etwas weich aussprach, hielt er selbst nicht für der Rede wert.

Jeder Geheimdienst lebt auch vom Bluff (mancher ausschließlich). Darauf verstand sich Gehlen ganz ausgezeichnet. Alle, die ihm zuhören durften, sind sich einig darüber, daß kein zweiter so eindrucksvoll »vortragen« konnte wie der kleine General. Das hatte er auf der Kriegsakademie gelernt und später im Generalstab perfektioniert. Bei ihm gab es kein Wenn und Aber, keine Abschweifung, kein Wortspiel. In den Jahren, als er dem Staatssekretär Dr. Hans Globke im Bonner Bundeskanzleramt alle vierzehn Tage vortrug, entwickelte er geradezu hellseherische Fähigkeiten bei der Auswahl seiner Themen. Was den Arbeitgebern nicht so recht ins Konzept paßte, ließ er unerwähnt. Stets suggerierte er den Zuhörern, daß notfalls er, Gehlen höchstselbst, fähig und bereit sei, die heißen Eisen aus dem Feuer zu holen. Dabei hat der Mann in seinem ganzen Leben keinen einzigen toten Briefkasten gesehen, geschweige denn in Feindesland geleert. In persönliche Gefahr hat er sich nie gebracht, Heldentum muß er für etwas völlig Degoutantes gehalten haben. Das ist zwar eine merkwürdige Überzeugung für einen Berufssoldaten, verlängert aber – wie das Beispiel lehrt – das Leben. Seine Gäste verstand er mit dem kleinen Spielzeug jedes Nachrichtendienstes zu überraschen, zum Beispiel einer Würstchenbüchse, in die man einen Spionage-Film einbauen konnte und die trotzdem genau das angezeigte Gewicht hielt und beim Schütteln Wassergeräusche hören ließ.

Die kleinen und großen Tricks des Gewerbes kupferte er bei den Männern ab, die seit 1946 auf die Gehaltsliste seiner »ORG« kamen. Bei deren Auswahl war er nicht so pingelig. Obgleich die Amerikaner, seine Schutzherren, den Skandal fürchteten und es deshalb nicht gern sahen, rekrutierte Gehlen reichlich ehemalige SS-Leute und Spezialisten aus Himmlers Reichssicherheitshauptamt. NSDAP-Mitgliedschaft war ihm kein Hinderungsgrund. Für ihn selber stellte sich die Frage nicht, denn Berufsoffiziere durften seit Reichswehrzeiten weder Mitglied der Partei sein noch wählen. Wer unter die Fittiche der »ORG« kam, wurde nicht »entnazifiziert« und war vor Strafverfolgung sicher. Viele der neuen alten Spione haben bei Gehlen bis zum Lebensende auskömmlich verdient. Sie sind, wie ein Bonmot sagt, nicht mit dem Grundgesetz, sondern mit der SS-Blutgruppentätowierung unter dem Arm herumgelaufen. Das hat dem »Dienst« (wie Gehlen seine Behörde nannte) ein wenig, aber nie wirklich geschadet. Am Ende seiner Tage verkündete Gehlen hochgemut: »Bundeswehr und Bundesnachrichtendienst sind Wahrer und Wächter der äußeren Sicherheit unseres Staates.« Auf alle anderen, die sonst noch dafür in Frage kommen, etwa die Diplomaten und Politiker, verzichtete er dankend. Andere Sachkenner urteilen anders. Der britische Autor John le Carré, in jungen Jahren Agent des Auslandsnachrichtendienstes MI 6 Ihrer Britischen Majestät, sagt über die Frühzeiten der »ORG«, daß er »so hurenhafte Geheimdienste« in seinem »ganzen Leben noch nicht kennengelernt« habe. Zur Ehre des BND muß gesagt werden, daß er – nicht anders als jedes käufliche Fräulein – im Laufe der Jahrzehnte immer sittsamer geworden ist. Umtriebige »Hurenhaftigkeit« kann man ihm wohl nicht mehr vorwerfen, eher antriebsschwache Insuffizienz, Versorgungsdenken und, zur Tarnung, schwadronierenden Wortfluß.

Gehlen galt als hilfsbereiter und großzügiger Patriarch. Aus einer schwarzen Kasse steckte er Mitarbeitern, die in Not waren, Geld zu. Besonders liebevoll betreute er die vielköpfige eigene Familie. Am Ende seiner Amtszeit besoldete der Bundesnachrichtendienst sechzehn Verwandte des Präsidenten. Das war teils sachlich geboten (ein bezahlter und abgeschirmter Verwandter kann vom Gegner schwerer angeworben werden), teils Nepotismus; Vetternwirtschaft, wie sie von Päpsten und Präsidenten jeglicher Couleur gepflegt wird. Viel Freude hat Reinhard Gehlen mit seinem Clan nicht gehabt. Die Schwiegersöhne reüssierten nicht, und besonderen Kummer machte Gehlens Halbbruder, Deckname »Professore Giovanni«. Der war auf den Posten eines Sekretärs beim Direktor des Malteser-Ordens in Rom delegiert worden und spähte im Interesse der Bundesrepublik Deutschland gleich zwei Staaten aus: Die italienische Republik und den Vatikan. Hellsichtig kann man Giovanni nicht nennen; zweimal hat er die Papstwahl falsch vorausgesagt. Seine römische Villa räumte er notgedrungen erst, als ihm der BND gratis die Möbel überließ. Trotz allerlei Querelen – eine Gehlen-Tochter bekam ein uneheliches Kind – ließ der General lebenslang Familiensinn walten. Der stabilisierte auch sein Ego. Auf den Einladungskärtchen, die den amerikanischen Verbindungsoffizieren der CIA überreicht wurden und zum Tee baten, war stets vermerkt, daß Frau Gehlen eine

»geborene von Seydlitz-Kurzbach« war. Dr. Dr. und Generaldirektor reicht eben nicht. Als der ehemalige Kavallerie-Offizier Gehlen im Mai 1968 schließlich in den endgültigen Ruhestand versetzt wurde, schickte er seinen amerikanischen Freunden stolz ein Hochglanz-Foto, das ihn, den Fotoscheuen, im Frack und mit der Ordensschärpe des Großen Bundesverdienstkreuzes zeigte.

Die letzten zehn Jahre seiner Dienstzeit waren überschattet von viel Ärger. Der bleibt keinem Geheimdienst erspart. Die Spielregeln des dunklen Metiers gewinnen die Oberhand, Beamtenordnung bleibt auf der Strecke. Die meisten Geheimdienstchefs – so lehrt die Geschichte – erreichen das Endziel einer ehrenvollen Pensionierung nicht. Auch in Deutschland mußten viele vor der Zeit gehen; so die ersten fünf Präsidenten des Bundesamtes für Verfassungsschutz. Einige gerieten vorübergehend oder dauerhaft ins Gefängnis. Und wer Pech hatte, beispielsweise der berühmte Admiral Canaris, verlor auf der Richtstätte das Leben. So rabiat ging es in Gehlens alten Tagen nicht zu. Er mußte nur ohnmächtig zusehen, wie sein Mythos zerbröselte. Die Bonner Politiker quälten ihn zunehmend, und der große Sprung nach vorn wollte einfach nicht gelingen. Gehlens wirkliches Lebensziel war nämlich die Politik. Genauer: weltweite Geopolitik. Die gesammelten Nachrichten, Analysen und Prognosen hatten aus seiner Sicht letztlich nur den Zweck, bestimmte politische Entwicklungen zu fördern und andere zu hemmen. Damit ist er, alles in allem, gescheitert.

Seine Auftraggeber, die amerikanischen und später die Bonner Politiker, mußten nämlich erkennen, daß die »Feindlage« von den Pullacher Spähern immer öfter falsch eingeschätzt wurde. Hierzu wird im zweiten Teil dieses Kapitels noch einiges zu sagen sein. Gehlens eigene Wunschvorstellung, er könne »Sicherheit« produzieren, wollte partout nicht wahr werden.

Ein Blick in die Geschichte hätte ihn gelehrt, daß dies den geheimen Diensten ohnehin nicht möglich ist. Sie vermitteln diese Illusion immer nur auf Zeit. Den deutschen Kaiser hat sein »Frontnachrichtendienst« nicht retten können, den deutschen Führer Adolf Hitler nicht das Reichs*sicherheits*hauptamt, die DDR nicht der Staats*sicherheits*dienst. Die Geschichte wird anderswo gemacht, und wenn das Rad der Geschichte an Schwung gewinnt, wagen selbst tüchtige Geheimdienste nicht, ihm in die Speichen zu greifen; es hilft auch nichts mehr.

Daß die anderen Geheimdienstler außerhalb der ORG und des BND alle ziemliche Pfeifen seien, das war Gehlens Grundüberzeugung. Den späteren Präsidenten des Bundesamtes für Verfassungsschutz Günther Nollau (einer mit einem echten Doktortitel) nannte General Gehlen öffentlich und ungestraft ein »Sicherheitsrisiko«. Dieser »SPD-Kandidat Nr. 1«, den die Partei gern in Pullach als Vize-Präsidenten installiert hätte, »mußte aus Sicherheitsgründen abgelehnt« werden. Da ist sie wieder, die Sicherheit. Diesmal war sie durch die »ungeklärten Umstände« von Nollaus Flucht »1950 aus der SBZ« gefährdet. Das Sicherheitsrisiko Nollau revanchierte sich – ebenfalls öffentlich – mit dem Nachweis, daß Gehlen zum eigenen höheren Ruhm »Sonderverbindungen« zur Presse unterhielt. Nollau: »Eine beträchtliche Anzahl von Journalisten ließ sich von Gehlen dafür hoch und steuerfrei bezahlen, daß sie über ihn und seine Organisation günstig berichteten.« Im übrigen hätten Gehlen und seine leitenden Herren laut Kollegen Nollau dem »öffentlichen Wohl« keinen größeren Dienst erweisen können, als umgehend ihren Abschied zu nehmen. Keiner der ungeliebten Amtsbrüder tat Nollau diesen Gefallen. Statt dessen sorgten sie mit dafür, daß Nollau kurz vor seiner regulären Pensionierung noch schnell vom Amt entbunden wurde. Präsident Nollaus letztes Wort über Präsident Gehlen: »Non-Valeur«, Nichtskönner.

Die besseren Überlebenschancen in diesem Hickhack hat, wer die richtigen Politiker auf seiner Seite weiß oder sie dorthin zu bringen versteht. Dabei hat Gehlen mehr Talent gezeigt als seine Widersacher und Nachfolger. Er stellte sich mit den jeweils Herrschenden auf guten Fuß. Sein Standardspruch: »Das sage ich nur Ihnen in strengstem Vertrauen.« So etwas schmeichelt vor allem den Parlamentariern, die dafür honoriert werden, daß sie den Bundesnachrichtendienst kontrollieren. Der hatte seine eigentliche Aufgabe, nämlich Auslandsnachrichten zusammenzutragen, sehr großzügig interpretiert. ORG und BND spionierten munter im Inland, was auch damals schon verboten war. Gehlen behauptete rückblickend, er habe »innenpolitische Schutzaufgaben wahrgenommen«. Als man 1968 seinen Panzerschrank ausräumte, fanden sich Dossiers über 54 bundesdeutsche Politiker, von Gustav Heinemann bis zu Franz-Joseph Strauß. Offenbar kann ein Geheimdienstchef nie zuviel über Leute wissen, die ihn kontrollieren sollen.

Gehlen legte sich mit Politikern nur an, wenn er sicher war, daß sie ihm nicht mehr schaden konnten. So hat er über Herbert Wehner, den Zuchtmeister der SPD, zu Lebzeiten kein böses Wort verloren, sondern stets brav Männchen gemacht. Als »Geheime Verschlußsache« ließ Gehlen nach seinem eigenen Tod über den suspekten Herbert Wehner – der war in seinem bewegten Leben hintereinander hauptberuflich Linkssozialist, Anarchist, stalinistischer Kommunist und braver Sozialdemokrat – verbreiten, die sowjetische Führung habe Wehner womöglich doch als »verlorenen Sohn« in Gnaden und heimlich wieder aufgenommen. Vorerst hat Herbert Wehner dieses Rätsel mit ins Grab genommen, doch dank der nachgelassenen Papiere in den unergründlichen Moskauer Archiven wird über kurz oder lang Gehlens Rätselfrage wohl doch noch beantwortet werden.

Reinhard Gehlen

Die Russen und den Bolschewismus hat der deutsche General bis zu seinem Tode mit höchstem Mißtrauen beobachtet. Von seiner schönen Villa in Berg am Starnberger See – die Amerikaner haben ihm den Kaufpreis vorgestreckt, er hat ihn aber brav zurückgezahlt – schaute der alte Mann bis zum letzten Tag besorgt nach Osten. In dieses große Reich hat er in einem Vierteljahrhundert Tausende von Agenten und Spionen geschickt. Letten, Litauer und Russen, die ihm vertrauten. Volksdeutsche Idealisten, bezahlte Abenteurer, V-Männer, »überworbene« Kundschafter, erpreßte Kriminelle – eine ganze Heerschar, die fast ausnahmslos gefangen und inhaftiert wurde. Hunderten von Männern brachte Gehlens Auftrag den Tod. Nennenswerte Geheimnisse hat keiner von ihnen herausgefunden. Nachrichten und Prognosen des BND und seines Chefs waren oft mit Blut bezahlt, aber kaum die Tinte wert. So ist das mit den Diensten und ihrem Service. Aufwand, Ertrag und Risiko stehen in grobem Mißverhältnis zueinander.

Gehlen selber hat nie etwas riskiert. Am 9. Juni 1979 starb der deutsche General Reinhard Gehlen, 77 Jahre alt, friedlich in seinem Bett. Napoleon hat das den »Strohtod« genannt.

Von der Nachricht zur Prognose

»Der Bundesnachrichtendienst sammelt zur Gewinnung von Erkenntnissen über das Ausland, die von außen- und sicherheitspolitischer Bedeutung für die Bundesrepublik Deutschland sind, die erforderlichen Informationen und wertet sie aus.« So steht es in § 1 des Gesetzes über den Bundesnachrichtendienst, verkündet Ende Dezember 1990. Das liest sich so leicht: »... sammelt ... die erforderlichen Informationen und wertet sie aus.« Dahinter verbirgt sich der liebenswerte Gedanke, daß man, um einen Konflikt zu gewinnen, nicht zuallererst gut schießen können muß, sondern dank fleißig gesammelter Nachrichten über ein zuverlässiges Bild der Wirklichkeit verfügen sollte. Das macht dann das Schießen womöglich entbehrlich. Nur: Die Wirklichkeit hat unendlich viele Facetten. Ganz besonders dann, wenn man sich vornimmt, »Erkenntnisse über das Ausland« zu sammeln, das bekanntlich mehr als 99,7 Prozent der ganzen Erde bedeckt. Die Fülle der dort entstehenden Nachrichten ist unendlich groß, also muß man auswählen. Aber welche Nachrichten haben die postulierte »außen- und sicherheitspolitische Bedeutung für die Bundesrepublik«? Das kann der noch unausgesprochene Gedanke im Kopf irgendeines Generalsekretärs sein; die wachsende Krebsgeschwulst in der Leber Erich Honeckers; eine physikalische Erkenntnis eines Rüstungsingenieurs; die Mutation des Aids-Virus südlich des Äquators; Kabinettsprotokolle aus aller Herren Länder; Absichten gegnerischer Dienste; das Auf und Ab der Parteien allüberall; keimhaftes Wachstum terroristischer Organisationen; selbstverständlich die Umweltdaten und alle Pläne der länderübergreifenden Kriminalität. Kurzum: »Die Aufklärungsgebiete eines geheimen Nachrichtendienstes umfassen heute die Außenpolitik, die Innenpolitik (des aufzuklärenden

Staates), Stimmungslage (Psycho-Politik), militärisches Potential, Wirtschaftspotential mit Schwerpunkt auf der Rüstungstechnik sowie technische und Naturwissenschaften«, lehrte General Reinhard Gehlen, und er meint: Der geheime Nachrichtendienst versucht, weltweit alles aufzuklären; wirklich alles.

Das kann nicht funktionieren. Man muß nur einmal die Situation des deutschen Zeitungslesers bedenken: Dieser Mann erfährt von den meisten interessanten Geschehnissen nichts, weil seine Zeitungsredaktion davon nichts weiß, oft gar nichts wissen kann. Mal verläßt die interessante Nachricht den Kopf ihres Schöpfers gar nicht, mal wird sie von niemandem bemerkt (Beispiel: Honeckers Tumor). Oft wird sie absichtlich geheimgehalten oder geht im riesigen Nachrichtenstrom einfach unter. Allein die Tag und Nacht gesendeten deutschsprachigen Fernschreiben der Presseagenturen ergeben pro Tag mehr Text als die Heilige Schrift enthält. Dazu kommen die ausländischen Presseagenturen, denen die besondere Aufmerksamkeit des BND gilt. Die Schnüffler müßten, wollten sie die »legalen Quellen« auch nur einigermaßen ausschöpfen, jeden Tag den Text Hunderter von Bibeln lesen ...

Zurück zum gewöhnlichen deutschen Leser: Von den Informationen, die seiner Zeitungsredaktion zur Verfügung stehen, werden nur Bruchteile veröffentlicht, und von diesen nimmt der Leser gewöhnlich nur Bruchteile wahr. Ein dpa-Redakteur hat die Lage treffend beschrieben: »Das meiste, was geschieht, erfährt die Presse nicht; von dem, was sie erfährt, läßt sie das meiste unberücksichtigt; und von dem, was sie berücksichtigt, wird das meiste nicht gelesen.« So viel zu den »legalen«, theoretisch jedermann frei zugänglichen Nachrichten. Mit denen soll sich der Geheimdienst aber eigentlich nicht vorrangig beschäftigen, obwohl beispielsweise beim deutschen Verfassungsschutz »80 Prozent aller Nachrichten legalen Quellen entstammen«, wie der 1991 verstorbene Hamburger VS-Chef Christian Lochte kurz vor seinem Tode (an Herzinfarkt, beim Tennisspiel) ausgeplaudert hat.

Nachrichtendienste sollen vor allem die geheimen Nachriten aufspüren; am besten gleich die Staatsgeheimnisse der anderen Länder. Das multipliziert die Schwierigkeit: Staatsgeheimnisse sind überall mehr oder minder gut gesichert – durch strikte Beschränkung bei der Zahl der Informierten, durch harte Strafandrohungen (oft inklusive Todesstrafe), durch alle möglichen Eide und technischen Vorkehrungen, von der Verschlüsselung über die Geheimtinte bis zum Papier, das bei Feindberührung zu Staub zerfällt. Glaubt man den Philosophen, so ist ein Geheimnis ohnehin ein unlösbares Problem, das uns die Wirklichkeit aufgibt. Es überschreitet seiner Natur nach die Fassungskraft der endlichen Vernunft. Die Geheimdienstler indes suggerieren ihren Auftraggebern das Gegenteil. Darin war der General Reinhard Gehlen wirklich ein großer Meister. Fest behauptete er: »Ein Auslandsgeheimdienst ist gewissermaßen ein wissenschaftliches Instrument besonderer Art, das mit hochwertigen wissenschaftlichen Spezialisten arbeitet, um ein klares und übersichtliches Bild aller derjenigen Faktoren zu sammeln, die ein Urteil über das Gesamtpotential – sei es des Gegners, sei es eines wichtigen Partners – erlauben.« Schön wär' es ja ... In Wahrheit kann beim Nachrichtensammeln von Wissenschaft keine Rede sein. Wenn das eine Wissenschaft ist, dann ist es die Astrologie auch. Nachrichtendienstler schöpfen aus trüben Quellen. Sie täuschen, lügen und erpressen, denn es genügt nicht, zum Fluß zu kommen mit dem Wunsch, Fische zu fangen. Man muß auch, raten die klugen Chinesen, ein Netz mitbringen.

Je länger Geheimdienste bestehen, desto emsiger errichten sie ein Reich aus Papier. Oft ist es ein Kartenhaus, das zusammenstürzt, wenn es nachgebessert werden soll. Leben und Tod des Staatssicherheitsdienstes der DDR sind hierfür ein hübsches Exempel. Aber Nachrichten, die auf Papier stehen, sind vielfach nur zweitklassig. Richtige, tolle Staatsgeheimnisse werden meist mündlich verbreitet. Nur leider verlieren sie dabei rasch an Wahrheitsgehalt, sie mutieren zum Gerücht und zur Lüge. In autoritär gelenkten Staaten ist das Gerücht ohnehin die liebste Nachricht aller Konsumenten. Auch heute noch vertrauen die Bürger der Ex-DDR einer zugeraunten Nachricht mehr als dem gedruckten Wort. Die Behauptung, Frau Margot Honecker sei in ihren großen Zeiten jede Woche zum Friseur nach Paris geflogen, Frau Lotte Ulbricht lebe eigentlich in der Schweiz (und nicht mehr in Pankow), die Partei- und Staatsführung habe Gold und Devisen in dreistelliger Milliardenhöhe irgendwo sicher gebunkert – alle diese Gerüchte kursieren noch immer in Deutschland-Ost, gewinnen dabei neues Leben und frische Farbe, Wahrheit hin oder her.

Das Sammeln unverfälschter, wenn möglich geheimer Nachrichten wird durch die Lüge zusätzlich erschwert. Lügen, das absichtliche, vorsätzliche Irreführen anderer durch die Mitteilung einer bewußten Unwahrheit, gilt im Geheimdienst als etwas völlig Normales. Über Immanuel Kant und seinen moralischen Rigorismus sind die Nachrichtendienstler aller Kontinente längst hinweg. Nach Kant ist »die Lüge durch die bloße Form ein Verbrechen des Menschen an seiner eigenen Person und eine Nichtswürdigkeit, die den Menschen in seinen eigenen Augen verächtlich machen muß«. Von einer sozialen Ächtung der Lüge kann allerdings nicht mehr die Rede sein, ganz im Gegenteil. Die gesellschaftlichen Veränderungen, voran die zunehmende Mobilität, erleichtern und begünstigen das Lügen. Die Wahrscheinlichkeit, daß ein Mensch beim Lügen ertappt wird, nimmt ab. Außerdem verstärkt die soziale Situation häufig den Druck zum Lügen, nicht nur im Geheimdienstbereich. Not- und Gesellschaftslügen gelten weithin als akzeptabel. Beruflicher Aufstieg und alltägliche Konfliktsituationen lassen sich so leichter bewältigen. Im übrigen kann sich der einzelne zunehmend dem Druck sozialer Normen entziehen. Er lebt nicht mehr in einem streng gegliederten Familienverband, der Lügen rasch entdeckt und ächtet. In der weitläufigeren mobilen Gesellschaft kommt der Lügner meist ungeschoren davon. Nur taugt die Nachricht nichts, die eine Lüge ist...

Alle Staaten der Erde schützen sich jeweils vor den Nachrichtensammlern aus dem Ausland. Weil kein Staat völkerrechtlich verpflichtet ist, die Staatsgeheimnisse eines anderen zu achten, hat sich eine kuriose Rechtssituation entwickelt. Wer etwa in Deutschland »für den Geheimdienst einer fremden Macht« Nachrichten sammelt, den kann man – schwupp – wegen »geheimdienstlicher Agententätigkeit« mittels des § 99 des Strafgesetzbuches sofort hinter Gitter bringen (vorausgesetzt, man fängt ihn). Der Agent muß beileibe keine Staatsgeheimnisse ausgespäht haben. Strafbar macht sich schon, wer ganz banale Alltäglichkeiten notiert, etwa Telefonnummern, Autokennzeichen oder die Zahl der Sternchen auf der Achselklappe eines Generals. In manchen Ländern kann das den Kopf kosten. Beamtete deutsche Geheimdienstler erkunden deshalb lieber vom sicheren Schreibtischsessel aus die Nachrichtenlage in fremden Ländern oder erforschen, wenn es denn sein muß, durch einen Diplomatenpaß geschützt, das Ausland. Für riskante Einsätze wirbt man möglichst Freiberufler an. Die tragen, für Geld, das Risiko von Haft und Tod. In der Regel sind das keine sehr soliden Zeitgenossen. Am Ende seiner Amtszeit hat General Gehlen wahrheitsgemäß geklagt, daß die »schwierigsten Führungsprobleme innerhalb eines Nachrichtendienstes stets der Bereich der Nachrichtenbeschaffung aufwirft«. Denn »geeignete Mitarbeiter, die sich der Idealvorstellung eines ND-Führers annähern, findet man nur verhältnismäßig selten«.

Deshalb sind »C« und »D« die häufigsten Buchstaben auf den beschafften Nachrichten. Sie klassifizieren die Zuverlässigkeit der »Quelle«: A = zuverlässig, B = allgemein zuverlässig, C= ziemlich zuverlässig, D = nicht immer zuverlässig, E = unzuverlässig, F = Zuverlässigkeit kann nicht beurteilt werden. Der »Wahrheitsgehalt« der Nachricht wird mit den Noten 1 bis 6 klassifiziert. 1 = von anderer Seite bestätigt; 2 = wahrscheinlich zutreffend; 3 = möglicherweise zutreffend; 4 = zweifelhaft; 5 = unwahrscheinlich; 6 = unbewertbar. Der Doppelagent Heinz Felfe (Deckname: »Friesen« oder »Fiffi«) – er arbeitete als »Paul« für den sowjetischen KGB, erst bei der ORG, dann beim BND – hat ausgeplaudert, daß als »gutes Mittelmaß« C 3 galt, C 2 oder zu C 4 bereits Abweichungen waren. Heinz Felfe, auf seine alten Tage noch Kriminalistik-Professor der Ost-Berliner Humboldt-Universität geworden, erinnert sich: »Bessere Bewertungen als C 2 waren ungewöhnlich, führten nur zu Rückfragen der vorgesetzten Stellen«. So etwas ist unbequem und stört beim Nachrichtensammeln.

Weil die »menschlichen Quellen« durch Lüge und Strafandrohungen, gegenläufige Interessen und Schlendrian so schwer zu nutzen sind, verlegen sich alle Geheimdienste der Welt zunehmend auf andere Nachrichtenquellen, etwa die Satellitenfotografie, die »strategische« Briefkontrolle, die weltweite Überwachung jedweden Funkverkehrs. Wird die Qualität einer Nachricht dadurch besser? Sicher ist: Die qualitativ wertvolle Nachricht verbirgt sich in einem Riesenberg wertlosen Nachrichtenmülls. Kleines Beispiel: Wie sollen die rund

800 Angehörigen des amerikanischen Abhör-Dienstes »National Security Agency« (NSA), die im ehemaligen West-Berlin stationiert waren und von den drei Horchposten Teufelsberg, Marienfelde und Flughafen Tempelhof aus operierten, wie sollen diese unermüdlich tätigen Lauscher aus dem polyglotten Telefon-Gequatsche von Millionen Mittel- und Osteuropäern die wichtigen, den Präsidenten der Vereinigten Staaten von Amerika interessierenden Nachrichten herausfischen?

Weil das Nachrichtensammeln so beschwerlich und Qualitätskontrollen vielfach unmöglich sind, verlegen sich routinierte Geheimdienstler auf allerlei Täuschungsmanöver: Legale Quellen – Radionachrichten, Zeitungen, Zeitschriften – werden in illegale umgedeutet. Klugerweise splittet man eine illegale Quelle in mehrere auf. So lassen sich ein höheres Nachrichtenaufkommen und größere Unkosten vortäuschen. Die Organisation Gehlen und der Bundesnachrichtendienst hatten zu Gehlens Zeiten nirgendwo im Ostblock eine wirklich hochrangige Quelle – der hatte dafür aber bei Gehlen den tüchtigen Agenten Felfe plaziert. Das unbemerkte Eindringen feindlicher Späher in den eigenen Apparat nannte der Spionagechef »penetrieren«; dieses Verb ist im Schnüffelbusineß out, seit es von der Frauenfront benutzt wird. Gehlen konnte ab Ende der fünfziger Jahre auch in der DDR auf keinen gut plazierten Informanten mehr zählen; weder in der Regierung noch gar im SED-Zentralkomitee oder dem Allerheiligsten, dem Politbüro. Auch die berühmten Agenten-»Netze«, die von Gehlens Leuten in der Sowjetunion 1943/44 zurückgelassen worden waren, gab es nur als Fata morgana. Auf Funkanruf hat sich keiner beim General zurückgemeldet – mit einigen Ausnahmen: Diese Spione waren vom KGB längst für ein »Gegenspiel« umgedreht. Auch deshalb fielen (fast) alle Fallschirmagenten, von der ORG über dem Baltikum abgesetzt, in sowjetische Hand.

Niemand schlug sich bis zu den Zentren der Macht durch. Das hinderte die Geheimdienstler nicht, in Bonn und anderswo so zu tun, als würden sie direkt von Männern in Ost-Berlin und Moskau informiert. Gehlen damals wörtlich: »Wer will uns das Gegenteil beweisen?« Bei soviel Chuzpe überrascht es nicht, daß der Bundesnachrichtendienst vom Stasi-General Werner Großmann, dem letzten Spionagechef der DDR, weder ein Foto besaß noch das Geburtsdatum oder den Geburtsort kannte. Das ist natürlich schon recht peinlich, denn der Mann hat mehr als drei Jahrzehnte an führender Stelle die Bundesrepublik »ausgeforscht«.

Viel blamabler aber ist, daß die westdeutschen Geheimdienste bis 1989 über das ostdeutsche Ministerium für Staatssicherheit nicht einmal annähernd richtige Zahlen liefern konnten. 1989 waren bei der Stasi, dem »Schwert und Schild der Partei«, mindestens 103 000 hauptberufliche Mitarbeiter beschäftigt. Das Bundesamt für Verfassungsschutz verlautbarte im gleichen Jahr – nach regem Datenabgleich mit dem BND in Pullach –, daß es »rund 20 000 MfS-Angehörige« gäbe. Die Meisterspione aus dem Westen haben also mindestens 80 000 Mann – oder jeweils vier von fünf gegnerischen Agenten – glatt übersehen. Das beweist nicht nur, daß sie niemanden kannten, der ihnen einmal einen kleinen, wahrheitsgemäßen Tip gegeben hätte, sondern auch, daß sie vorsichtshalber auf jede eigene Recherche vor Ort verzichtet haben. Man hätte nur ein einziges Mal einen tapferen Mann, getarnt mit Hund, Kind oder gebrechlicher Großmutter, um das Geviert der MfS-Zentrale in Berlin-Lichtenberg spazieren lassen müssen. Schon aus der Größe des Objekts und der Zahl der Fensterscheiben hätte sich erhellt, daß hier, an einem einzigen Platz in der DDR, mehr als 20 000 MfSler beschäftigt waren.

Wenn man sich dann noch vor Augen hält, wie solche Schätzwerte im Alltag einer geheimen Behörde zustande kommen, wird die Sache vollends fatal: Gewöhnlich schreiben Geheimdienste ihren Gegnern gern Größe und Potenz zu und übertreiben dabei auch im eigenen Interesse. Wenn es nämlich 20 000 Stasis gibt, dann ist es doch nur legitim, für die eigenen Dienste mehr Männer und vor allem mehr Geld zu fordern. In Wirklichkeit haben die westdeutschen Dunkelmänner also vermutet, daß es wahrscheinlich 10 000 oder 12 000 MfS-Mitarbeiter gibt – ein Zehntel der wahren Zahl.

Nachrichten der geheimen Dienste sind meist wenig wert, sie liefern bestenfalls Hinweise, nur sehr selten Beweise. Noch ein paar Belege?

- Reinhard Gehlen, der FHO-Chef, wurde vom Hitler-Attentat am 20. Juli 1944 völlig überrascht. Der 41jährige Generalstabsoffizier weilte im vorletzten Kriegsjahr in Bad Elster zur Kur.
- In den fünfziger Jahren entdeckte Gehlen Hitlers Vertrauten Martin Bormann als Informanten und Berater in der Sowjetunion, »perfekt abgeschirmt«. Außer Gehlen hat ihn seither dort niemand mehr geortet.
- In den achtziger Jahren entging dem BND, daß die RAF sich Ruheräume in der DDR geschaffen hatte (womöglich wußte der Verfassungsschutz es besser, hielt sein Wissen aber unter der Decke).
- Alle drei westdeutschen Dienste erkannten in den achtziger Jahren nicht, daß die DKP eine Militär-Organisation für den Ernstfall aufbaute und diese wackeren westdeutschen Männer (fast 300) in der DDR an Waffen ausgebildet wurden.
- Obwohl der Bundesnachrichtendienst mittlerweile gut 8 000 Mann zählt, von denen mehr als 100 Diplom-Physiker sind,

fiel keinem einzigen auf, daß die DDR schon seit den sechziger Jahren ihre Grenzübergänge mit Röntgenstrahlen sicherte.

Auf der Suche nach Republikflüchtlingen wurden alle Kraftwagen im Transit und an den innerstädtischen Berliner Grenzübergängen durchleuchtet, auch die der Alliierten und der Diplomaten. Eine kleine Spazierfahrt mit einem Geigerzähler hätte alles aufgedeckt – nur ist in 25 Jahren niemand auf diese Idee gekommen, und kein Mensch hat den West-Geheimdiensten die richtige Nachricht gesteckt.

Wie soll man, wenn die Nachrichtengrundlage schon so schlecht ist, darauf einen Überbau, die Auswertung, errichten?

Reinhard Gehlen ist als »Auswerter« berühmt geworden. Zu Kriegszeiten war das entschieden leichter. Beim Militär, vor der Schlacht, lassen sich Daten relativ einfach sammeln. Die FHO kam zu Renommee, weil sie es verstand, aus Vernehmungsprotokollen, erbeuteten Akten und Luftaufnahmen ein einigermaßen verläßliches »Feindbild« zu zeichnen; jeden Tag wieder neu. Diese Datenlage ermunterte Gehlen und seine Männer zur Prognose, der Voraussage von Entwicklungen, Zuständen und Ereignissen. Für solche Prognosen werden die Geheimdienste heute noch bezahlt. Schauen wir doch einmal, ob zu recht.

Ins Stammbuch aller Prognostiker hat Deutschlands bedeutendster Philosoph, der Königsberger Professor Immanuel Kant, vor mehr als zwei Jahrhunderten einen bösen Satz geschrieben. Er lautet: »Die Zukunft ist das Paradies der Phantasten – hier finden sie ein unbegrenztes Land, wo sie nach Belieben anbauen können.« An Prognostikern hat es nie gefehlt, trotz dieser Warnung. Ermuntert von der Erkenntnis, daß Vorauswissen Macht ist, ging und geht man an die Arbeit.

Spielerische Phantasie und nüchternes Kalkül, die Intelligenz des Menschen, gepaart mit der des Computers, sollen die Welt von morgen erschließen. Die richtige Voraussage, die Prognose, zieht gelehrte Männer an wie der Mond den Wanderer, der sich im Wald verirrt hat. Je älter ein Mann wird und je höher er sozial aufsteigt, desto mehr reizt ihn die Vorausschau auf kommende Ereignisse. Prognosekunst schlägt Faktenwissen, denn das hat schließlich jeder, oder weiß, wo man es nachlesen kann. Voraussagen bewirken den belebenden Adrenalinstoß, zutreffende Voraussagen erhöhen das Selbstwertgefühl und tragen dem Prognostiker Bewunderung, Neid und Geld ein. Deshalb sind Chefkommentatoren, Chefärzte und die Analytiker der Nachrichtendienste auf diesem Feld so schwer zu bremsen.

Eine richtige Prognose gilt den Professoren als das einzig sichere »Kriterium der Naturwissenschaft«. So wie das berühmte Scheidewasser die Edelmetalle von den unedlen Stoffen trennt, so zieht die richtige, nachprüfbare Voraussage den Grenzstrich zwischen Wissenschaft und Glauben. Auf die Minute genau kann ein Astronom voraussagen, wann morgen oder am 1. Januar des Jahres 2000 die Sonne über dem Horizont erscheinen wird. Ein Astrologe hingegen vermag gar nichts sicher vorauszusagen. Er deutet die Sterne nur aus. Doch deren Lauf, so sagt er, zwinge nichts herbei, er mache nur geneigt. Nimmt man die richtige Prognose als Meßlatte der Wissenschaft, so kommen nur Physik, Chemie, Mathematik und die Künste der Ingenieure gut davon. Theologie hingegen, Soziologie, Juristerei, auch die Medizin, fallen hinten herunter. Und die Geheimdienstler? Sie können nicht besser sein als Sozialwissenschaftler oder Journalisten.

Sie sind es aber, die der fatalistischen Auffassung, die Zukunft sei unvorhersehbar und unvermeidlich, am lebhaftesten widersprechen. Sie gründen ihr Selbstbewußtsein auf die Erkundung des Kommenden, wollen partout nicht nur Zuschauer der Zeitgeschichte sein, im Großen nicht und nicht im Kleinen: Ab 1946 beschäftigte Gehlen die Psychotherapeutin und Graphologin Dr. Maria Hippius Gräfin Dürckheim. Zwanzig Jahre lang fertigte sie dem General graphologische Gutachten, vor allem über Bewerber. Ihr Urteil hatte Gewicht. Wenn die Gräfin aus dem Schriftbild einen verräterischen Charakter, einen Blender oder Bummelanten diagnostizierte, war der Mann chancenlos. Doch die ganze Graphologie, von so viel wissenschaftlichem Gewicht wie die Astrologie, hat nichts geholfen: Doppelagent Heinz Felfe ging der Gräfin durchs Netz: »Er war so gut geeignet«, erinnert sich die alte Dame 1992, »doch er trug auf beiden Schultern Wasser.«

Das mulmige Gefühl, nicht zu wissen, was kommt, bedrückt den Menschen offenbar schon seit jenen Urzeiten, als er sich irgendwo in Afrika von vier auf zwei Beine reckte. Alle Religionen enthalten als Herzstück die Prophezeiung, also eine Prognose der jeweils kommenden Entwicklung. Da wird viel – auch viel Widersprüchliches – vorausgesehen, jedoch undatiert in ferner Zukunft. Der Weltuntergang, das ewige Leben, Glückseligkeit im Himmel, wahlweise auch die Hölle mit ihren ewigen Qualen. Dieses Panorama haben auch die Geheimdienstler drauf. Sie wagen jedoch das Gefährlichste, nämlich die Voraussage der unmittelbaren Zukunft. Wer so kühn oder leichtfertig ist, hat nachher meist Mühe, den eigenen Phantasien mit Anstand zu entkommen. Früher war das einfacher. In alter Zeit erwartete niemand, daß die Prognose besonders präzise sei. Ein gutes Orakel war stets dunkel und mehrdeutig, ließ diese oder jene Deutung zu.

Griechenlands Priester weissagten die Zukunft aus dem Rauschen der Blätter des Zeushaines – und der Wind weht bekanntlich aus vielen Richtungen. Auch von Pythia, die im altgriechischen Delphi über einer Erdspalte saß und die dort austretenden narkotisierenden Gase einatmete, bis die Phantasie mit ihr durchging, wird nur Gutes berichtet. Sie habe, beispielsweise, Alexander dem Großen (einem jugendlichen Alkoholiker von kaum 20 Jahren) ganz richtig vorausgesagt, daß sein Kriegszug nach Persien ein großes Reich vernichten werde. Da konnte sich jeder aussuchen, welches sie wohl gemeint habe – Griechenland oder Persien.

Die Kunst, sich bei Voraussagen wenigstens ein Schlupfloch offenzulassen (eine Kunst, die Meteorologen am perfektesten beherrschen, gefolgt von Psychologen und den Ärzten), hat Gehlen schon im Weltkrieg gelernt und dann mit seinen Männern perfektioniert. Keine Analyse, kein Trendbericht ohne ein »möglicherweise«, »nicht auszuschließen ist« und so weiter. Erst am Ende seines Lebens – das nach seiner Einschätzung durch die Versetzung zur FHO-Abteilung »ohne mein Zutun von diesem Zeitpunkt an eine Wendung zum Einmaligen und Außergewöhnlichen nahm« – bevorzugte Gehlen die klaren Voraussagen ohne jedes Wenn und Aber – sie sind ausnahmslos falsch gewesen; davon später mehr.

Gegenwärtig betreibt der Bundesnachrichtendienst rund 200 Außenstellen; etwa die Hälfte im Inland, die andere Hälfte im riesengroßen Ausland. Der Auslandsnachrichtendienst BND darf im Inland munter tätig sein, zum Beispiel Verdächtige observieren und Informationen sammeln, nur: innenpolitisch tätig werden, das darf er nicht. Es lebe der kleine Unterschied! Außer Bademeistern (für das eigene Schwimmbad in Pullach), Piloten (für die beiden diensteigenen Jets), Klempnern (für die handwerklichen Dinge in den rechtlichen Grauzonen) und Ärzten (wenn ein Mitarbeiter verrückt wird, soll er nichts anderswo halluzinieren) beschäftigt der Bundesnachrichtendienst jede Art von Akademikern. Solche mit und ohne Sprachkenntnisse, bodennahe Naturwissenschaftler (für die technischen Formen der Schnüffelei und Funkkontrolle), aber natürlich auch eine Menge elitärer Denker und Deuter. Irgend jemand muß schließlich am Ende die Prognose zu Papier bringen, auch wenn es mit der Leserschaft hapert. Die meisten BND-Berichte werden von den Empfängern nur lässig durchgeblättert, aber sorgsam weggeschlossen. Gehlens frühe CIA-Kompagnons behaupten, sie hätten in den fünfziger Jahren die wöchentlichen Ost-Berichte des Dienstes überhaupt nicht mehr gelesen, weil ohnehin nichts Wissenswertes drinstand. Wie auch immer: Die Hoffnung, Prognostiziererei im Team verbessere die Ergebnisse, ist töricht. Sie gilt im übrigen in der Wissenschaft längst als widerlegt. Gewöhnlich pegeln sich solche Prognosen innerhalb einer Bandbreite ein, die (mit etwas Glück) die wirkliche künftige Entwicklung einschließt. Der BND-Präsident Eberhard Blum – er amtierte von 1983 bis 1985 – hat in einer schwachen Stunde eingeräumt, daß es ein »oft groteskes Mißverhältnis zwischen Aufwand und Ertrag« gebe, die Prognosen also gewöhnlich nichts wert sind.

Die Behauptung des neuen BND-Präsidenten Konrad Porzner – was war er früher? Lehrerskind, Lehrer, Lehrerinnengatte –, der BND sei »eine Denkfabrik«, ist reine Prahlerei. Das nimmt womöglich ein böses Ende. Schon Dante Alighieri, Italiens bedeutendster Dichter, hat vor Jahrhunderten den Zukunftsdeutern einen ungemütlichen Platz angedroht, im vierten Kreis der Hölle. Vielleicht sollte Präsident Konrad Porzner aus der Vergangenheit lernen und seiner kleinen Armee nach so viel Fehlprognosen als neues Motto einen klugen Spruch Mark Twains mit auf den Weg geben. Er lautet: »Voraussagen sollte man unbedingt vermeiden, besonders solche über die Zukunft.«

Am Montag, dem 14. August 1961, einen Tag nach dem Mauerbau in Berlin, bekam der Regierende Bürgermeister Willy Brandt eine Eil-Nachricht des Bundesnachrichtendienstes auf den Tisch. Sie besagte, daß am – zurückliegenden – Wochenende mit keinen DDR-Aktionen zu rechnen sei. Der BND hat aber nicht nur den Mauerbau, sondern auch den Mauerfall verschlafen. So gesehen, fühlt er sich wahrscheinlich von der Geschichte rehabilitiert. Nach eigenem Verständnis ist der geheime Nachrichtendienst zwar ein »Seismograph«, ein Frühwarnsystem, doch liest sich die Übersicht der BND-Blackouts wie ein Potpourri von Pleiten, Pech und Pannen.

Der Bundesnachrichtendienst

- sah 1964 Chruschtschows Sturz nicht voraus;
- bestritt, daß Leonid Breschnew es je zum Alleinherrscher bringen werde;
- prognostizierte statt dessen einen gewissen Alexander Scheljepin (who?);
- hielt 1979 sowohl den Sturz des persischen Schahs für unmöglich als auch
- den Überfall der Sowjetarmee auf Afghanistan;
- wußte nichts von dem drohenden Massaker im Juni 1989 in Peking
- und übersah schließlich, direkt vor der eigenen Haustür, alle Zeichen für die Wende in der DDR, den Sturz Honeckers und die deutsche Wiedervereinigung.

Der damalige sowjetische Außenminister Eduard Schewardnadse betrieb, zumindest in Gedanken, seit 1986 die deutsche Wiedervereinigung. Nachgewiesenermaßen ventilierten seine und Gorbatschows Berater drei Jahre lang die Eventualitäten. Die deutschen Geheimdienste merkten natürlich nichts davon.

An dieser Stelle muß man einen mildernden Umstand einführen: Ein Geheimdienstler unterliegt allen sozialpsychologischen Zwängen, die dem Beamtenleben eigen sind. Ein Beispiel: Im Sommer 1988 stellte Franz-Joseph Strauß sein letztes Buch »Strauß in Moskau ... und im südlichen Afrika« im Rahmen einer prächtigen Gala vor. Ort des Geschehens war der »Bayerische Hof« in München. Mindestens 500 Zuhörer drängten sich, den alten Bullerkopf zu hören. Nach der öffentlichen Feier wurden die Insider zu einer kleinen privaten Soiree mit Bier und Schmankerln gebeten. Unter den 80 Auserwählten war mindestens ein leitender Herr aus Pullach, denn die suchten Straußens Nähe, wann immer das möglich war. Der CSU-Vorsitzende saß, umrahmt von zwei hübschen Dirndln und gestärkt durch eine große Maß Bier, an der Sonnenseite des Raumes und philosophierte vor sich hin. Wer wollte, durfte zuhören. Straußens Tenor: Siegt Gorbatschow in der Sowjetunion, so destabilisiert sich der westliche Rand des Imperiums. Verliert Gorbatschow den Machtkampf in der Sowjetunion, so destabilisiert sich der westliche Rand des Imperiums auch, weil die Sowjetarmee die Länder des Warschauer Pakts nicht mehr mit Panzern domestizieren könne. So oder so, die Destabilisierung sei beschlossene Sache. Hoch den Maßkrug! Prosit! Hätte der namenlose BND-Prognostiker nun im stillen Kämmerchen seines Pullacher Amtssitzes diesen Gedanken, den Strauß auch anderswo hören ließ, ein wenig weitergesponnen, vielleicht sogar zu Ende gedacht, dann wäre vor seinem geistigen Auge womöglich die deutsche Wiedervereinigung aufgetaucht; kurzfristig, vielleicht sogar komplikationslos, als Beitritt der DDR zum Grundgesetz. Spätestens in diesem Moment bekommt die Sache einen Haken: Einem Beamten, der sich mit einer derart kühnen Prognose weit aus dem Fenster lehnt, dem würden die lieben Kollegen die Nase scheibchenweise abschneiden. Eine kühne Prognose ist der sichere Weg, die Karriere zu ruinieren. Logische Folge: Gewagte Prognosen, nein danke.

Von Berufs wegen setzen Geheimdienstler den Akzent gern auf Panik, Paranoia und Pessimismus. Das wiederum kann einen Regenten so irritieren, daß er am Ende nur noch die eigenen Prognosen glaubt. Hitler redete sich die Welt bis zum Endsieg schön; Honecker mochte die Stasi-Analysen nicht mehr sehen – »da kann ich ja gleich West-Zeitungen lesen« –; und Stasi-Chef Mielke fragte am 9. November 1989, seine DDR legte sich gerade zur Wende in eine scharfe Kurve: »Wer hat uns das eingebrockt?« – Ratlosigkeit allerorten. Dabei hätten zumindest Honecker und Mielke bei Friedrich Engels Erleuchtung gewinnen können. Der hat in einem Brief an Joseph Bloch das Problem der Prognose geschichtlicher Ereignisse auf den Punkt gebracht. Es soll deshalb hier gut lesbar herausgehoben werden.

> *»Geschichte« entsteht »stets aus den Konflikten vieler Einzelwillen«, wovon »jeder wieder durch eine Fülle besonderer Lebensbedingungen zu dem gemacht wird, was er ist. Es sind also unzählige, einander durchkreuzende Kräfte. Eine unendliche Gruppe von Kräfteparallelogrammen, daraus, eine Resultante, das geschichtliche Ereignis hervorgeht. Die selbst wieder als das Produkt einer als Ganzes bewußtlosen und willenlosen Macht angesehen werden kann. Denn was jeder einzelne will, wird von jedem anderen verhindert, und was herauskommt ist etwas, was keiner gewollt hat.«*

Wo er recht hat, hat er recht. Friedrich Engels, der sich ja auch häufig geirrt hat, führt mit dieser Überlegung die ganze Prognostiziererei ad absurdum. Doch Geheimdienstler kämpfen ja nicht nur mit unzulänglichen Datenlagen, die aus beliebigen, oft manipulierten Nachrichten bestehen, sie haben ja zumeist auch berufsbedingte Wahrnehmungsstörungen. Manches können sie nicht sehen, manches wollen sie nicht sehen. Da sind die deutschen Geheimdienstler nicht allein. Dieses Merkmal vereint die internationale »Intelligence community«. Beispiel CIA: Bis zu Clintons Wahlsieg war deren Chef Robert Gates, mit Anfang 20 in die Firma als »Sowjet-Analytiker« eingetreten und ihr oberster Prognostiker. Nachdem er die Sowjetunion 25 Jahre lang ferndiagnostiziert hat, riskierte er 1989 immerhin eine Kurzvisite. Ob er danach richtiger urteilte? Einige alte CIA-Erkenntnisse können es an Dummheit mit Pullachs Weltsicht mühelos aufnehmen. So behaupteten die CIA-Auswerter 1986, das Bruttosozialeinkommen sei in der DDR pro Kopf höher als in der Bundesrepublik Deutschland. Einer der 60 CIA-Herren, die von West-Berlin aus seinerzeit die kleine DDR ausspähten, hätte vielleicht doch einmal hinübergehen sollen. Gehen, nicht im dunkelblauen CD-Dienstwagen chauffiert werden.

Selbst im Idealfall, also ohne die systematisch eingebaute Tendenz zur Dummheit, da hat der kleine Spionage-General Gehlen ja recht, fällt dem Nachrichtendienstler die richtige »Erkenntnis« nicht in den Schoß. Sie setzt sich, so Gehlen, »aus einer Vielzahl von Einzelfeststellungen zusammen, die auf der Grundlage eines soliden Allgemeinwissens und vollständiger Kenntnisse über die eigene Situation und die der Partner sowie andererseits der potentiellen und tatsächlichen Gegner beurteilt und mosaikartig einander zugeordnet werden müssen ...« Hamburgs langjähriger Verfassungsschutzchef Christian Lochte, der den Mund immer besonders voll nahm (er war das Kind eines Volksschullehrers), hat in den Demo-Zeiten der achtziger Jahre behauptet: »Bei großen Demonstrationen muß ich voraussagen können, ob mit Gewalttaten zu rechnen ist. Dazu analysiert meine Abteilung Motive und Ziele aller Gruppen, die daran teilnehmen; so lange und so gründlich, bis ich eine verbindliche Ausage machen kann.«

Lochte und Gehlen liebten starke Worte. Von wegen »vollständige Kenntnisse« – wer die hätte, der wäre in der Tat zur Prognose fähig. So phantasierte sich der General Gehlen als Voraussetzung seiner »mühseligen Arbeit«, was ihr – nie auch nur annähernd erreichtes – Resultat sein sollte.

Kapitel II
Täter? Opfer? Bumerang?

Dr. Otto John, erster Präsident des Bundesamtes für Verfassungsschutz

In seinen jungen Jahren sah Otto John unverschämt gut aus, groß, stark und so blond, daß der Führer ganz neidisch geworden wäre, wenn er ihn gekannt hätte. Doch ausgerechnet dem Adolf Hitler ist der schöne Otto nie begegnet. Das will etwas heißen, denn eigentlich kennt Otto John aus Marburg an der Lahn, geboren 1909, toute le monde: im Umfeld des Führers dessen Piloten Hansl Baur, ein gutes Dutzend Generäle und den letzten Attentäter Claus Graf Schenk von Stauffenberg. Er duzt sich mit dem Kaiserenkel Prinz Louis Ferdinand, einem Freund seit mehr als fünf Jahrzehnten. Theodor Heuss, der erste Präsident der Bundesrepublik, ist ihm gut bekannt gewesen und natürlich Konrad Adenauer, sein Arbeitgeber wider Willen von 1950 bis 1954. Otto John hat sein Brot in jungen Jahren auch bei den Engländern verdient und ist von den Russen liebevoll mit Cognac und Kaviar traktiert worden. Auf die alten Tage, im Frühjahr 1992, hat er, 83jährig, auch noch Markus (»Mischa«) Wolf kennenlernen dürfen, Stasi-Generaloberst i. R.. Der hat ihm noch gefehlt in seiner Sammlung. Nimmermüde vervollständigt John die Kontakte, alles seinem letzten Lebensziel unterordnend: »Ich will nicht als Verräter sterben.«

Es ist ein Kampf um die Ehre und gegen die Uhr. Viel Zeit bleibt dem alten Mann wohl nicht mehr, aber daß er überhaupt noch im Ring steht und den Kampf sucht, ist schon ein Wunder: Normalerweise müßte Otto John längst tot sein. Von den Nazis gehängt als Widerstandskämpfer (wie sein Bruder Hans) oder abgeschossen als Flieger in den Jahren 1939 bis 1944, als der Himmel über Europa bleischwer war und Otto John immer mittenmang; von irgendeinem Geheimdienst auf irgendeine Weise ins Jenseits befördert. Denn er hat in den besonders bewegten Jahren seines Lebens von 1935 bis 1955 zu einem halben Dutzend dunklen Diensten wechselnde Beziehungen unterhalten und einige Jahre lang sogar selber einen geleitet, als erster Präsident des neu gegründeten deutschen Bundesamtes für Verfassungsschutz.

Otto John hat in mehreren Ländern im Knast gesessen, auch gut drei Jahre in einem bundesdeutschen Zuchthaus. Er war im Luftkrieg verschüttet, hat Bekanntschaft gemacht mit einer geschlossenen psychiatrischen Abteilung, hat versucht, sich das Leben zu nehmen, war als Hochverräter verdächtig, ist als Landesverräter verurteilt worden, hat als Tarnvater John mal mit gefärbten Haaren, mal mit dunkler Brille schwer bewachte Grenzen überquert. Kurzum: Otto John hat Dutzende von Malen seinen Kopf in den Rachen irgendeines Löwen gesteckt, spielerisch und immer sehr adrett gekleidet. Noch Jahrzehnte später weiß er, was er jeweils anhatte und wie sein Schneider hieß. Womöglich hat der berühmte Heidelberger Psychiater Walter Ritter von Baeyer doch recht? Er bescheinigte 1956 dem damals 47jährigen Otto John, er sei eine »in mancher Hinsicht nicht ausgereifte, fast noch knabenhafte Persönlichkeit«. Im übrigen zeige er Geltungsbedürftigkeit, Selbstüberschätzung, ein gehöriges Maß an schauspielerischer Fähigkeit, einen Mangel an Gefühls- und Geistestiefe.

Oder sind das alles Fehldiagnosen, und der Geheimdienstler ist, wie der Oxforder Zeithistoriker Anthony Glees 1985 behauptete, »einer der raffiniertesten Agenten, die je gelebt haben«? Er selber sieht sich nicht so. Wenn Otto John in den Spiegel schaut, dann erkennt er einen »internationalen Juristen mit Welterfah-

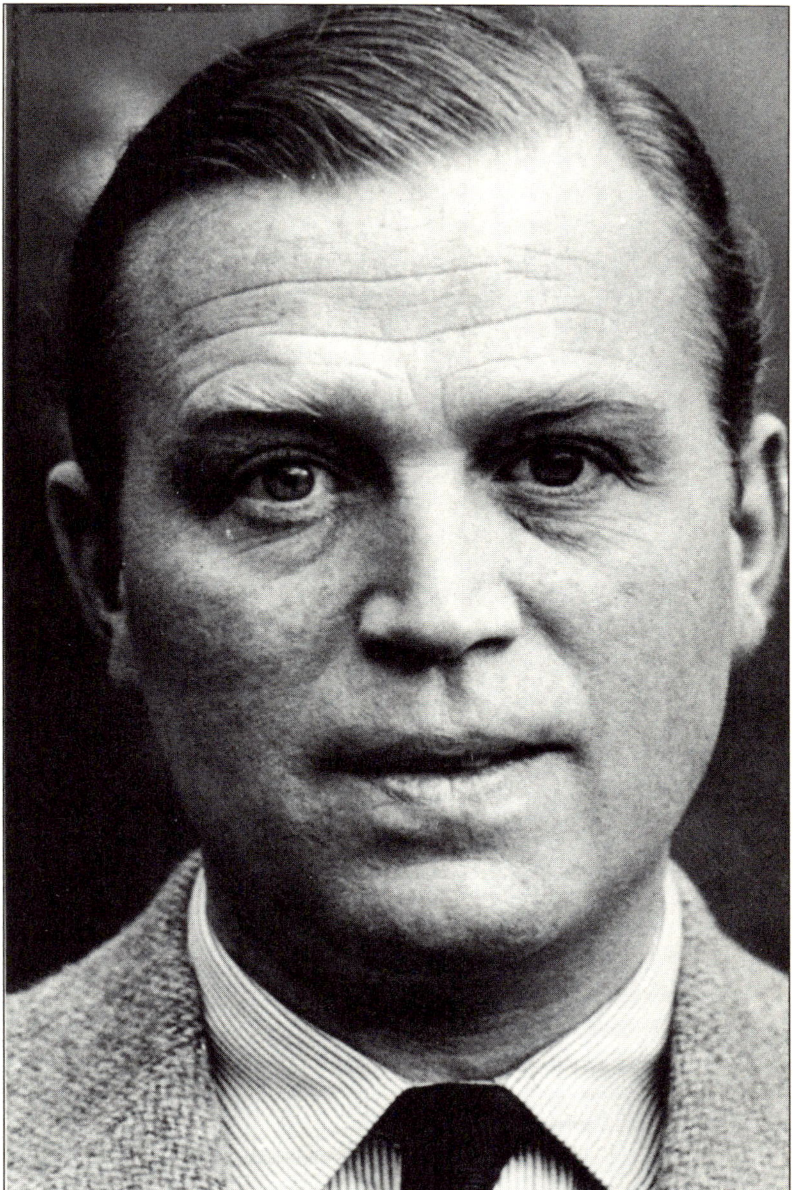

Otto John

rung und Sprachkenntnissen«. Was er nicht ausdrücklich erwähnt: Er ist auch ein Mann von Charme, mit guten Manieren, kontaktfroh, also ganz anders als sein Intimfeind, der General Reinhard Gehlen. Der beschützte zur gleichen Zeit wie John die junge Bundesrepublik, war im persönlichen Umgang aber sehr verklemmt. Gehlen ließ sich Apfelsaft in sein Bierglas füllen, Otto John Champagner. Pessimist Gehlen verehrte als Höchstes die trockenen Texte des preußischen Generalstabs, Frohnatur John die trockenen Weine. BND-Chef Gehlen fühlte streng deutsch-national, verliebte sich höchstens mal in ein Pferd und zieht auf jedem Foto die Mundwinkel nach unten. Otto John hingegen tendiert zur liberalen Weltsicht, verehrt das schönere Geschlecht ausdauernd und mit Erfolg (mußte sich aber in den Schlammschlachten seines Lebens immer wieder gegen das Gerücht wehren, er sei in Wahrheit ein Homosexueller) und wirkt auf allen Fotos wie ein Sonnyboy. Zwei gegensätzlichere Geheimdienstchefs sind schwer vorstellbar. Logischerweise konnten sich beide nicht leiden. 1954 klebte Präsident Gehlen dem Präsidenten John das Kainsmal auf, welches ihm noch immer anhaftet: »Einmal Verräter, immer Verräter.«

Der Vorwurf, ein Verräter zu sein, begleitet Otto John seit fast fünf Jahrzehnten. Je nach den herrschenden politischen Verhältnissen wurde der Vorwurf mit wechselnden Inhalten beschwert. Und obwohl der Verrat zum Geheimdienst gehört wie der Metzger zur Wurst, leidet Otto John unter diesem Stigma. Über den Verrat wird im zweiten Teil dieses Kapitels noch einiges zu sagen sein, auch über Vertrauen, Treue und den Eid. Mit seinem »Überlaufen« zu den Russen, präzise datiert auf den 20. Juli 1954, erreicht Otto Johns Leben seinen spektakulären Höhepunkt und zugleich den Bruch: Von da an ging's bergab.

Daß er jemals so hoch steigen würde, war ihm nicht an der Wiege gesungen worden. Wie nahezu alle führenden deutschen Geheimdienstler stammt auch Otto John aus kleinen Beamtenverhältnissen (dazu wird in Kapitel IV mehr gesagt). Der Vater, in Warschau geboren, ernährte die Familie als Vermessungsbeamter. Seine beiden talentierten Söhne, Hans und Otto, sollten es mal besser haben und studierten deshalb im bewegten Berlin der zwanziger Jahre Rechtswissenschaften. Otto verdiente sich ein Zubrot als Werkstudent bei der Deutschen Lufthansa. Sein fabelhaftes Talent, immerzu einflußreiche Menschen kennenzulernen, verschaffte ihm rasch eine Festanstellung. Schon 1937, mit 28 Jahren, war er promoviert und Syndikus der Deutschen Lufthansa. Mit den Nationalsozialisten hatte er nachweislich nie etwas im Sinn. Deren rabiates Gebaren störten nicht nur Otto Johns stark ausgeprägten ästhetischen Sinn. Ihm war die NS-Ideologie auch wegen der Menschenverachtung und der Überhebung über alles Ausländische von Herzen zuwider.

Dabei hätte Otto John, so wie er aussah und mit seinen Talenten, ganz ohne Mühe eine NS-Blitzkarriere machen können. An Offerten hat es ihm nicht gefehlt. Doch statt dessen geriet der junge Lebemann schon früh mit Hitler-Gegnern in Kontakt. Er führte seinen kaiserlichen Freund Prinz Louis Ferdinand mit tendenziellen Widerständlern zusammen, und er betätigte sich immer wieder als Kurier. Für einen Syndikus der Deutschen Lufthansa war das ein beträchtliches Risiko und doch ganz einfach zu bewerkstelligen; Freiflüge ohne Limit standen ihm ja zu. Als Kurier hatte sich der kleine Otto schon 1923 bewährt, als er vom französisch besetzten Wiesbaden aus politische Nachrichten ins reichsdeutsche Frankfurt am Main schmuggelte. Klugerweise als Radfahrer, denn auf zwei Rädern entgeht man erfahrungsgemäß jeder Beobachtung. Wer auch immer im Auftrag des Staates observiert, Fahrradfahren mag er nicht. Auch heute noch sitzt jeder Observant am liebsten im gut getarnten Auto (mit Telefon, Standheizung und, wenn möglich, Innentoilette), notfalls unternimmt er auch eine »Fußobservation«. Nur aufs Fahrrad kriegt man den Schlapphut nicht. Das muß damit zusammenhängen, daß Radfahren mehr als hundert Jahre lang die Fortbewegungsart der Unterschicht war, ein Agent sich aber immer etwas Besseres und auf dem Weg nach oben dünkt.

Otto John also fuhr Fahrrad, auch während der Berliner Kriegsjahre, und das spricht für ihn. Unbelastet von Frau und Kindern – er heiratete erst 1949 eine sieben Jahre ältere Sängerin –, radelte der »u.k.«, also »unabkömmlich«, gestellte Lufthansa-Jurist durch das nächtliche Berlin. Mal begegnete er dabei dem General Kurt Freiherr von Hammerstein-Equord, früher Chef der Heeresleitung, und schon 1939 drauf und dran, den Führer in seinem Befehlsbereich festzusetzen; mal traf er die bürgerlichen Hitler-Gegner oder zufällig, wie er sagt, in einem dunklen Garten in Zehlendorf den späteren Attentäter Claus Schenk von Stauffenberg. Daß Otto John nicht nur ein Gesellschaftsmensch, Kurier und Kontakter war, beweist sein Tageslauf am 20. Juli 1944, dem Tag des Stauffenbergschen Bombenattentats auf Adolf Hitler. Mehrere Stunden lang, bis abends um halb neun, hielt sich der Zivilist Otto John im Berliner »Bendler-Block« auf, der Zentrale der militärischen Putschisten. In letzter Minute, bevor der Putsch zusammenbrach, kam er davon. Vier Tage später war er via Lufthansa im neutralen Madrid, einer der wenigen, denen die Flucht gelang.

Spätestens in diesen Wochen geriet Otto Johns Leben für immer aus dem Lot. Von nun an war er kein Lufthanseat mehr, und er wurde es auch niemals wieder. Statt dessen trat er immer tiefer in die düstere Welt der Geheimdienste ein. Wenn man ihm glaubt, arglos wie ein Kind. 1944 nahm ihn der englische »Secret Service« unter seine Fittiche. Zuständig für die iberische Halbinsel war damals Harold (»Kim«) Philby, ein Doppelagent, der für Moskau und London arbeitete. Philby, so erkannte John sehr viel später, wollte auf alle Fälle vermeiden, daß der innerdeutsche Widerstand gegen Hitler mit den Westalliierten in separate Friedensverhandlungen eintreten konnte, denn das hätte der Sowjetunion geschadet. Gerade solche Friedensgespräche – oder doch wenigstens die Aufklärung der ganzen Welt über den deutschen Widerstand gegen Hitler – lagen Otto John am Herzen. Die große Rolle blieb ihm versagt. Seine Flucht von Madrid über Lissabon nach London war voller Komplikationen. Dank Philbys Nachhilfe saß er einige Zeit im portugiesischen Knast. Als er endlich in ein englisches Flugzeug verfrachtet war, konnte die Maschine wegen stürmischer Winde in Gibraltar nicht landen. Otto John kehrte notgedrungen nach Lissabon zurück. Seither nennen ihn seine englischen Freunde den »Bumerang«.

Endlich doch in England, durfte Otto John unter dem Decknamen »Oskar Jürgens« nun ein wenig an der britischen Anti-Hitler-Propaganda mitwirken und, als der Krieg zu Ende war, in London bleiben, frei und als Rechtsanwalt tätig. Bald machte er sich auch wieder als Anti-Nazi für die Engländer nützlich: Im Kriegsgefangenenlager Bridgend, wo 200 deutsche Generäle und Feldmarschälle interniert waren, half er bei den Vernehmungen. Im Kriegsverbrecherprozeß gegen den Generalfeldmarschall Erich von Lewinski, genannt von Manstein, vor einem britischen Militärgericht half er 1949 der Anklage. Manstein erhielt 18 Jahre Gefängnis, und Otto John hatte es endgültig und für immer mit allen deutschen Offizieren und der höheren Beamtenschaft verdorben. Daran hat sich bis heute nichts geändert. Nur Richard Freiherr von Weizsäcker, unser Bundespräsident, hat ihm verziehen. Als Otto John im englischen »battle dress« bei den Kriegsverbrecherprozessen auftauchte, verteidigte der Ex-Hauptmann und frisch gebackene stud. jur. Richard von Weizsäcker seinen Vater Ernst. Der war im sogenannten »Wilhelmstraßen-Prozeß«, der in Nürnberg gegen die Diplomaten Hitlers geführt wurde, angeklagt. Der Prozeß endete mit einer siebenjährigen Haftstrafe für Ernst Freiherr von Weizsäcker, den langjährigen Staatssekretär im Auswärtigen Amt. Wie auch immer: Sein Sohn, der Bundespräsident Weizsäcker, hat dafür gesorgt, daß der ehemalige Präsident des Bundesamtes für Verfassungsschutz trotz seiner unehrenhaften Entlassung aus dem Dienst und der mehrjährigen Zuchthausstrafe nun doch die reguläre Amtspension erhält.

Dieses gute Ende nimmt den Anfang vorweg. Begonnen hat Otto Johns BfV-Karriere 1949 ganz prosaisch mit einer Postkarte, die der damalige Bundespräsident Theodor Heuss an den Londoner Emigranten Otto John schickte. Darin forderte er Otto John, den er schon aus der Kriegszeit kannte, auf, nach Deutschland zurückzukehren und beim Wiederaufbau mitzuwirken. Ein Amt war auch bereits in Sicht. 1949 hatten die drei westlichen Militärgouverneure der jungen Bundesregierung erlaubt, eine »Stelle zur Sammlung und Verbreitung von Auskünften über umstürzlerische, gegen die Bundesregierung gerichtete Tätigkeiten« einzurichten. Der Text sagt in erfrischender Klarheit, daß es dieser geheimen Behörde um den Kampf gegen den Umsturz, um Staatsschutz also, geht. Das belastete Wort sollte jedoch im Namen nicht vorkommen. Deshalb dachten sich zwei amerikanische Nachrichtenoffiziere den hübschen, unverfänglichen Namen »Verfassungsschutz« aus. »Polizeibefugnisse« wurden der neuen Behörde nicht zugestanden. Statt dessen, sagt Otto John, entstand ein »geheimer, politischer Nachrichtendienst«, der die Bundesregierung »über radikale staatsfeindliche Bestrebungen informieren« sollte. Ende

1949 beschäftigte das Bundesamt für Verfassungsschutz rund 70 Mitarbeiter und residierte in der Etage eines Kölner Wohnhauses. Der amerikanische Journalist James P. O'Donnell besuchte die neue Institution und nannte sie ein »hübsches, kleines Ungeheuer«.

Gegen zwölf Konkurrenten wurde Otto John zum Präsidenten bestellt. Die englische Regierung hatte sich für John stark gemacht, um auf dem konfusen Nachrichtenmarkt des viergeteilten Deutschlands nicht ins Hintertreffen zu geraten. Die amerikanischen Verbündeten hatten Reinhard Gehlens »ORG« aufgebaut, die sowjetische Besatzungsmacht in ihrer Zone einen Staatssicherheitsdienst (SSD) unter Leitung des erfahrenen Geheimagenten Ernst Wollweber. Gegen diese beiden Hardliner wirkte der schmucke Otto John völlig harmlos. Er suchte seine Behörde von alten Nazis freizuhalten, empfand das »Spitzelunwesen« als Belastung, wollte ernsthaft »politische Moral und demokratische Grundsätze« verteidigen und schämte sich sogar der Kartei seines Dienstes: Sie sei »kein Register für Staatsfeinde«, sondern nur eine »Arbeitsbrücke«. Ganze 40 000 Namen gerieten im Lauf der vier Amtsjahre Johns in das BfV-Register. Wieviel es bis heute sind, ist streng gehütetes Staatsgeheimnis; manche Sachkenner vermuten, es seien gut hundertmal so viel Namen in den vergangenen Jahrzehnten registriert worden. Zu Johns Zeiten jedenfalls wurden »keine Telefongespräche abgehört oder Briefpost überwacht, und es gab auch keine Dossiers über Schlafzimmergeheimnisse oder andere ›schmutzige Wäsche‹«.

Über so viel Blauäugigkeit konnten die alten ND-Hasen nur müde lächeln. Rudolf Diels, am Ende der Weimarer Republik und zu Beginn der Nazizeit Chef der Gestapo, riet dem Dilettanten John, er solle sich erstmal mit der deutschen Verwaltungsorganisation vertraut machen. »Bloßer guter Wille« sei auf dem Gebiet der Geheimdienste geradezu »gemeingefährlich«. Laut Diels ließ sich Otto John aber nicht ins Handwerk pfuschen, sondern »entwickelte dilettantische Vorstellungen über den Aufbau seines Amtes, ein Durcheinander von Karl May, Hoover-Polizei, Deuxième Bureau und Secret Service«. Auch die britischen Schutzherren von Johns »hübschem kleinen Ungeheuer« waren mit ihrem Protegé nicht zufrieden. Der Hohe Kommissar Sir F. Hoyer Milar meldete nach London, John trinke, unterhalte zweifelhafte Kontakte, neige zu Indiskretionen und rede zuviel, »egal ob er betrunken oder nüchtern ist«.

Das Urteil des Bundeskanzlers Konrad Adenauer über Otto John fiel knapp und ablehnend aus: »Er jefällt mir nicht.« Der alte Herr vermutete zu Unrecht, daß sein oberster Verfassungsschützer »geheimes Mitglied« der SPD sei. Auch verwechselte ihn Adenauer, bei Übernahme seiner Kanzlerschaft bereits 73 Jahre alt, mit einem gewissen Oskar von John, den er von früher her nicht leiden konnte.

Frust und Streß addierten sich für Otto John. Ohne Rückhalt beim Kanzler und der national-konservativen Administration, mißtrauisch beäugt als Mann des 20. Juli, im eigentlichen Metier unerfahren, dazu durstig, reisefroh und unvorsichtig, veränderte sich die Situation am 20. Juli 1954 abrupt und mit einem Riesenknall. Otto John wechselte in die DDR über. Solange es zwei deutsche Republiken gab, hat sich ein ähnlich spektakulärer Fall nie wieder ereignet. Otto John gelang der Superlativ, und noch immer werden mehrere Varianten der Geschichte offeriert. Otto John sagt, er sei entführt worden. Der Bundesgerichtshof urteilte, Otto John sei freiwillig übergelaufen. Sicher ist nur: Nach gut einem Jahr kehrte der verlorene John freiwillig in den Westen zurück, als Bumerang. Seither bemüht er sich nimmermüde um die lädierte Ehre. Das ist ein schwieriges Geschäft. Schon deshalb, weil fast alle Herren, die damals in irgendeiner Weise mit von der Partie waren, inzwischen gestorben sind, auch WoWo, Dr. med. Wolfgang Wohlgemuth, die schillerndste Figur dieser Tragikomödie.

WoWo und Otto hatten sich 1942 bei dem berühmten Chirurgen Ferdinand Sauerbruch kennengelernt, und seither so manchen Zug durch die Gemeinde unternommen. WoWo, drei Jahre älter als Otto, war ein Filou, von dem John viel lernen konnte. Der Frauenarzt war bis 1954 bereits dreimal in den heiligen Stand der Ehe getreten, er besaß in den armen Nachkriegsjahren drei Autos und drei Wohnungen. Sein Lebensziel war die Übernahme des Sauerbruchschen Lehrstuhls an der weltberühmten Charité, der Hebel dazu die Mitarbeit beim sowjetischen Geheimdienst. Otto John wußte nur vom Ziel, nichts vom Weg.

Glaubt man dem alten Herrn, so fehlen ihm auch die Erinnerungen an das Kidnapping, weil WoWo ihm Narkotika in den Kaffee gerührt habe. Otto John über die entscheidenden Minuten seines Lebens: »Wohlgemuth fuhr scharf an, kreuzte den Kurfürstendamm und bog mit irrsinnigem Tempo in die Grolmannstraße ein. Ich sah dicke Regentropfen auf der Scheibe und der Motorhaube. An alles folgende kann ich mich nicht mehr erinnern. Als ich wieder zu mir kam, lag ich auf einem Sofa im Haus des sowjetischen Geheimdienstes in Berlin-Karlshorst«, angeblich nach 24 Stunden erstmals wieder aufgewacht.

WoWo hat diesen Hergang immer scharf bestritten, aber WoWo ist tot. Er nahm sich 1978 das Leben. Otto Johns Richter mochten die abenteuerliche Geschichte auch nicht glauben. Otto Johns Freunde vom 20. Juli halten sich mit einem Urteil zurück, aber keiner ermuntert den alten Herrn, seine »Rehabilitation« voranzutreiben. Längst sind Otto Johns Richter gestorben, sein Bundeskanzler, der Innenminister Gerhard Schröder,

Anfang 1992 auch Johns letzter Rechtsanwalt. Niemand hat sich bisher die 500 000 DM verdient, die Schröder 1954 für die Aufklärung des Falles als Belohnung bereitstellte. Doch Otto John, jetzt wohnhaft auf der Burg Igls bei Innsbruck, stöbert unverdrossen im Stasi-Nachlaß. Helfer hat er nicht. Seine Ehefrau ist, fast 90 Jahre alt, gestorben. Er selber hat 1991 einen leichten Schlaganfall erlitten. Schreibmaschine kann er nicht mehr schreiben. Am Ende aber muß er noch nach Moskau, weil dort die wichtigen Papiere liegen. Armer, alter Otto John.

1954 hat der verlorene Verfassungsschützer mehrere Wochen lang mit russischen Geheimdienstoffizieren konferiert. Die wußten mehr über das Bundesamt für Verfassungsschutz als dessen Präsident. Stolz präsentierten sie dem verdutzten John an der Schwarzmeerküste den neuesten Monatsbericht des BfV und ein internes Telefonverzeichnis des Amtes. Warum also hätten sie Otto John entführen sollen? Wo doch ihr Agent, Johns Freund WoWo, ihn offenbar erfolgreich »abschöpfte«? Darauf gibt es keine schlüssige Antwort. Otto John vermutet, daß die Sowjets ihren Doppelagenten Kim Philby durch die Befragung Johns auf Zuverlässigkeit testen wollten. Wie in einem Labyrinth wird durch diese Argumentation alles immer unübersichtlicher. War John womöglich bei den Sowjets in den Verdacht geraten, eigentlich ein Agent des britischen Secret Service zu sein? Angeworben von ihrem eigenen Mann? Also ihr Mann? Oder: Sollte durch Johns Grenzwechsel eine besonders wertvolle Quelle im BfV geschützt werden?

WoWo hat geschworen, daß Otto John freiwillig mit ihm in den Ostsektor Berlins gefahren sei. Dort habe er, benebelt von viel Alkohol, Frust und Idealismus, zur großen Überraschung seiner sowjetischen Gastgeber beschlossen, zu bleiben. Nach wenigen Stunden war die Sache ohnehin entschieden. Er konnte schon deshalb nicht mehr zurück, weil man ihn im

Westen bereits vermißte. Halb zog man ihn, halb sank er hin. Womöglich, so hat Otto John später behauptet, habe man ihn hypnotisiert. Nach seiner Rückkehr wurde er im Dezember 1956 vom Dritten Strafsenat des Karlsruher Bundesgerichtshofes zu vier Jahren Zuchthaus verurteilt. Die Richter hatten ihren Beruf auch schon während der Nazizeit ausgeübt. Das Urteil erging wegen »landesverräterischer Fälschung in Tateinheit mit landesverräterischer Konspiration«. Nicht nur Otto John fand das Urteil nach langem Indizienprozeß merkwürdig. Der Volljurist: Rechtlich wurde »das Urteil damit begründet, daß ich falsche Staatsgeheimnisse verraten hätte, als ich in Ost-Berlin öffentlich Behauptungen in die Welt setzte, die, wenn sie wirklich wahr gewesen wären, auch als echte Staatsgeheimnisse gewertet werden müßten«. Otto John sei also »schuldig«, weil »ich zwar weder Menschen noch Geheimnisse an den Osten verraten, aber der Öffentlichkeit Lügen aufgetischt hatte, die, wenn sie wahr gewesen wären, Geheimnisse und deren Preisgabe deshalb auch strafbar« seien. Die Richter haben damit mehr Einsicht in das Wesen geheimdienstlicher Nachrichtensammlung gezeigt, als sie wahrscheinlich selber ahnten: Relevant ist nicht, ob etwas wahr ist, sondern ob es – wahr oder nicht – gefährlich sein könnte.

Die innere Sicherheit der Bundesrepublik ist in den folgenden Jahrzehnten noch von etlichen, sehr merkwürdigen Männern geschützt worden. Doch Otto John ist, im Guten und Kuriosen (und wohl nicht im Bösen) der Merkwürdigste von ihnen, nach amerikanischem Geheimdiensturteil zu je einem Viertel Idealist, Nazigegner, Sowjetagent und Verrückter. Aber auch ein lebender Beweis für zwei trostreiche Erkenntnisse: Die Betrachtung der Wahrscheinlichkeiten erlaubt, erstens, keine Vorhersage des Einzelschicksals; zweitens: Großer Durst und langes Leben sind im Glücksfall miteinander vereinbar.

Die Geheimdienste und der Verrat

Otto John hat wirklich Pech. Ihm ist vor Jahrzehnten der Stempel »Verräter« aufgedrückt worden, ausgerechnet ihm. »Einmal Verräter« (als deutscher Hilfswilliger 1949 im Kriegsverbrecherprozeß gegen einen deutschen Feldmarschall) – »immer Verräter« (als Überläufer zu den Russen 1954). So hat General Reinhard Gehlen geurteilt, sein Widersacher als Chef des konkurrierenden Geheimdienstes, der »ORG« (später BND). Gehlens böses Urteil begleitet den inzwischen uralten Otto John wohl auch noch auf dessen letzter Fahrt. Ein »verächtlicher Überläufer« ist Otto John von seinem Minister Gerhard Schröder genannt worden, ein »Verräter, schlicht ein Verräter« von Gestapo-Chef Rudolf Diels. Das darf jedermann ungestraft tun, denn Otto John ist bekanntlich 1956 rechtskräftig wegen »landesverräterischer Konspiration« verurteilt worden.

Das häßliche Wort Verräter trifft kurioserweise einen Menschen, der wenig verraten hat, nicht nur deshalb, weil er wenig wußte. Die es verwenden, tun so, als handle es sich um etwas ganz Einmaliges, ein singuläres Stigma. In Wirklichkeit gehören Verrat und Geheimdienst untrennbar zusammen. Den einen gibt es ohne den anderen gar nicht. Verrat ist die Grundlage jedes geheimen Nachrichtenhandels, seine konstituierende Basis. Dabei wird Verrat – definiert als die Verletzung der schuldigen Treue durch die Weitergabe der Geheimnisse eines anderen an dessen Feinde – unisono verurteilt, freilich auf schizophrene Weise. Besonders hübsch hat das der Stasi-General Rudolf Mittig (Vize des gefürchteten Ministers Erich Mielke) auf den Punkt gebracht: »Ich verurteile den Verrat«, erklärte er nach dem Konkurs seiner Republik. Aber: »Verräter gibt es immer« – und Mittig hat, nicht anders als alle seine Berufskollegen weltweit, keine Gelegenheit ausgelassen, andere Menschen zum Verrat anzustiften – und er hat gut davon gelebt. Die Trennung des Verrats in eine verachtenswerte, mit dem Tod bedrohte Hälfte und den lobenswerten Teil ist Schizophrenie, Spaltungsirrsinn. Geheimdienste lieben den Verrat und leben von ihm, verfolgen und töten aber den Verräter. Man muß schon sehr lange ein geheimer Nachrichtendienstler gewesen sein, um diese Position moralisch integer zu finden, so wie der Katholik Richard Meier, von 1975 bis 1983 Präsident des Bundesamtes für Verfassungsschutz. Dem stellte ein Reporter (allerdings nach Meiers schwerer Hirnverletzung und der Frühpensionierung) die Gretchenfrage: »Haben die Regeln der christlichen Religion – liebe deinen Nächsten, Brüderlichkeit, Barmherzigkeit – ihre harte und oft menschenverachtende Geheimdienstarbeit nicht manchmal erschwert?« Meiers ungekürzte Originalantwort: »Ich habe *nie* Situationen vorgefunden, in denen die Forderungen der Religion mit denen der nachrichtendienstlichen Arbeit kollidiert hätten.«

Offenbar ist er bei seinem Bibelstudium nicht weit gekommen. Verrat wird in der Bibel nicht in guten und bösen Verrat gesplittet, sondern verdammt. Von Jesu Jünger Judas Ischariot, dem Verräter des Gottessohnes (und jüdischen Lokalpolitikers) an die römische Obrigkeit, wird gesagt – Markus 14, Vers 14 –, »es wäre demselben Menschen besser, daß er nie geboren wäre«. Weh über Judas und sein Tun! (Lukas 22,22) Denn ganz grundsätzlich haben schon die Autoren des Alten Testaments jedweden Verrat ohne Wenn und Aber verurteilt. »Drei Dinge« steht beim apokryphen Sirach (26; 5–7) zu lesen, »drei Dinge sind schrecklich, und das vierte ist greulich: Verräterei, Aufruhr, Afterrede, welche alle sind ärger denn der Tod«.

Noch mal zurück vom alten Hebräer Ben Sirach zum Doktor Meier, einst dem größten Talent unter den bundesdeutschen Spionen. Der gelernte Staatsanwalt (Sohn eines kleinen bayerischen Beamten, Jahrgang 1928) war 1957 als 29jähriger hauptberuflich Verfassungsschützer geworden. Er galt als cool und erfolgsorientiert, trug zwar Sonnenbrille, aber keinen Schlapphut, und imponierte sogar den »befreundeten« Diensten der Amerikaner. Die verspotten das BfV gewöhnlich als »Mickey-Mouse-Dienst«. Zu Meiers Zeiten soll das seltener passiert sein, doch endet die Karriere des toughen Nachrichtendienstlers auf tragische (wiewohl typische) Weise: Während einer privaten Urlaubsfahrt in Begleitung seiner Freundin raste der verheiratete Familienvater im August 1982 mit einem schnellen BMW – der eigentlich für die Observationen des BfV angeschafft war – in Tirol schuldhaft in ein entgegenkommendes holländisches Auto. Meiers 39jährige Freundin starb noch am Unfallort; er selbst brach sich viele Knochen und erlitt eine schwere Gehirnverletzung. Meier wurde zu 65 000 DM Geldstrafe verurteilt und verlor sein Amt. Gezeichnet von den Schmerzen und Spätschäden des Unfalls, verbittert durch seine Erfahrungen danach, urteilt Richard Meier 1988 voller Pessimismus, daß »Verrat, mangelnde Treue oder fehlende Loyalität zu den Grundeigenschaften des Menschen gehören«. Hier irrt der Präsident. Verrat ist keine – angeborene – Grundeigenschaft des Menschen, sondern ein mögliches Resultat seiner sozialen Lebensbedingungen. Niemand wird als Verräter geboren, sondern manche werden zu Verrätern gemacht. Macher sind vor allem die Geheimdienstler, denn »jeder Nachrichtendienst zahlt und arbeitet irgendwie mit Erpressungsmethoden«, die Verräter produzieren. Der das erkannt hat, heißt Klaus Kinkel, war auch mal Präsident des BND (von 1979 bis 1982) und schützt nun die deutsche Demokratie als Außenminister.

Wie kommt es, daß der Verrat in allen menschlichen Kulturen so unübersehbar stigmatisiert ist, einmütig mißbilligt und hart bestraft wird? Wo doch die »schreckliche« biblische »Afterrede« als unterhaltsamer Klatsch amnestiert und der »Aufruhr« als notwendige Katharsis der Geschichte längst akzeptiert sind?

Verrat ist eben keine entschuldbare Form der List, wie die Geheimdienstler aller Länder und Kontinente das zahlende Publikum glauben machen wollen. Verrat ist vielmehr der Angriff auf zwei fundamentale menschliche Kategorien, das Vertrauen und die Treue. Ohne das natürliche Vertrauen, am Neugeborenen von der ersten Minute seines Lebens an zu beobachten, ist menschliches Miteinander gar nicht denkbar. Vertrauen, lehrt die Philosophie, heißt sich selbst ausliefern. Erst den Eltern und Ernährern, später Freunden und Mitmenschen, in Spiel, Schule, Arbeit und Liebe. Diese Selbstauslieferung ist ursprünglich ohne Vorbehalt, unmittelbar und total. Erst schlechte Erfahrungen lehren die Negation des Vertrauens, das Mißtrauen. In der Regel haben Menschen zueinander a priori Vertrauen, Urvertrauen. Mißtrauen entsteht nur bei begründetem Verdacht, es ist an Belege gebunden. Beim Geheimdienst ist es genau umgekehrt: Basis jedes Gedankens und allen Handelns ist immer das Mißtrauen; Vertrauen ist bestenfalls einseitige Vorleistung des Opfers und wird routinemäßig mißbraucht. Das geht auch gar nicht anders: Eine geheime Verwaltung, die mit geheimen Mitteln an der geheimen Nachrichtengewinnung oder Schlimmerem arbeitet, macht Lüge und Erpressung zu ihren Hauptinstrumenten. Das bedeutet Mißbrauch jedes Vertrauens, und das wiederum ist die Grundtechnik aller verdeckten Geheimdienstarbeit. So schließt sich der Teufelskreis.

Verrat ist notwendigerweise stets Verletzung der Treue, zu einem anderen Menschen, einer Gemeinschaft, der Regierung, dem Volk. In feudalistischen Zeiten galt Treue als die wertvollste aller Tugenden, sie charakterisiert eine ganze Epoche. Im Kapitalismus hat Treue an Bedeutung verloren; Leistungsfähigkeit wird jetzt hoch – höher? – gehandelt. Es fehlt aber nicht an Versuchen, der Treue – definiert als Tugend der Beständigkeit im sittlichen Leben, der Zuverlässigkeit und des Festhaltens an einer versprochenen Bindung – Gewicht und Stabilität zu geben. Dabei tun sich die Geheimdienstler besonders hervor, auf ihre schizophrene Weise: Einerseits unterminieren sie die Treue, wo immer das lohnend erscheint; andererseits beschwören sie ewige Treue zum eigenen Laden in skurrilen Ritualen. Geradezu magische Wirkung soll der Eid entfalten, die Berufung auf Gott (West) oder die Partei (Ost), das Singen oder Fäuste recken; im Hintergrund drohen immer die Höchststrafen des Kopf-ab. Das alles hilft aber, wie die Erfahrung zeigt, gerade bei Geheimdienstlern nur wenig. Deren sittliche Schranken werden durch das Gewerbe permanent niedriger. Am Ende verschwinden Vertrauen, Treue, Eid und Ehre als Wortmüll in dem Abfallhaufen der Beliebigkeit. Kommt ein Doppelagent vor Gericht – und das passiert in diesen Post-Stasi-Jahren häufiger –, so zeigt sich meist die völlige Zerrütung der Persönlichkeit. Viele können zwischen Wahrheit und Lüge überhaupt nicht mehr unterscheiden; manche sind froh, daß ihnen wenigstens die Loyalität zum Geld geblieben ist.

Das Geld – richtige, harte West-Mark – hat etliche Stasi-Offiziere unmittelbar nach der Wende in große Versuchung geführt. Gegen bar lieferten sie Namenslisten und Erkenntnisse an ihre einstigen Feinde, nicht anders, als das General Gehlen 1945 mit der US-Armee getan hat. Mancher Stasi-General, im Alter schon etwas langsam geworden, staunte nicht schlecht, wenn jüngere Offiziere das Familiensilber der Abteilung verhökerten, ohne ihn zu fragen. Schließlich beschlossen die vier ranghöchsten Stasi-Generäle im April 1991 den großen

Sprung nach vorn: Sie boten der Bundesregierung die »Offenlegung« – und das heißt: den Verrat – »von noch nicht enttarnten Quellen des MfS im Gebiet der ehemaligen BRD sowie im Nato-Bereich« an. Offiziell hat die Bonner Regierung davon keinen Gebrauch gemacht; inoffiziell wußte sie schon mehr, als ihr lieb sein konnte.

Verrat gilt im traditionsbewußten England noch immer als das schlimmste aller Verbrechen (in Frankreich ist es der Vatermord, bei uns der Sexualmord an Kindern). Trotzdem ist auch das stolze Großbritannien gegen Verräter nicht immun gewesen; ganz im Gegenteil. Seit den dreißiger Jahren infiltrierten russisch gesteuerte Idealisten die berühmten, 600 Jahre alten Geheimdienste Ihrer Majestät. Gegen idealistisch motivierte Verräter ist kein Kraut gewachsen, aber es wachsen auch keine Blumen auf ihrem Grab. Als der Atomspion Klaus Fuchs 1988 in Ost-Berlin zu Grabe getragen wurde, der Mann, dem die Sowjets in den vierziger Jahren die US-amerikanischen Atombombenpläne verdankten und damit den Rang als Auch-Supermacht, folgte seinem Sarg kein einziger sowjetischer Vertreter. Fuchs hat für seinen Verrat neun Jahre Zuchthaus abgesessen.

Undank ist aller Spione Lohn, in Ost (da besonders) und West. Den intelligenteren unter ihnen, das sind nicht so viele, sei das Gedicht »Der Spion« des großen argentinischen Dichters Jorge Luis Borges empfohlen:

»Ich habe meiner Ehre abgeschworen,
ich habe die verraten, die mich für ihren Freund hielten,
ich habe Gewissen gekauft,
ich habe den Namen des Vaterlands verwünscht.
Ich finde mich mit der Niedertracht ab.«

Kapitel III
»Brüder, überm Sternenzelt muß ein lieber Vater wohnen«

Markus (»Mischa«) Wolf, Ex-Spionagechef der Ex-DDR

Markus Wolf, seine Freunde dürfen ihn »Mischa« nennen, hätte wohl überall Karriere gemacht. Er ist intelligent, diszipliniert und sehr vorsichtig. Groß gewachsen, aus guter Familie. Bei Bedarf kann er Stimmlage und Tonart wechseln, perfekt in Deutsch und Russisch. Seinen Charme knipst er an und aus, ganz nach Belieben. Frauen fanden ihn sexy, Kameraden kameradschaftlich, Russen russisch, Vorgesetzte tüchtig, Untergebene . . . – tja, die Untergebenen. Die dunkeln das helle Bild des Herrn Generaloberst ein: Herr Wolf ist, sagt seine Truppe, sehr eitel und, schlimmer noch, feige.

Er selber hat ein gutes Bild von sich, findet sich aufrichtig, offen und ehrlich. Am stärksten, sagt er, verabscheue er jede Doppelzüngigkeit. Deshalb schätzt er an seinen Freunden am allermeisten die Ehrlichkeit. Nun gut, so äußern sich auch andere Geheimdienstchefs. Bedenklich ist nur, wenn sie es wirklich glauben. Es lebe die Ehrlichkeit! Nieder mit der Doppelzüngigkeit! Und das, obwohl man im Geheimdienst davon lebt, unehrlich und doppelzüngig zu sein . . . Auf den ersten Blick unterscheidet sich Markus Wolf also keineswegs von seinen Kollegen in anderen Ländern und in vergleichbarer Position. Doch im Gegensatz zu seinen bundesdeutschen Amtsbrüdern hat Wolf geschafft, wovon die Chefs des BND und des Verfassungsschutzes seit Gehlens Zeit nur noch träumen – Markus Wolf ist eine lebende Legende.

En passant streut Markus Wolf gern ein, er sei das Vorbild für den tragischen Helden Karla in den Spionagethrillern des Bestsellerautors John le Carré. Seit Ende der achtziger Jahre hält Wolf hof, erst ganz vorsichtig in der DDR, dann, schon kesser, in den nun gesamtdeutschen Medien. Er parliert in Talkshows, blättert in Interviews seine Karten auf, auch die gezinkten, diniert mit seinen westdeutschen Bewunderern. Öffentliche Auftritte läßt er sich sehr gut bezahlen, in privatem Kreis brilliert er durch Kenntnis des Theaters und der Literatur, samt allem unterhaltsamen Schnickschnack. Wolf genießt die neue Prominenz, endlich kann er seinen Feinsinn beweisen, den Künstler, Literaten und Sohn eines berühmten Vaters sehen lassen. Von den schmutzigen Tricks seines Gewerbes ist freiwillig niemals die Rede.

Nicht einmal spaßeshalber will er seine weiße Generalsuniform mit den goldenen Litzen, Paspeln und Biesen anziehen. Die vielen schönen Orden und Ehrenzeichen – Dutzende! Allein im Jahre 1983 heftete man ihm alle sechs Wochen ein Buntmetall an die Brust – darunter den »Goldenen Lorbeer« (vom Fernsehen), die »Goldene Feder« (von den Journalisten), die »Deutsche Friedensmedaille« und den Ehrentitel »Held der Arbeit«. Das alles verstaubt nun in einem seiner drei Wohnsitze. Was seine Arbeit in den Geheimdiensten angeht, äußert sich Wolf am liebsten nur ganz allgemein als Grandseigneur und guter Mensch: Die Arbeit der Hauptverwaltung Aufklärung (HVA) habe dazu beigetragen, daß in Europa jahrzehntelang Frieden herrschte.

Wer könnte ihm das widerlegen? Die HVA im MfS, dem Ministerium für Staatssicherheit der DDR war Wolfs Königreich, eigentlich nur ein Fürstentum, denn der Herrscher des MfS, sein absoluter Monarch, war unbestritten Erich Mielke. Der ist in allem Kontrastfigur seines wichtigsten Lehnsman-

Markus Wolf

nes, des feinsinnigen Markus Wolf. In Aussehen, Sprache und Manieren ist Mielke ein ungehobelter Klotz. Die HVA-Akademiker nannten ihn, in Anlehnung an ein böses Kürzel aus der Hitlerzeit, »Vomag«, Volksoffizier mit Arbeitergesicht. So bezeichneten die elitären Wehrmachtsoffiziere Waffenbrüder, die vom Führer außerhalb der normalen Laufbahnregeln befördert wurden, beispielsweise wegen ihrer Tapferkeit vor dem Feinde. Vomag Mielke und sein Stellvertreter, der bürgerliche Markus Wolf, haben dem Geheimdienstimperium einträchtig jahrzehntelang gedient, der eine am Ende Armeegeneral, der andere Generaloberst. Auf den bürokratischen Laufzetteln des MfS lautete die Anrede des HVA-Chefs »Genosse Minister Generaloberst Wolf«, Mielke trug man als Triptychon »Genosse Minister Armeegeneral« voran. Die dekorativen Titel waren ihnen zugefallen, weil beide bewährte Freunde der Großen Sowjetunion waren. In ihrer Treue zu diesem Reich standen sie einander nicht nach. Beide waren Männer der Russen, Statthalter im russisch besetzten Teil Deuschlands. Beide sind von den Russen im Stich gelassen worden, als dies den Interessen der Großmacht nahelag. Das hat beiden den Rest gegeben. Mielke sitzt auf seine uralten Tage im Knast; Wolf fürchtet sich davor, mit gutem Grund.

Markus Wolf hat den edleren Teil des Stasi-Reichs kommandiert und suggeriert seinen Zuhörern gern, daß die HVA mit der gewöhnlichen Stasi eigentlich nichts zu tun und schon gar nichts im Sinn hatte. Diese Einrede war durchaus erfolgreich. Der nach außen operierenden Spionageorganisation HVA gelang es, sich in der Wendezeit erfolgreich vom Mutterhaus zu separieren. Der Zentrale Runde Tisch erlaubte der HVA erst den Fortbestand, dann die geordnete Auflösung. So hatte man Zeit, alles Papier klitzeklein zu schnipseln, eine beachtliche Leistung, denn wie die ganze DDR war auch die HVA ein Reich aus Papier.

30 Meter Aktenbestand sind übriggeblieben, eine Winzigkeit im Vergleich zu den 208 Kilometer Akten, die vom MfS insgesamt zurückgelassen werden mußten. Die 30 Meter HVA-Bestände muß man in Gedanken freilich ergänzen um die Papiere, die der privaten Vorratshaltung vieler HVA-Offiziere unterliegen und um die Dubletten in Moskau. Seit 1979 fütterte die HVA Personalien und Erkenntnisse SOUD ein, dem »System der vereinigten Speicherung von Daten über den Gegner«, einem elektronischen Datenverbund des Ostblocks, Sitz: Moskau. Die Computerbänder sind allesamt noch vorhanden, in Moskau. Ist das nötige Geld beisammen, kommt am Ende alles raus.

Schon jetzt erfährt die HVA eine Vorzugsbehandlung. Westdeutsche ND-Kollegen bescheinigen Wolfs Truppe ein »hohes, professionelles Niveau«. Den gleichen guten Eindruck haben Erinnerungsschreiber und die Herren Führungsoffiziere, wenn sie vor Gericht treten müssen. Bisher fallen die Urteile sehr milde aus; Bewährung ist die Regel. Irgendwann wird das Bundesverfassungsgericht entscheiden, ob die Ost-Spione womöglich völlig straffrei bleiben. Wenn da nur nicht die »nassen Sachen« wären ... So nennt man im Geheimdienstjargon Taten, bei denen Blut fließt. Markus Wolf schwört, daß an seinen Händen »kein Blut klebt«. Wörtlich: »Ich kann guten Gewissens sagen: nein!« Das wäre ja auch ungewöhnlich. Geheimdienstchefs sind – wenn überhaupt – bei nassen Sachen allemal nur Schreibtischtäter. Der Nachweis des von Wolf bestrittenen »Zusammenhangs mit Todesfällen, Tötungsdelikten, dem Tod von Menschen« – einer einzigen nassen Sache also in gut vierzig Jahren Geheimdienstarbeit – kann viele Jahre Gefängnis bedeuten. Bisher hat Markus Wolf ganze zehn Tage in seinem Leben eingesessen. Das ist, vergleicht man es mit den Tausenden von Jahren Haft, die seine berufliche Tätigkeit für andere Menschen bedeutete, vergleichsweise wenig.

Generaloberst Wolf kommandierte ein »Militärisches Organ« der DDR. Im Ernst ist Schnüffeln und Spitzeln keine militärische Tätigkeit. Wer die Briefe anderer Leute über Wasserdampf öffnet, ihre Gespräche belauscht, sie mit versteckter Kamera beim Beischlaf fotografiert, wer lebenslang Daten verkartet, verfilmt oder computerisiert, immer im Warmen und Trockenen sitzt, Pulver und Blei nur als Dekoration schätzt, der ist kein Soldat. Die Vorgesetzten sind keine Offiziere, schon gar nicht Generäle, aber darunter wollen es die Spione aller Länder nicht tun. Überall in diesen Kreisen wird das militärische Brimborium hochgehalten und beschworen, wird der Rock gebürstet, werden die Orden gewienert. In Pullach nicht anders als in Moskau oder der CIA-Hochburg Langley in den USA.

Ein Vierteljahrhundert lang, von 1960 bis 1985, konnte Markus Wolf ziemlich sicher sein, daß seine HVA zu den besten Geheimdiensten der Welt gehört. Unter Experten galt damals folgende Reihenfolge als gesichert:

- Der israelische Geheimdienst »Mossad« marschierte allen anderen voran – bei ihm waren Aufwand und Ertrag in einem fabelhaften Verhältnis, Informationen flossen aus allen Kontinenten, und die nassen Sachen, ausgeführt von nur drei Dutzend hauptberuflichen Agenten, klappten gewöhnlich sehr eindrucksvoll.
- Ob man das weltweite Informationsnetz des Vatikan im strengen Sinne Spionage nennen darf? Wenn ja: Der Heilige Vater, Stellvertreter Christi auf Erden, weiß auf sehr weltliche Weise immer exzellent Bescheid; deshalb Platz 2.
- Der sowjetische »KGB« überzeugte seine Gegner durch schiere Größe (in guten Zeiten bis zu 2,9 Millionen Mann!), Härte und Effizienz – der Laden funktionierte besser als alle anderen Sowjet-Produkte.

- Den englischen Auslandsspionagedienst »MI 6«, offiziell »Secret Intelligence Service (SIS)«, hält Markus Wolf für den besten Dienst der Welt – auf alle Fälle ist er der älteste (seit 1350), der vornehmste und der legendärste (schon deshalb, weil er als Upper-Class-Club immer wieder bedeutende Autoren wie Somerset Maugham oder Graham Greene rekrutieren kann).
- Die amerikanische »CIA« schließlich ist nicht nur groß, sondern vor allem reich und technisch hoch gerüstet. Beides macht in aller Welt großen Endruck, den USA aber traditionell weder Freunde noch Freude.

Mossad, Vatikan und KGB-Nachfolger profitieren von religiösen und ideologischen Sympathisanten in aller Welt. Für den KGB sind die großen Zeiten abrupt zu Ende gegangen; offiziell gibt es ihn seit 1991 gar nicht mehr. Trotz alledem: Zu den Zeiten des kalten Krieges und danach rangierte die Truppe der HVA auf Platz 6. Schon deshalb, weil große Teile des westdeutschen BND, der Verfassungsschutzämter und des Militärischen Abschirmdienstes (MAD) von der HVA erfolgreich unterwandert worden waren und auch für Ost-Berlin arbeiteten. Im großen und ganzen lasen die Ostberliner Spione alle wichtigen Papiere, Analysen und Top-Secret-Meldungen ihrer westdeutschen Gegner mit. Manchmal ließen sie die eigenen Leute Sondermeldungen für den Bundeskanzler schreiben.

Logisch, daß die westdeutschen Geheimdienstler die ostdeutsche HVA – nicht unbedingt den ganzen Stasi – beneideten. In der DDR waren für jede Dunkelmännerarbeit die idealen Voraussetzungen vorhanden. In der sogenannten Arbeiter- und Bauernrepublik gab es keine unabhängige Justiz und keine Öffentlichkeit, die den Nachrichtendienstlern wenigstens gelegentlich auf die Finger schaute, notfalls ein bißchen draufklopfte. Auch innerhalb des Staates war die Aufsicht über die HVA sehr lax, schon deshalb, weil Wolf die Großmacht Sowjetunion im Rücken hatte. Schließlich belieferte Wolf treu und umfassend jahrzehntelang den KGB mit allen beschafften Aufklärungsmaterialien. Rund 80 Prozent aller Erkenntnisse, die der KGB über Westdeutschland zusammentrug, stammten von den Genossen der HVA. »Kundschafter« der HVA, wie Wolf seine Spione nannte, konnten den westlichen Teil Deutschlands naturgemäß viel besser ausforschen als irgendein Ausländer. Die nahezu idealen Voraussetzungen der gleichen Sprache, ähnlicher Kultur und verwandten Verhaltens machten die Arbeit der Kundschafter und Einflußagenten so erfolgreich. Viele Westgeheimdienstler hätten es auch gern so gehabt, privat natürlich geborgen im Rechtsstaat und besoldet mit harter Westmark, bitte sehr.

Die Auslandsspionage-Organisation der DDR war ein sowjetisches Baby. Sie wurde von russischen »Beratern«, die später nur »die Freunde« hießen, gegründet und bis zum Tode überwacht. Im September 1951 gab der Ministerrat der DDR offiziell grünes Licht, es entstand das »Institut für Wirtschaftswissenschaftliche Forschung«, eine Tarnorganisation mit Sitz in Ostberlin, Luisenstraße 4. Der erste Chef dieses Dienstes war Anton Ackermann (eigentlich hieß er Eugen Hanisch), Staatssekretär im neuen Außenministerium. Ackermann stand der Ost-ORG nur pro forma vor, fiel auch bald aus der Moskauer Gnade, weil er auf einen »besonderen deutschen Weg zum Sozialismus« gehofft hatte. Der eigentliche Profi des neuen Nachrichtendienstes nannte sich Richard Stahlmann, ein in hundert Aktionen gehärteter Berufsrevolutionär vom Jahrgang 1891, der seinen Decknamen völlig zu Recht trug. Eigentlich hieß er Artur Illner.

Zum Hardliner Stahlmann blickte Wolf auf, nach dessen Tod 1974 ließ er ihn kultisch verehren. »Richards Stärke war nicht das Papier und nicht das Wort«, erinnert sich Markus Wolf an den alten Haudegen, einen rundschädeligen Ostpreußen. »Seine Stärke war die Praxis, die Organisation, die Durchführung der Aufträge der Partei, ohne groß über Schwierigkeiten zu lamentieren. Schwierigkeiten waren für Richard da, um überwunden zu werden, und die Feinde waren da, um geschlagen oder überlistet zu werden.« Dieser tüchtige »Genosse und Kampfgefährte« hat etwas fertiggebracht, was in seinen Kreisen ganz unüblich ist: Rabauke Richard übergab Anfang September 1951 in einer Villa in Berlin-Bohnsdorf die Schlüssel zum Panzerschrank des Leiters seinem 29jährigen Stellvertreter Markus Wolf. Freiwillig! Er blieb im Dienst, erzählte gern aus alten Zeiten und von nassen Sachen, sang abends die alten Kampflieder, hielt als Vomag (mit sowjetischer Staatsbürgerschaft) dem Jungintellektuellen Wolf (mit sowjetischer Staatsbürgerschaft) den Rücken frei und starb am Ende ganz friedlich im Bett, 83 Jahre alt.

Kämpfer Stahlmann, Denker Wolf und die sowjetischen Berater, halbe-halbe intellektuelle Eier- und bullrige Rundköpfe, konzipierten Anfang der fünfziger Jahre die Grundlinien des ostdeutschen Spionagedienstes, die ihn jahrzehntelang so erfolgreich machten. Die Stichworte: langer Atem; keine Geldsorgen; obligate Zuarbeit der ganzen Administration; Methodenvielfalt ohne Skrupel; Staat im Staate. Die Erfolge stellten sich langsam, aber sicher ein – und manche »Quelle« sprudelt heute noch für gegnerische Dienste, unentdeckt von den deutschen Abwehrbehörden.

Schauen wir uns die fünf Pfeiler der Wolfschen Spionagestrategie mal etwas genauer an:

- Langer Atem: Die HVA, so heißt der Dienst seit Juni 1956, nachdem er drei Jahre vorher bereits dem Staatssicherheitsapparat eingeliedert worden war, beschäftigte in ihren großen Zeiten rund 5 000 hauptamtliche Spione, nicht gerechnet die freiberuflichen Agenten, Zuträger und Helfer außerhalb der Firma und der Landesgrenzen. Möglichst perfekt bürokratisiert, sorgsam gegeneinander abgeschirmt, entwikkelte sich das »Kundschaften« fast zu einer Wissenschaft. Am Ende unterhielt man jedenfalls in der HVA-Schule in Gosen bei Berlin neun Lehrstühle, darunter für »Operative Psychologie« und solche Feinheiten wie die »Arbeit mit legal abgedeckten Residenturen«. Für alles und jedes gab es eigene Begriffe und Abkürzungen. Ein »Resident« beispielsweise wohnt im »Operationsgebiet«, also dort, wo spioniert werden soll. Er muß, so steht es in der »Richtlinie Nr. 2/79«, eine »gesellschaftliche und berufliche Stellung besitzen«, weil er ja sonst nicht seiner »operativen Führungstätigkeit« in der »notwendige Aufenthalts- und Bewegungsfreiheit« nachgehen kann. Alles war auf Dauer angelegt, Zeitdruck sollte es nicht geben. Viele HVA-Karrieren begannen während der Jugendzeit und führten erst nach Jahrzehnten, wenn der Geworbene in einer gehobenen Position gelandet war, zu irgendwelchen interessanten Geheimnissen. Berühmtestes Beispiel: der Kanzleramtsspion Günter Guillaume.

- Keine Geldsorgen: Im großen und ganzen verdienten die Männer in Wolfs Schattenreich das Doppelte dessen, was sie draußen in der armen DDR bekommen hätten. Selbstverständlich wurde dies gegenüber dem beschützten Volk geheimgehalten. Natürlich konnte sich die DDR für ihren Geheimdienst nicht unbegrenzt die ganz schicken technischen Glitzerdinge leisten, die von der High-Tech-Industrie des Westens auf den Computermessen präsentiert werden. Aber gespart werden durfte am Spionageequipment auch nicht. Wie das Leben so spielt, entstand bei den höheren Offizieren, ihren Frauen und Kindern im Laufe der Jahre ein immer stärkerer Hunger nach harten Devisen und Westwaren. Als die DDR, auch wegen ihrer Überschuldung, zugrunde ging, waren zumindest die Generäle der Staatssicherheit nahezu vollzählig der Warenästhetik des Westens verfallen. Man fuhr West-Autos, trank West-Weine, schluckte West-Aspirin und sah West-Fernsehen. So fiel die Rückkehr in das reichere Deutschland nicht schwer – wenn dann nur nicht die Gemeinheit mit den kleinen, gedeckelten Stasi-Renten (Höchstbetrag pro Monat: 802 Mark) passiert wäre. Im Westkonsum ist Markus Wolf seiner Truppe immer mit gutem Beispiel vorangegangen, davon später mehr.

- Obligate Zuarbeitung der ganzen Administration: Die Kundschafter und ihre Behörde konnten sich darauf verlassen, daß alle Teile des riesigen Staatsapparates brav ihrer Helferspflicht genüge taten. Die Polizei und der nach innen agierende Teil der Stasi lieferten Tips und Daten, ebenso wie die Zöllner und Grenzwächter. Alle Meldeämter arbeiteten der HVA zu, natürlich auch die SED mit ihren Gliederungen. Wer in den Westen reisen durfte – der beneidete »Reisekader« –, mußte anschließend einen Bericht schreiben, den die HVA mitlas. Abhörprotokolle der Telefonüberwachung, Fotokopien geöffneter Briefe, Tips aus den diplomatischen Stationen und von kommunistischen Parteien im Ausland – alles landete, kanalisiert und gefiltert, am Ende auch bei der HVA. Bei den fünfzehn Bezirksverwaltungen des MfS gab es jeweils HVA-Verbindungsoffiziere (»Abt. XV«), auf Gruppenbildern meist am feingliedrig-intellektuellen Habitus zu erkennen. Selbst in ganz verlorenen DDR-Nestern wie Weißwasser in der Oberlausitz leistet sich die Auslandsspionage zwei »Offiziere im besonderen Einsatz« (OibE). Manchmal hatten Wolfs Männer Mühe, den stetig anschwellenden Strom banaler Informationen einzudämmen, sonst wären sie, wie Mielkes regulärer Stasi, am Ende daran erstickt: Alles sehen, alles hören, alles wissen – und nichts richtig gewichten, geschweige denn ändern können. Dieses Schicksal blieb der HVA erspart, trotz der Zuarbeit Hunderttausender Dilettanten.

- Methodenvielfalt ohne Skrupel: Sein Dienst, sagt Wolf, habe nicht nach den Etiketteregeln eines »Mädchenpensionats« oder der »Heilsarmee« gehandelt. Das ist richtig, verschleiert zugleich aber den wahren Sachverhalt: Die HVA hat alle Methoden angewandt, die Erfolg versprachen, ohne jeden Skrupel. Nach den Normen des Sittengesetzes, auch denen der ost- oder westdeutschen Verfassung, sind die meisten dieser Methoden zu mißbilligen, viele sind kriminell. Die Feststellung des jetzigen FDP-Ministers Klaus Kinkel »Jeder Nachrichtendienst zahlt und arbeitet irgendwie mit Erpressungsmethoden« gilt für die HVA – und auch für den BND, dessen Präsident Kinkel 1979 bis 1982 war. Wie alle Geheimdienste suchte die HVA am liebsten nach idealistischen Überzeugungstätern. Die sind selten, schon deshalb, weil Idealismus und Spionage auf Dauer wie Feuer und Wasser sind. So fand man, nicht anders als im Westen, vor allem Mitarbeiter, die an Abenteuer und Geld dachten, weniger an den Sieg des Sozialismus als vielmehr an den Komfort eines Daimler-Benz. Idealismus hat die HVA in einer besonders pervertierten Form vorgespielt, als Liebe potenter Männer zu einsamen Bonner Sekretärinnen. Rund fünfzig solcher Verbindungen, die durch echte und falsche Ehen – das nannte man »operative Schließung einer Scheinehe« – besiegelt wurden, sind bisher bekannt geworden. Einige der kühl kalkuliert verletzten Frauen haben sich das Leben genommen. Diese »Romeo«-Strategie verteidigt Wolf mittlerweile nur noch halbherzig. Er betont »Romeo« nun auf der ersten Silbe, in der HVA hatte man einst immer von Roméo, Akzent auf der zweiten Silbe, gesprochen. Die Akzentverschiebung ist eine Reverenz an den westdeutschen Sprachgebrauch. Markus Wolf, der seine Topagenten fast alle persönlich kennengelernt hat und zu diesem Zweck mit falschem Paß ins Ausland fuhr, hat Italien nie betreten. Er bevorzugte Finnland, Schweden und Jugoslawien, neutrale Länder, was bestenfalls von halbem Heldenmut zeugt.

Staat im Staate: Der Staatssicherheitsdienst und sein Schmuckstück, die HVA, entwickelten sich mit jedem Jahr ihrer Existenz immer mehr zu einem Staat im Staate, zu einem komfortablen Parallel-Universum. Man druckte seine eigenen Pässe, man betrieb die Versorgung in eigenen Läden, hielt die Justiz außen vor, hatte sogar eine eigene Universität. Dort promovierte Doktorvater Erich Mielke (ein abgebrochener Gymnasiast) seinen Liebling Schalck-Golodkowski (vormals Bäcker) zum Doktor der Rechte. Thema der Dissertation: »Zur Bekämpfung der imperialistischen Störtätigkeit auf dem Gebiet des Außenhandels«. Im deutsch-deutschen Einigungsvertrag ist festgeschrieben, daß diese Titel allesamt ungeprüft im vereinten Vaterland geführt werden dürfen. Die »Rückwärtigen Dienste« der HVA sorgten für Autos, Liegenschaften, das Wohnungswesen und den Urlaubsplatz. Man kommandierte sogar hauseigene Handwerker, in der DDR ein fast fürstliches Privileg, denn für normale Menschen war eine defekte Dachrinne auf Dauer irreparabel. Am Ende wußten weder Erich Honecker noch die Männer seiner »Staats- und Parteiführung«, wieviel Geheimdienstler für Schutz und Sicherheit sorgten. Selbst Markus Wolf, der 1986 den Dienst quittierte, will zwei Drittel der Riesentruppe, also fast 70 000 Mann, niemals bemerkt haben.

Allein die Lohnbuchhalter hatten am Ende noch den Überblick, und ihre informativen Datenbänder mit 105 000 Namen der Stasi-Hauptberufler sind erhalten geblieben. Bis dahin war nichts nach außen gedrungen, denn natürlich hatte der Geheimdienst auch seine eigene Bank.

Ob Aufwand und Erfolg bei der HVA in einem erträglichen Verhältnis standen, ist Ansichtssache. Die Liste der Erfolge ist lang und beeindruckend. Aber Bürokratie, unkontrollierbares Wachstum und die im Laufe der Zeit nachlassende Qualität der Mitarbeiter schlossen viele Erfolge von vornherein aus. Jetzt, sagt Generaloberst Wolf, wäre mit den alten Kämpfern an der unsichtbaren Front eigentlich gar nichts mehr los: »Wenn ich Chef des KGB wäre, würde ich nie so einen demotivierten, deprimierten Haufen übernehmen.« Auch die Affäre Günter Guillaume hängt Wolf jetzt niedriger, er hält sie »nicht für einen großen Erfolg«, genauer: für seinen »größten Mißerfolg«, denn den Rücktritt Willy Brandts habe man nicht gewollt. Guillaume selber erläutert: »Ich habe Brandt nicht gestürzt, das waren Wehner, Nollau und Genscher« – drei Sachsen, die »nur einen Vorwand gesucht haben. Der Vorwand hieß Guillaume.« Welche Motive den Ex-Stalinisten Wehner, den Verfassungsschutzchef Nollau (früher NSDAP) und den DDR-Flüchtling Genscher bewogen haben mögen, läßt Guillaume offen. Edle Motive hält er nicht für wahrscheinlich. Als Politprofi und im Rückblick ist er mit dem Ergebnis der Affäre Guillaume-Brandt aber nicht nur unzufrieden: »Helmut Schmidt, Brandts Nachfolger, war der beste Kanzler, den die Bundesrepublik je hatte.«

Am Beispiel Willy Brandt zeigt sich im übrigen, daß die HVA den Weltgeist nicht als Berater auf ihrer Seite hatte: In den fünfziger Jahren setzte Wolf alles daran, den stramm antikommunistischen Westberliner Bürgermeister Brandt mit verdrehten Geschichten aus dessen norwegischer Emigrantenzeit zu kompromittieren; vergeblich. In den siebziger Jahren schmierte derselbe Geheimdienst den CDU-Bundestagsabgeordneten Julius Steiner mit 50 000 Westmark, damit der beim konstruktiven Mißtrauensvotum gegen Bundeskanzler Brandt den Politiker im Amt hielt.

Wie alle Geheimdienstchefs wollte auch Wolf nicht nur der stille Partner seiner Regierung sein, vor allem wollte er selber Politik machen. Gern traf er sich mit höherrangigen Gesprächspartnern, von denen er annahm, daß sie Einfluß ausübten. Wieviel Bundestagsabgeordnete direkt oder indirekt von der HVA beeinflußt wurden, mit oder ohne ihr Wissen, ist dunkel. Vorlaute HVA-Generäle deuten an, daß man in den guten Zeiten im Bundestag locker eine eigene Fraktion hätte bilden können. Ob dieser Gruppe auch Minister angehört hätten – wer weiß? Wolf weiß es, sagt es aber nicht. Denn: »Ich will in Deutschland leben und habe deshalb kein Interesse, mich mit staatlichen Stellen in irgendeiner Weise anzulegen«, bekannte er im Herbst 1991 und mutierte rasch zum echten Westler: »Ich stamme ja aus Württemberg, und mein Vater stammt vom Rhein, meine Mutter stammt aus Remscheid.«

Und die herzlichen Beziehungen zur großen Sowjetunion, genauer: zu Mütterchen Rußland? 1934 war die vor den Nazis geflohene Familie Wolf – Vater Friedrich, Mutter Else, Sohn Markus und Bruder Konrad – in Moskau eingetroffen. Vater Friedrich Wolf, Arzt und Dramatiker, war einer der prominentesten Kommunisten der späten Weimarer Jahre, der erst spät zur KPD gefunden hatte. Mit der Parteidisziplin hatte er seine liebe Not. Viele seiner Freunde wunderten sich, daß er Richtung Osten, in Stalins Reich, emigrierte. Man erhielt eine kleine Zweizimmerwohnung, nach sowjetischen Begriffen ein herrschaftliches Privileg. Aus Markus wurde »Mischa«, aus Bruder Konrad »Kolja«. Bald sprachen die beiden Jungs perfekt Russisch, frei von deutschen Akzenten. Die Brüder Wolf erhielten 1939 die sowjetische Staatsbürgerschaft. Untereinander haben sie sich, auch als sie 1945 in das zerstörte Berlin zurückkehrten, immer auf russisch verständigt. Die Liebe der Brüder Wolf zu Rußland war echt, wenn auch etwas sentimental. An Festtagen kochte der DDR-Spionagechef eigenhändig russische Nationalgerichte. Mit der Mehlspeise Pelmeni, einer Spezialität aus Fleisch, Nudelteig und reichlich Gewürzen, überraschte er gern seine Westgäste. Auch Dr. phil. Gabriele Gast, Regierungsdirektorin im BND und zwanzig Jahre lang gleichzeitig Agentin für das MfS, ist die Pelmeni-Kost in guter Erinnerung. Solche Kleinigkeiten werteten auch russische Freunde und Verbindungsoffiziere als beruhigendes Signal. Bei Mischa Wolf, dem einzigen aus der DDR-Führungsschicht, der akzentfrei Russisch sprach, fühlten sie sich zu Hause. Das galt auch umgekehrt: Die Weite der russischen Landschaft, das Naturell seiner Menschen, die alten Freunde und Verwandten – alles zog Wolf besuchsweise immer wieder nach Rußland, auch wenn er zur sowjetischen Politik im Laufe der Jahrzehnte mehr und mehr Distanz gewann, sich vom begeisterten Stalinisten zum vorsichtigen Gorbatschow-Fürsprecher wandelte.

Im MfS-Personalbogen des Markus Wolf (»Streng vertraulich – nur für den Dienstgebrauch«) läßt sich nachlesen, wann der Emigrant die Kurve zur Partei- und Geheimdienstkarriere nahm. 1940 verließ er die sowjetische Mittelschule, in den folgenden zwei Jahren studierte er fünf Semester am Moskauer Institut für Flugzeugbau. Nach dem Überfall Deutschlands auf die Sowjetunion im Sommer 1941 evakuierte man die ganze Schule nach Alma Ata, der Hauptstadt Kasachstans. Im Sommer 1942 brach Markus Wolf das Ingenieurstudium ohne

Examen ab und wurde Schüler einer Parteischule der Kommunistischen Internationale in Kuschnarenkowo bei Ufa, fernab in der asiatischen Sowjetrepublik Baschkirien. Der Laden war als »landwirtschaftliches Technikum Nr. 101« getarnt. Der achtzehnjährige Mischa, Deckname: »Förster«, erwies sich als gelehriger Schüler. Offenbar erkannten die Russen schon damals Wolfs spezielle Talente. Während sein zwei Jahre jüngerer Bruder Konrad in die Rote Armee eintrat – schließlich galt für alle jungen Männer die Wehrpflicht –, blieb Mischa Wolf, obwohl im besten Soldatenalter, Zivilist. Er überlebte in der sicheren Etappe, geschult und geschützt. Etliche HVA-Offiziere vermuten, daß der sowjetische Geheimdienst schon damals schützend seine Hand über das Talent Mischa hielt. Im fernen Baschkirien akkumuliert Mischa Wolf Herrschaftswissen. Die richtigen Manieren fallen ihm leicht. Der junge Mann war einfach zu schade, um durch eine verirrte Kugel zu fallen. Mit ihm hatte man Großes vor im Nachkriegsdeutschland.

Bruder Konrad, ein eher stämmiger junger Mann von stürmischem Temperament, brachte es in der Roten Armee zum Oberleutnant, kämpfte in vorderster Reihe und war im Mai 1945 sowjetischer Stadtkommandant von Bernau bei Berlin. Sein großer Bruder kommentierte derweil die Weltlage als Rundfunksprecher, erst in Moskau, dann in Berlin. Der eine, Konrad, erwarb sechs Tapferkeitsauszeichnungen, darunter den Orden »Roter Stern«. Bruder Markus Wolf wurde durch den Befehl Nr. 31 des Vorsitzenden des Komittees für Staatssicherheit beim Ministerrat der UdSSR 1963 als »Ehrenmitarbeiter« der Staatssicherheit ausgezeichnet. Den Orden »Roter Stern« kassierte HVA-Wolf später auch noch. Er wurde ihm verliehen durch den Minister des Innern der Tschechoslowakischen Volksrepublik, in Erinnerung an Wolfs Verdienste bei der Niederschlagung des Prager Frühlings 1968. Man kann sich, wußten schon die alten Preußen, einen Orden verdienen, erdienen, erdienern oder erdinieren ...

Seine russischen Freunde vertrauen ihm seit den Moskauer Jahren offenbar grenzenlos – Sowjetbürger Markus Wolf nimmt im britischen Sektor Berlins Wohnung, in einer standesgemäßen Fünfzimmer-Residenz in der Charlottenburger Bayernallee 44. Für das Wochenende unterhält der gerade zwanzigjährige, frisch verheiratete Rundfunk-Kommentator (Deckname nun: »Michael Storm«) ein Landhaus am Glienicker See in der sowjetisch-besetzten Zone. Niemals galt für den smarten Mischa irgendein Kontaktverbot, niemals hat man seine Lektüre zensiert. Seit 1942 Mitglied der KPD, agitiert er für Freiheit, Gleichheit und Brüderlichkeit. Für ihn selbst war Gleichheit aber niemals angesagt, mochte die Not in den Nachkriegsjahren auch groß sein und die Waren knapp. Mischa Wolf trug nach seiner Rückkehr stets handgefertigte Anzüge aus guten Tuchen und niemals »Bakelit«-Schuhe, wie sie für das Volk produziert wurden. Er rauchte englische »Navy Cut«-Zigaretten, hatte die Wahl zwischen einem Dienstwagen mit Chauffeur oder seinem flotten Sportzweisitzer und wahrte jederzeit reichlich Distanz zum gewöhnlichen Berliner, der dicht bei dicht hauste. Immer standen Wolf mindestens eine große Dienstwohnung und ein Wochenendhaus zur Verfügung, am Ende gleich zwei. Seine »Treffobjekte« lagen in den schönsten Gegenden der DDR; in einer alten Wolf-Villa auf dem weißen Hirsch in Dresden residiert jetzt der sächsische Ministerpräsident Biedenkopf.

Daß für den Stasi-General nichts zu teuer war, beweisen die erhalten gebliebenen Rechnungen über seine letzte Berliner Wohnung im frisch sanierten Nikolai-Viertel, Spreeufer 2. Sie reicht über zwei Etagen, und bei der »Einrichtung und Ausstattung« half Alexander Schalck-Golodkowski, der Goldfinger des

Ministeriums. Insgesamt wendete die DDR für ihren verdienten Funktionär 545 752,97 Mark auf, davon 200 000 Mark in Devisen. Damals, Ende der achtziger Jahre, war die kleine Republik mit rund 30 Milliarden Westmark verschuldet und betrieb Konkursverschleppung. Wolfs Wohnung wurde trotzdem mit teurer westlicher Küchentechnik und Unterhaltungselektronik bestückt, man baute ihm Sauna und Solarium ein. Für die ganze Pracht zahlte Wolf zu DDR-Zeiten 298,20 Ost-Mark Miete, »einschließlich Energie für Heizung und Wasser«. Wolf kann, so lehrt das Leben, wie ein englischer Dandy auf alles verzichten, nur nicht auf Luxus.

Zu Zeiten, als der 1986 in den Ruhestand getretene HVA-Chef monatlich 6 500 Mark Rente bekam, zahlte der arme Staat den meisten seiner Rentner gerade mal 380 Mark pro Monat. Alte Menschen kamen ins »Feierabendheim«, immer vier, acht oder zwölf in einen Raum. In Markus Wolfs Welt brauchte man im Ernst keinen Pfennig irgendeiner Währung; alles war gratis, auch die Dienstboten, die Speise und Trank herbeischafften. Dabei war es der DDR gelungen, dem Großteil ihrer Einwohner die Gleichheit nahezubringen – unter tätiger Mithilfe von Wolfs Arbeitgeber MfS. Die normalen Bürger verdienten alle gleich wenig – zwischen 600 und 1 200 Mark im Monat – und mühten sich mit denselben Problemen. Selbstverständlich las Wolf »Spiegel«, »Stern«, »Süddeutsche Zeitung« und »Bild«. Und das zu einer Zeit, als andere Leute dafür eingeknastet wurden, mit seiner Billigung und von seinen Leuten.

Sein wacher Verstand, die ungefilterte Lektüre, auch die guten Verbindungen nach Moskau ließen den Geheimdienstmann rechtzeitig erkennen, daß sich mit Gorbatschow der Wind drehen würde. Wolf wußte besser als die anderen, daß die Greisenherrschaft des SED-Politbüros sich ihrem Ende näherte. Und was dann? Vielleicht Markus Wolf? Viele Genossen, so erinnert er sich, hielten ihn seinerzeit für einen »Hoffnungsträger« der heraufziehenden Gorbatschow-Zeit, er selber sah das auch so. Ganz vorsichtig begann er sich zu »positionieren« (so nannte man das im DDR-Deutsch). Mit Erich Mielke kam es zum Krach, auch wegen einer Frauengeschichte. Nachdem er »auf eigenen Wunsch« aus dem »aktiven Dienst« des Ministeriums für Staatssicherheit ausgeschieden war, im Herbst 1986, nach fast vier Jahrzehnten, vollendete Wolf »Die Troika«.

Das war ein nachgelassenes Werk seines 1982 verstorbenen Bruders Konrad, die Geschichte dreier junger Männer in Moskau und anderswo. Mit diesem Werk ging Markus Wolf, nun offiziell ein Schriftsteller, in der DDR tingeln. Das hat ihm sichtlich gutgetan. Manchmal mußte der Nobody, der sein Licht jahrzehntelang unter den Scheffel gestellt hatte, am Abend dreihundert Autogramme geben. Seinen Zuhörern erzählte er aus der großen weiten Welt, die zumindest der Familie Wolf aus eigener Anschauung geläufig war. Nebenbei dichtete er im Vorgriff auf den vierzigsten Jahrestag seiner alten Firma ein russisches Agentenlied um, das auf deutsch nie gesungen wurde, weil das MfS den vierzigsten Jahrestag im Frühjahr 1990 nicht mehr erlebte. Textprobe:

»Euer Dienst ist die Aufklärung
Namen bleiben geheim
Unauffällig die Leistungen
Stets im Blickfeld der Feind.
Das Gespräch mit Genossen
Viel zu selten daheim
Für das Tragen der Orden
Bleibt oft nicht mehr die Zeit.«

Die von Wolf besungenen »Soldaten der unsichtbaren Front« hatten ihren Chef mit gemischen Gefühlen gehen sehen. Seine Eitelkeit war im Dienst schwer zu ertragen, auch Wolfs hoch entwickelte Fähigkeit, unliebsame Genossen wie Luft zu behandeln. Wenn er wenigstens Mut vor Königsthronen gezeigt hätte! Doch Mut ist Wolfs allerschwächste Seite. Niemals, so erinnern sich seine Obristen, hatte »Wolf das Rückgrat, sich gegen seinen Vorgesetzten Mielke durchzusetzen«. Noch im Frühjahr 1989 legt er – ein Generaloberst! – ein harmloses »Zeit«-Interview dem Minister Mielke zur Genehmigung vor. Er ist entschlossen, sich der Zensur zu beugen: »Kürzungen werde ich zustimmen.« Mopsig macht er sich nur gegen die »alten Stalinisten« (nennt aber keine beim Namen) und gegen »Stalin selber« (der ist schon lange tot). Zwei Jahre nach der Wende gesteht er, daß er die alten DDR-Medien, insbesondere die stinklangweilige »Aktuelle Kamera« des DDR-Fernsehens schon immer für miserabel gehalten habe; auch keine Heldentat. Er ist eben ein ziemlicher Angsthase.

Am 12. Juli 1989, Gorbatschow eskalierte mal wieder das Tempo, notiert Wolf in seinem Tagebuch: »Jetzt gilt es, tatsächlich die Ohren anzulegen und keinen Fehler zu machen.« So, mit angelegten Ohren, ist er heil durch die Wende gekommen. Zwar verkündet Wolf im Sterbejahr der DDR, er wolle für seine »Kundschafter Verantwortung übernehmen«, rettet aber erstmal die eigene Haut und flüchtet kurz vor der Wiedervereinigung – entgegen seinen Ankündigungen – sicherheitshalber nach Moskau. Erst als auch dort das alte Regime zusammengebröckelt ist, als auch die Schweden und Österreicher ihm kein politisches Asyl gewähren wollen, kehrt Wolf nach Deutschland zurück. Zehn Tage lang sitzt er in Untersuchungshaft in Karlsruhe, dann verschont man ihn.

In der Wendezeit hat der Herr mit den angelegten Ohren keine Rolle gespielt. Die Hoffnung vieler Stasi-Kämpen, Generaloberst Wolf könne eine Art MfS-Putsch leiten und so die DDR doch noch retten, erwies sich als völlig illusorisch. Wenigstens behauptet er rückwirkend nicht, er habe das mit der Wende und der Wiedervereinigung schon immer kommen sehen. Nur die Russen, sagt er, speziell sein Spezl Falin, die hätten es rechtzeitig gemerkt... Er selber findet erst jetzt Gelegenheit, vorsichtig abzuschwören. Er habe »einer pervertierten Idee angehangen«, meint er, aber immerhin das Gute (auch für die anderen) gewollt. Er sagt es mit leiser Stimme, distinguiert, wie es seine Art ist. Wer genau hinhört, erkennt eine vertraute, südwestdeutsche Sprachmelodie. Markus (vormals »Mischa«) Wolf schwäbelt wieder.

Geheimdienst und Charakter

Für DDR-Begriffe war Markus Wolf ein schräger Vogel. Geboren in Schwaben, aufgewachsen in der Sowjetunion, Jude. Sohn eines wilden Literaten, des Arztes Dr. Friedrich Wolf. Markus Halbbruder Lukas lebt in den USA, Halbschwester Johanna in England. Halbschwester Catherine, eine Französin, hat sich 1988 unter ungeklärten Umständen in der DDR das Leben genommen. Halbschwester Lena überwintert in der Sowjetunion. Nur Halbbruder Thomas ist DDR-Bürger. So viel Geschwister hat er, weil Vater Friedrich Wolf sieben Kinder mit fünf Frauen zeugte. Markus Wolf selber ist zum dritten Mal verheiratet. Seine elegante Erscheinung qualifizierte ihn in der DDR zum sogenannten »Vorzeige-Intellektuellen«. Er unterstrich diesen Eindruck durch die Ton-in-Ton-Eleganz seiner (selbstverständlich westlichen) Kleidung. In Wolfs MfS-Kaderakte steht unter dem Stichwort soziale Herkunft: »bürgerlich«. Der Eintrag ist durchgestrichen, nun heißt es handschriftlich: »Intelligenz«. Wie auch immer: Ein Mann mit diesem sozialen Hintergrund hätte in der DDR lege artis nicht Spionagechef werden können. Nach den strengen Gesetzen des Klassenkampfes hätte Markus Wolf nicht der Herr über ein Gefängnis sein dürfen, sondern dessen Insasse.

Intuitives Mißtrauen der anderen Kader hat den Funktionär begleitet, solange er für die Partei tätig war. Bei den seltenen Gelegenheiten, die es dafür gab, haben die bodenständigen Funktionäre Markus Wolf spüren lassen, was sie von ihm hielten. Vergeblich bemühte sich der HVA-Chef, Mitglied des Zentralkomittees der SED zu werden. Man machte ihn nicht mal zum Kandidaten. Aber an den Wagen fahren konnte man ihm auch nicht, unstrittig beherrschte er das Spionagehandwerk, unstrittig besaß er das Vertrauen der mächtigen Freunde im

Osten. Hat ihm sein Vater geschadet? Nicht direkt. Friedrich Wolf hat unter großen Schmerzen der DDR treu gedient, als Schriftsteller, dann als Diplomat. Im Herbst 1953 ist Friedrich Wolf völlig überraschend gestorben, ohne sich an der DDR versündigt zu haben. Die Todesursache ist nicht klar. Friedrich Wolf, lebenslang auf physische Fitneß bedacht, hat im Jahr seines Todes noch einen letzten Sohn gezeugt, was für Vitalität und Gesundheit spricht. Sein plötzlicher Tod, so meldete die Nachrichtenagentur UP damals, sei ein Selbstmord gewesen aus Verzweiflung über die Entwicklung in der Sowjetunion und ihren Satelliten. Mitte September 1953 soll die Polizei seine Wohnung durchsucht haben, es hieß, der alte Rebell habe Verbindungen zu dem wegen »titoistischer und zionistischer Umtriebe« 1952 hingerichteten tschechoslowakischen Politiker Rudolf Slansky (eigentlich: Salzmann) unterhalten. Ein lebensgefährlicher Vorwurf... Der große Schatten des Vaters liegt jedenfalls noch immer über Sohn Markus. Dessen Charakter, Wirken und Leben kann man nicht verstehen, ohne einen Blick auf Friedrich Wolf zu werfen.

Das war einer! Sonntagskind, Torfarbeiter, Kohlentrimmer, Leichtmatrose, Maler, Schiffsarzt, Dramatiker, Diplomat. Turner, Vegetarier, Bataillonsarzt und revolutionärer Straßenkämpfer. Eingeknastet im Irrenhaus (1918), in der Festung (1919), im KZ (1940/41). Ruhelos, entwurzelt, exzentrisch. Dabei ununterbrochen produktiv. Friedrich Wolf hat ein Riesen-Œuvre hinterlassen: Gesundheitsbestseller, Theaterstücke, Romane, Novellen, Erzählungen, Kurzgeschichten, Filmdrehbücher, Märchen, Hörspiele, Laienspiele und Gebrauchspoesie. Textprobe:

> Laß Dich nicht vom Dollar kaufen,
> Es beginnt mit kleinen Dingen,

Dann wirst Du Dein Blut ausschnaufen,
Und man wird Dich ganz verschlingen.

Diese Warnung stammt aus dem Jahre 1951 und ist das Holprigste, was Friedrich Wolf je gereimt hat. In den Jahrzehnten davor waren Wolf einige Dramen gelungen, die noch immer gespielt werden, darunter »Professor Mamlock« und »Zyankali«. Dieses Drama, so ist im allerersten »Spiegel« (1. Jahrgang, Nr. 1 vom 4. Januar 1947) zu lesen, sei zwar »künstlerisch nicht sehr eindrucksvoll«, zustimmend wird Dr. med. Wolf aber mit dem Satz zitiert: »Der Paragraph 218 sollte nicht abgeschafft, sondern überflüssig werden. Geburtenregelung ist die beste Möglichkeit, die Abtreibung zu verhindern.«

Für seine Überzeugungen hat Vater Wolf – »Kunst ist eine Waffe!« – mit solcher Wucht gelebt, daß er lebenslang mit der Justiz über Kreuz lag. Als Jude und Kommunist mußte er Anfang 1933 aus Stuttgart fliehen, zuerst in die Schweiz. Dort verfolgte ihn und sein Theaterstück »Professor Mamlock« das Auswärtige Amt der Nazis. »Gegen die Aufführungen habe ich zuletzt Ende November (1934) bei den zuständigen eidgenössischen Behörden erneute Vorstellungen erhoben«, schreibt der Gesandte Ernst von Weizsäcker (der Vater unseres jetzigen Bundespräsidenten) nach Berlin. Ein Verbot lasse sich »leider zur Zeit nicht erreichen«. Über die Schweiz und Frankreich gelangte Dr. Wolfs zweite Familie – Mutter Else, die Söhne Markus und Konrad – 1934 ins Exil nach Moskau. Vater Wolf bleibt meist auf Achse. Eine Zeitlang lebt er mit einer Freundin in der Wolgarepublik, dann besucht er Amerika, Skandinavien und Frankreich. Im spanischen Bürgerkrieg ist er selbstverständlich mit dabei. Die ruhelose Reiserei rettet ihm wahrscheinlich das Leben, denn Stalin säubert sein Reich 1936 bis 1938 gnadenlos von Männern wie dem Juden und Anarcho-

Kommunisten Wolf. 1941 zurückgekehrt, reiht sich Dr. Wolf, nun auch sowjetischer Staatsbürger, in die Rote Armee ein. 1945 beschwert er sich brieflich bei Stalin, daß man ihn nicht unverzüglich nach Deutschland ausreisen lasse. Dazu gehörte eine ordentliche Portion Mut. Daß Vater Wolf – Jude, Internationalist, Spanienkämpfer – die Emigration in der Sowjetunion überlebt hat, ist nahezu ein Wunder.

An Mut hat es auch Konrad Wolf selten gefehlt, dem kleinen Bruder des HVA-Chefs. Der ging zwar nicht ganz so hart ran wie sein Vater, scheute jedoch selten einen Konflikt. Nach der Soldatenzeit in der Roten Armee in Moskau zum Filmregisseur ausgebildet, schrammten seine DEFA-Produktionen immer hart am Verbot entlang. Einige kamen spät und verstümmelt in die Kinos. Im Kino, wußte Konrad Wolf, »will der Mensch nicht erzogen, sondern unterhalten werden«. Mit den ängstlichen Funktionären, deren Herrschaft sein Bruder Markus mit dem HVA-Apparat stabilisieren half, hatte Konrad nichts im Sinn. So gut es ging, schützte er als Präsident der Deutschen Akademie der Künste, als Vorsitzender des Zentralvorstandes der Gewerkschaft Kunst und als Mitglied des ZK der SED unruhige, aufsässige und verstörte Künstler, die in und an der DDR litten. Als er im März 1982 an Krebs starb, nur 56 Jahre alt, hatte er zwar wenig bewirkt, aber – vergleichsweise tapfer – viel versucht.

Von diesen beiden Männern – überlebensgroß Herr Dr. Friedrich Wolf zur Linken, tapfer der kleine Bruder Konrad Wolf zur Rechten – hat sich Oberspion Markus Wolf nie lösen können. In jedem Gespräch kommt er ungefragt auf die beiden zu sprechen, obwohl der Vater jetzt schon vier Jahrzehnte tot ist und der Bruder mehr als zehn Jahre. Vater (Jahrgang 1888!) ist immer noch bei ihm, Konrad auch. Nimmermüde hat Sohn und Bruder Markus zu DDR-Zeiten dafür gesorgt, daß Vater und Bruder weiterlebten. Mehr als 140 Einrichtungen trugen

Friedrich Wolfs Namen, Straßen, Panzertruppen, Film- und sonstige Schulen. Noch 1988 wurde eine neue »Friedrich-Wolf-Medaille« gestiftet und ein »Friedrich-Wolf-Gedenklauf« veranstaltet. Das letzte Konrad-Wolf-Denkmal vor einer NVA-Kaserne weihte man sogar noch nach der Wende ein, als diese deutsche Armee schon ins Koma glitt, aus dem es kein Erwachen gab.

Der Sohn eines bedeutenden Mannes zu sein, ist selten ein Vergnügen. Im Geheimdienstmilieu hat, soweit man weiß, eine neurotische Vaterbindung bei keinem Chef eine Rolle gespielt. Geheimdienstarbeit disponiert eher zur Spaltung der Persönlichkeit, zu einem »schizoiden« Verhalten. Gefordert und gefördert wird die multiple Persönlichkeit, die mehrere Sorten von Wahrheit zugleich in der Brust trägt – etwa die Amtswahrheit, die private Ansicht und eine griffige Lüge für die Kundschaft. Die Aufspaltung der eigenen Identität wird auch von Schauspielern, Diplomaten und Politikern gefordert. Schizoide Bewußtseinsspaltung macht à la longue gewöhnlich ungesellig, überempfindlich und stumpf. Das darf man nach außen natürlich nicht merken lassen, sonst gilt man als berufsunfähig.

In dem letzten Buch des Schriftstellers Markus Wolf »In eigenem Auftrag« (»Bekenntnisse und Einsichten«, sagt er) erwähnt er seinen Vater auf insgesamt 39 Seiten, Bruder Konrad hat 36 Seiten für sich – und Mutter Else? Ihr gilt eine halbe Zeile, nicht einmal der Vorname wird erwähnt. Dieses merkwürdige Ungleichgewicht, die offenbare Sehnsucht nach dem toten Vater, sein Beschwören und Herbeizitieren, beweist eine gestörte Vater-Sohn-Beziehung; genauer: Aus Markus Wolfs Verhalten muß man auf »Vaterhunger« schließen. Der ist besonders ausgeprägt, wenn zwischen Vater und Sohn eine emotionale Instabilität bestanden hat, die Sohn-Vater-Bindung in den Jahren der Kindheit und Jugend immer wieder gestört wurde.

Vaterhunger heißt in der Psychoanalyse auch »Erlkönig-Syndrom«. Dafür hat Goethes berühmtes Gedicht Pate gestanden:

»Wer reitet so spät durch Nacht und Wind?
Es ist der Vater mit seinem Kind;
Er hat den Knaben wohl in dem Arm,
Er faßt ihn sicher, er hält ihn warm.«

Aber die Sache geht, wie man weiß, schief. Der Sohn hat einfach zuviel Angst. Sein Vater

»Erreicht den Hof mit Müh' und Not;
In seinen Armen das Kind war tot.«

Wer am Erlkönig-Syndrom leidet (wofür er ja nichts kann), auch nach dem Tod des Vaters, wenn der Hunger also endgültig ungestillt bleiben muß, findet Trost nur in Friedrich Schillers Verheißung: »Brüder, überm Sternenzelt, muß ein lieber Vater wohnen ...«

An der »sibirischen Verbannung«, die Markus Wolf in der Wendezeit auf sich zukommen sah, fürchtete er besonders, daß er dann nicht mehr regelmäßig zum Berliner Grab des Vaters fahren könne. Von den fünf Kindern des Dramatikers Wolf, die noch leben, leidet offenbar niemand so sehr unter Größe und Tod des Vaters wie der, der es als einziger zum General gebracht hat. Ob das die Kompensation der Angst ist? Für einen bürgerlichen Knaben, der 1923 am Rande der Schwäbischen Alb in Hechingen zu Füßen der hochaufragenden Burg Hohenzollern geboren wurde, hat Markus Wolf schon in frühen Jahren viel mitgemacht. Sein Vater lebte ein permanentes Action- und Konfliktprogramm. Bis zu Markus' drittem Lebensjahr wechselte man dreimal den Ort. Als Markus Wolf Stuttgart in kurzen Hosen verlassen mußte, war er gerade zehn Jahre alt geworden. Der Vater war schon nicht mehr da. Während Markus Wolfs Stuttgarter Kinderjahren hatte sich sein ruheloser Vater für alles mögliche interessiert und begeistert: für Armenpraxis, Hausbau, Kommunalpolitik, Internationalismus und Agitprop-Theater, immer aber auch für fremde Städte und fremde Frauen, für Reisen, Kontakte und den Klassenkampf. Für den kleinen Markus, ein braves Kind, muß es völlig unberechenbar gewesen sein, ob, wann und für wie lange der prominente Vater mal Zeit für ihn, den eigenen Sohn, haben würde. Er hatte einen Vater – und hatte ihn doch nicht. Das macht Angst.

»Das Leben, wie es uns auferlegt ist, ist zu schwer für uns«, hat der Begründer der Psychoanalyse Sigismund Schlomo Freud* gesagt, »es bringt uns zu viel Schmerzen, Enttäuschungen, unlösbare Aufgaben. Um es zu ertragen, können wir Linderungsmittel nicht entbehren. Solcher Mittel gibt es vielleicht dreierlei: mächtige Ablenkungen, die uns unser Elend gering schätzen lassen; Ersatzbefriedigungen, die es verringern; Rauschstoffe, die uns für dasselbe unempfindlich machen.« Es sieht ganz so aus, als hätte sich Markus Wolf frühzeitig für die »Mächtigen Ablenkungen« entschieden. Das ist eines der verläßlichen Rezepte, mit deren Hilfe der Mensch starke Frustrationen seiner emotionalen Basisbedürfnisse ertragen kann.

Jeder Vaterhunger geht mit einer »Ich-Schwäche« einher, mit einer Schwächung des Persönlichkeitskerns. Das »Ich« ist der Träger des Selbstbewußtseins. Es vermittelt zwischen den Triebansprüchen (dem »Es«) und den Ansprüchen der Außenwelt und des Gewissens (»Über-Ich«). In der Kindheit läßt sich das Ich besonders leicht schwächen. Oft neigen schwache Menschen zum Narzißmus, der Verliebtheit in sich selbst, die sich

* In einem Buch über Geheimdienste hat der Leser das Recht auf den ersten Namen (»Klarnamen«). Freud änderte 1878, mit 22 Jahren, den Sigismund in Sigmund und ließ Schlomo gleich ganz weg, weil der ihm zu altbacken war.

nach außen hin in übertriebener Eitelkeit äußert. Der Ich-schwache narzistische Mensch glaubt, er habe wegen seiner Talente Anspruch auf die Fürsorge und Bewunderung der anderen Menschen. Es gibt viele Möglichkeiten, mit der Ich-Schwäche zu leben. Die Entscheidung, Vater, Bruder und Richard Stahlmann als Helden zu verehren, ist eine gute Methode der Kompensation. Man kann auch versuchen, die eigene Person zu mythologisieren, doch trägt das meist nicht so weit. Wer einen Vater hat, der im Trommelfeuer des ersten Weltkriegs auf einem Feldverbandsplatz an der Westfront operiert, der beim Kapp-Putsch im Ruhrgebiet sich in drei Tagen den Ehrentitel »General von Remscheid« verdient, wer einen kleinen Bruder sein eigen nennt, der an der Front sechs Tapferkeitsauszeichnungen bekommt, der hat Mühe, das schwache Ich durch kleine, wohlkalkulierte Heldentaten zu stärken. Mehr als das ist ihm ja nicht möglich. Aber Markus Wolf hat es hin und wieder wenigstens versucht, immer mit Sonnenbrille!

Kleiner Exkurs: Die Sonnenbrille im Geheimdienst

Zwanzig Jahre lang gab es vom Spionagechef der DDR im Westen kein richtiges Bild. Die letzte Aufnahme zeigte einen blassen, schmalgesichtigen Jüngling mit Nickelbrille. Markus Wolf ist kurzsichtig, seit seiner Jugend, wie auch der tapfere Bruder Konrad. Wenn er in der Ferne etwas erkennen will – das war sein Beruf! –, muß er die Brille aufsetzen. Nun tragen eitle Menschen aber nicht gern Brille, es sei denn, man kann sie zu einem Schmuckstück oder zum Blickfänger stilisieren. Einem kurzsichtigen, erwachsenen Mann im Staatsdienst sind mit den gewöhnlichen Brillen dabei aber enge Grenzen gezogen. Anders mit einer Sonnenbrille, der optisch aktive Gläser eingesetzt sind. Das sieht man ihr von außen nicht an. Eine solche Sonnenbrille suggeriert ein Leben im Freien, mehr noch: in Gefahr. Das Überleben im glitzernden Eis, die Durchquerung schattenloser Wüsten, den Piloten-Job. Harte Männer brauchen nichts außer Bourbon, Braut und Sonnenbrille. Wer freiwillig getönte Gläser trägt, der weist, so ist im britischen »Journal of the Royal Society of Medicine« zu lesen, mehr »psychopathologische Merkmale« auf als andere. Meist handelt es sich um neurotische oder hypochondrische Persönlichkeiten. Medizinische Gründe, eine Sonnenbrille zu tragen, gibt es nur einige wenige, sehr seltene. Totale Farbenblindheit gehört dazu, schwere Hornhautnarben oder eine Linsentrübung. Auch wer an Syphilis des Gehirns oder Aids im Endstadium leidet, muß seine Netzhaut vor hellem Licht schützen. Für alle anderen ist die dunkle Brille nichts als Dekoration. Deshalb muß jeder Möchtegernabenteurer die Sonnenbrille aus eigener Tasche bezahlen; Krankenkassen sind dazu nicht verpflichtet. Nur im

Geheimdienst gehört die Sonnenbrille zur Grundausstattung, wie der Schlapphut und der Regenmantel.

Die Sonnenbrille half, den Spionagechef Wolf 1978 in Schweden zu entdecken. Damals besuchte Markus Wolf, begleitet von seiner zweiten Ehefrau Christa, die schwedische Hauptstadt Stockholm. Er kam aus Finnland, sein falscher Paß lautete auf den Namen »Dr. Kurt Werner«. Ein promovierter Reisekader, die dunkle Brille – mußte der schwedische Geheimdienst da nicht mißtrauisch werden? Und sicherheitshalber mit einem Teleobjektiv, versteckt in einem Kombiwagen, ein paar Bilder von dem geheimnisvollen Gast schießen? Natürlich mußte er. Man blieb dem so eindeutig stilisierten Mann auf den Fersen, begleitete ihn in einen Pornoshop und zu seinen Großeinkäufen ins Möbelhaus. Am Ende fanden die Schweden auch seinen Gesprächspartner heraus, den bayerischen SPD-Landtagsabgeordneten (und Arzt) Dr. Friedrich Cremer, vorbestraft wegen Rauschgiftdelikten. Die beiden plauderten in einem Gartenhäuschen, das eigens hergerichtet worden war (ein konspirativer Fehler).

Vier Jahre später, am 13. März 1982, erschien in der DDR-Zeitung »Neues Deutschland«, dem Zentralorgan der SED, ein Bericht über den »Bewegenden Trauerakt zum Abschied von Konrad Wolf«, dem Bruder. Illustriert wurde der Beitrag mit einem gestochen scharfen Bild, das 69 Personen »beim Trauerakt im Plenarsaal der Akademie« zeigt. Nur einer trägt – im Saal! – eine Sonnenbrille. Er nun wieder, wer denn sonst. Endlich hatten die westlichen Nachrichtendienste ein neues, offizielles Bild vom alten bösen Feind. Ohne Sonnenbrille hätte man ihn womöglich gar nicht erkannt, das inoffizielle schwedische und das offizielle DDR-Foto nicht vergleichen können.

Sonnenbrillen tragen auch andere Geheimdienstchefs. BND-General Reinhard Gehlen (dem sein Führer Adolf Hitler das bis zum 42. Lebensjahr verwehrt hatte), setzte als ORG-Chef selbstverständlich sofort die dunkle Brille auf. Ebenso hielt es sein glückloser Rivale Otto John vom Bundesamt für Verfassungsschutz. Beide Herren entledigten sich der Dunkelmann-Dekoration aber wenigstens im Büro. Dazu verstand sich einer von Johns glücklosen Nachfolgern, der Dr. Richard Meier, nicht immer. Auch Markus Wolf trägt, wenn die Lage ernst wird, noch heute im dunklen Zimmer dunkle Brillen. So 1991 in München, als er vor dem Bayerischen Obersten Landesgericht als Zeuge vernommen wurde. Neuerdings setzt auch Eckart Werthebach, 1991 zum Präsidenten des BfV ernannt, eine dunkle Brille auf. Werthebach ist ein ganz braver Beamter, der sich zwanzig Jahre lang im Bundesministerium des Inneren vorsichtig Stufe um Stufe hochgedient hat – selbstverständlich ohne Sonnenbrille, sonst hätte man ihn womöglich für labil oder geltungssüchtig gehalten. Seit er BfV-Präsident ist, trägt er einen Krompromiß spazieren. Die Gläser seiner Brille sind oben dunkel und unten hell, damit er standesgemäß getarnt ist und gleichzeitig, alter Bürokratengewohnheit folgend, trotzdem noch was lesen kann.

Sonnenbrillen signalisieren in allen Ländern die Zugehörigkeit zum Geheimdienstmilieu. Die CIA-Leibwächter des amerikanischen Präsidenten würden ihre Brillen niemals absetzen, schon deshalb, damit man ihre rot geränderten Augen nicht sieht. Wer eine dunkle Brille trägt, der will sich nicht in die Pupillen – den Spiegel der Seele – schauen lassen. Das undurchsichtige Glas soll suggerieren, daß dieser Mann alle seine Geheimnisse wahrt, sich von niemandem in die Karten sehen läßt, seine menschlichen Regungen erfolgreich verbirgt, womöglich gar keine hat. Dunkle Brillen sollen einschüchtern und Macht demonstrieren, das Gesicht anonymisieren und den Gruseleffekt eines Totenschädels mit tiefen, nachtschwarzen

Augenhöhlen nutzbar machen – kein Mafioso ohne Sonnenbrille, im Film nicht und nicht im richtigen Leben.

Geheimdienstmänner, die mit dunklen Brillen herumlaufen, wollen sich nicht etwa tarnen, ganz im Gegenteil. Sie wollen Aufmerksamkeit auf sich ziehen, gesehen werden statt sehen. Und warum? Aus Angabe. Warum denn sonst?

Schon komisch, mit welchen Eigenschaften und Neigungen man in diesem Milieu Karriere machen kann. Wenn das bei den Oberen so ist, wieviel schlimmer mag es dann in den niederen Rängen aussehen? Es hat den Eindruck, als verstärke diese Tätigkeit viele unerfreulichen Charaktereigenschaften. Das sehen die Geheimdienstler natürlich ganz anders. Sie loben sich in höchsten Tönen, publizieren in Ost und West auf Steuerzahlerkosten ihre Ruhmestaten, loben ihre »oft schwierige und entsagungsvolle Tätigkeit«. Lob, notfalls Selbstlob, und immer wieder Orden und Ehrenzeichen stabilisieren ein schwaches Ich. Leider nutzt sich vor allem die Wirkung der Orden rasch ab. Statt Bronze muß es bald Silber werden, statt Silber Gold. Erich Mielke war am Ende so süchtig auf Orden, daß die Brustseite einer Generalsuniform längst nicht mehr ausreichte. Die von seinem Büro sorgsam geführte Liste nennt 270 Auszeichnungen.

Wolf war in Ordensdingen, weil intelligenter, auch maßvoller. Jedenfalls verstand er, mit den preiswert herzustellenden Metallteilen große Wirkungen zu erzielen. Einigen seiner freiberuflichen Kundschafter, aus dem Westen zum Meeting angereist, standen die Tränen in den Augen, wenn Wolf das Etui aufklappte. Auch wenn es nur der »Kampforden für Verdienste um Volk und Vaterland« (in Bronze) war.

Doppelagenten haben immer zwei Loyalitäten, sie sind deshalb besonders stützungsbedürftig. Auch Markus Wolf leidet unter seiner doppelten Loyalität, einerseits zu den Russen, andererseits zu Deutschland. Über sein Judentum hat er sich nie geäußert, vielleicht irritiert ihn dies sogar als dritte Loyalität. Wie auch immer: vielfacher Ortswechsel und konkurrierende Loyalitäten, Vaterhunger, Ich-Schwäche, Narzißmus, Feigheit – das schreit geradezu nach Stabilisatoren. Nur woher nehmen? Die DDR ist perdu, und mit ihr sind alle Mythen und Ehrungen zu Schrott geworden. Die große Sowjetunion gibt es auch nicht mehr. Zivilisierte Länder wie Schweden und Österreich wollten Markus Wolf kein Asyl gewähren. In Berlin darf er sich nur noch in einem Stadtteil frei bewegen. »Hoffnungsträger« der Bevölkerung (wenn er es denn je war) ist er nicht. Was nun, Herr Wolf?

Immerhin kann der Ex-Spionagechef auf etliche Westsympathisanten zählen. Wolf hat, wenn er die »nassen Sachen« fernhalten kann, keine schlechten Karten. An seinem Beispiel zeigt sich, daß Herkunft und gute Familie sich auszahlen, vor allem in der Stunde der Not. Glück muß man natürlich auch noch haben.

Einer dieser Glücksumstände liegt in der Hechinger Herkunft. Aus diesem schwäbischen Städtchen stammt auch der FDP-Minister Klaus Kinkel, vor einem Jahrzehnt BND-Chef. Wie das Leben so spielt, ist auch Kinkel ein Arztsohn. Mehr noch, Vater Kinkel und Vater Wolf praktizierten in den zwanziger Jahren nur wenige hundert Meter voneinander entfernt. Noch ist das Ende offen, ein unangenehmer Zustand, ganz besonders für Ich-schwache Menschen. Ihnen drohen Schwermut (Vorsicht Sonnenbrille!) und Regression. Darunter versteht man im psychoanalytischen Zusammenhang das Zurückgehen psychischer Verhaltensweisen auf kindliche Stufen, zum Beispiel deshalb, weil das Leben so frustrierend ist. Wie steht es heute mit Markus Wolf? Als dringenden Wunsch an die Bundesanwaltschaft in Karlsruhe, die seinen Freigang kontrolliert, richtet er die Bitte, Vaters Grab besuchen zu dürfen. Als Schriftsteller schreibt er an, richtig, er schreibt an einem Kinderbuch –, unter einem Porträt seines Vaters. Seinen Sohn Sascha schickt er auf ein *West*berliner Gymnasium. Auf längere Sicht, sagt er, habe er folgende Zukunftspläne: »Ich will in mein Gartenhaus zurück«, in Prenden, nördlich von Berlin, »da will ich schreiben, und, wenn es ginge, will ich da auch gern unter die Erde.«

Dieses Wochenendhaus liegt in einem dunklen Kiefernwald. Es ist von hinten durch einen doppelten Zaun gesichert. Auf dem Grundstück steht ein Wachturm und ein Sendemast, alles aus den Zeiten, als HVA-Chef Wolf von seinen Leuten zugleich beschützt und bewacht wurde. Rechts und links von dieser Idylle wohnen alte Stasi-Männer. Und da will er begraben sein? Fern aller Öffentlichkeit, weitab vom Vater. Wenn das keine Regression ist... Der Verlust aller Hoffnung, daß es jemals richtig gut werden könnte.

Da sind die westlichen Geheimdienstler besser dran. Mehr als den eigenen Vater lieben sie ihren Vater Staat.

Ludwig-Holger Pfahls

Hansjoachim Tiedge

Eckhart Werthebach

Günther Nollau

Alexander Schalck-Golodkowski

Richard Meier

Reinhard Gehlen

Markus Wolf

Erich Mielke

Kapitel IV
»Alle denken an sich, nur ich denk' an mich«

Günther Nollau – Präsident des Bundesamtes für Verfassungsschutz (1972 bis 1975) – und die anderen Chefs

Der 4. September 1950, ein Montag, war trüb und regnerisch. In Köln am Rhein ließ sich die Sonne nicht sehen, mittags wurden 18°C gemessen. Der Wind blies von Westen her. Die altehrwürdige Bischofsstadt war noch immer zu 50 Prozent zerstört, man zählte mehr als 30 000 Ruinen. 262mal hatten während der Kriegsjahre 1942 bis 1945 Flugzeuge der Royal Air Force und der US-Luftwaffe ihre Luftminen, Sprengbomben und Phosphorkanister über der Stadt ausgeklinkt. Am Ende waren alle Rheinbrücken vernichtet, alle Kirchen schwer getroffen, auch der Kölner Dom. Nur 20 Prozent der Häuser blieben unbeschädigt. Köln war im Mai 1945 ein riesiger Trümmerberg, 30 Millionen Kubikmeter groß.

20 000 Kölner waren im Bombenkrieg gestorben. Jetzt, im Spätsommer 1950, hatte die Stadt wieder fast 700 000 Einwohner, darunter reichlich Flüchtlinge und Vertriebene aus den deutschen Ostprovinzen und der sowjetisch besetzten Zone. Der ehemalige Kölner Bürgermeister Konrad Adenauer hatte das tausendjährige Reich in seinem Haus in Rhöndorf bei Bonn überlebt. Seit einem Jahr war er der gewählte erste Kanzler der neu gegründeten Bundesrepublik. Auf dem Katholikentag des vergangenen Wochenendes hatte er eindringlich vor jeder Störung des sozialen Friedens gewarnt. Adenauers Heimatstadt regierte ein neuer Bürgermeister, dem die englische Besatzungsmacht streng auf die Finger sah. Die Engländer hat-

ten auch dafür gesorgt, daß eine obskure »Dienststelle Köln« in einem unzerstörten Haus Unterschlupf fand. Dort, Untersachsenhausen 33, 3. Stock, meldete sich an diesem Montag früh der Dr. jur. Günther Nollau aus Dresden, 39 Jahre alt, Angestellter nach TAO III, zum Dienst.

Er war einer von einer »Handvoll Leute«, der »Keimzelle« des späteren Bundesamtes für Verfassungsschutz. Wir hatten, erinnert sich Nollau an diese frühen Zeiten, »weiße Papierbögen vor uns« und »leere Panzerschränke hinter uns«. Als Nollau 25 Jahre später den hauptberuflichen Schutz des bundesdeutschen Grundgesetzes im Range eines Präsidenten aufgeben mußte, waren aus der »Handvoll Leute« fast 2 000 Mann geworden und mindestens ebenso viele Panzerschränke mit geheimen Papieren, Karteikarten und Fotos gefüllt. Mittlerweile gibt es in Deutschland rund 5 000 Verfassungsschützer, die Zentrale residiert in einem stacheldraht- und kamerabewehrten Neubau, der gut 200 Millionen Mark gekostet hat. In den Computern des Amtes sind Milliarden Fakten über mindestens 1,5 Millionen Menschen gespeichert, und die weißen, leeren Papierbögen sind auch alle vollgeschrieben. Nollau hat eifrig daran mitgewirkt: »Ich konnte schnell und gewandt Berichte verfassen«, rühmt er seinen Anteil.

Er hat seinen Kollegen aber auch vorgemacht, wie man als kleines, armes Beamtenkind und Halbwaise ganz nach oben kommt: Man darf sich in der Liebe zu Vater Staat nicht irremachen lassen und muß, zweitens, notfalls wechselnde Parteien als Vehikel des Aufstiegs nutzen: Nollau war zu Nazizeiten strammer Nationalsozialist (NSDAP-Nr. 8 974 972), in den Jahren 1945 bis 1950 Dresdener CDU-Mitglied und in den siebziger Jahren ein loyaler Sympathisant der damals regierenden deutschen Sozialdemokratie. Die machte ihn schließlich zum Präsidenten der Verfassungsschützer. Das hielt der fixe Sachse

Günther Nollau

für völlig angemessen, einerseits. Andererseits: »Streng genommen, war ich eine Art Sicherheitsrisiko.« Eine zutreffende Analyse, denn der frisch angeworbene Verfassungsschützer hatte in den zurückliegenden sechs Lebensjahren immerhin drei völlig konträren Staatsgewalten nahegestanden. Außerdem, sagt Nollau später, sei er vom Geheimdienst »verhältnismäßig« unbeleckt gewesen.

Seiner Karriere tat das alles keinen Abbruch, seinem Glück auch nicht: Der Kölner Neubürger kam zu spät, um die Trümmer wegzuräumen. Köln hatte 1945 für alle »Pgs« einen sechstägigen »Sühnedienst« eingerichtet, damit die alten Nazis wenigstens einen Teil des Schutts eigenhändig beiseite schaffen. Nollau blieb vor und nach dem Zusammenbruch am Schreibtisch sitzen: Für rund 650 Mark machte sich der Staatsschützer ans Werk. Vier Wochen nach Dienstbeginn wurde seine Tätigkeit legalisiert. Ende September 1950 beschloß der Bonner Bundestag ein Gesetz zur Errichtung des Verfassungsschutzes. Aufgabe des Bundesamtes: »Sammlung und Auswertung von Auskünften, Nachrichten ... über Bestrebungen, die eine Aufhebung, Änderung oder Störung der verfassungsmäßigen Ordnung zum Ziele haben.«

Günther Nollau trat in die mystische Welt der Geheimdienste ein. An Selbstbewußtsein fehlte es ihm nicht. Er lobte seine »Neigung zum selbständigen Denken«, seine »Begabung für fremde Sprachen«, vergaß auch später nie zu erwähnen, daß er »summa cum laude« – mit »höchstem Lob« also – zum Doktor promoviert worden war, 1935 in Leipzig mit einer Arbeit über »Das Wesen der konkursmäßigen Feststellung«. Wohlwollende Charakterisierungen des Günther Konrad Nollau, der im November 1991 achtzigjährig an Herzversagen in München starb, gibt es wohl nur von ihm selber. Seine Vorgesetzten, Mitarbeiter und Konkurrenten fanden ihn ziemlich unerträglich.

Der FDP-Innenminister Werner Maihofer fand seinen obersten Verfassungsschützer »geltungssüchtig«, »hemmungslos« und »ohne Rücksicht«. General Reinhard Gehlen, Nollaus Konkurrent vom BND in Pullach, nannte ihn ungestraft ein »Sicherheitsrisiko«. Zehn Generäle und fünfzig Obristen des Bundesnachrichtendienstes drohten mit ihrem Abschied, falls Günther Nollau nach Pullach versetzt werden sollte, noch dazu als Vizepräsident, was sein Förderer Herbert Wehner von der SPD 1969 ins Auge gefaßt hatte.

Während seiner Jahre im Kölner Bundesamt für Verfassungsschutz (BfV) sahen die Zeitungen den »Mann voller Widersprüche« immer wieder »im Zwielicht«. Nollau fühlte sich von »Verleumdern« umgeben. Hin und wieder aber konnte der quicke, leichtgewichtig-sportliche Sachse aber auch selbstironisch sein. Seine Memoiren, die unter dem Titel »Das Amt« erschienen, wollte er ursprünglich wahrheitsgemäß »Alle denken an sich, nur ich denk' an mich« nennen. Das fand der Verlag zu keß.

Ein lockeres Munderk, Härte gegen sich und andere, eiserner Karrierefleiß, kombiniert mit hohem Gebrauchsnutzen für die jeweils Mächtigen, haben diesen Verfassungsschützer von Jugend an ausgezeichnet. Geboren 1911 in Leipzig, verlor er seinen Vater schon als Neunjähriger. Der war Beamter gewesen, ein Baurat. Zu diesem Unglück kamen Revolution und Inflation hinzu – so sah die kleine Halbwaise von Kindesbeinen an die drohende Gefahr des sozialen Abstiegs und der Armut vor sich. Das stachelte Nollaus Ehrgeiz an. Nach dem Abitur in Dresden studierte er Rechtswissenschaften an den Universitäten Innsbruck, Wien, München und Leipzig. Schmalhans war Küchenmeister. Nollau mußte mit 90 Mark pro Monat auskommen, morgens und abends lebte er nur von Brot und Schmalz. Offenbar haben diese harten Jugendjahre seine Sehnsucht nach finanzieller und beruflicher Sicherheit bestärkt.

Um Aufstieg und Sicherheit zu erreichen, mußte Nollau einige Umwege gehen und etliche Kompromisse schließen. Als der alerte Sachse 22 Jahre alt war, übernahmen die Nationalsozialisten in Deutschland die Macht. Eine Zeitlang mag Nollau geglaubt haben, daß ihr tausendjähriges Reich so lange nicht dauern würde. Jedenfalls marschierte er in den ersten Jahren der Hitler-Diktatur nicht im ruhig-festen Tritt bei den braunen Kolonnen. Aber dann, spätestens 1937, mußte Nollau erkennen, daß sein Weg nach oben nur mit Unterstützung der Regierenden möglich war. Nach dem Examen arbeitete er als »juristischer Hilfsarbeiter« in einem Dresdener Anwaltsbüro. Das war ihm entschieden zu wenig. Er wollte selber Anwalt werden, also wurde er – erster Schritt – Mitglied des Nationalsozialistischen Kraftfahr-Korps (NSKK). Das reichte nicht. Im Spätherbst 1939 – Großdeutschland hatte gerade seinen Nachbarn Polen überfallen und in einem Blitzkrieg besiegt – trat Nollau der NSDAP bei. Nach seiner Erinnerung wurde er beigetreten, und zwar so: »Eines Abends fragte der Sturmführer (des NSKK) die angetretene Mannschaft, wer noch nicht der NSDAP angehöre. Mit einigen anderen meldete auch ich mich. Er ließ uns die Aufnahmeformulare unterschreiben.« Später hat Nollau gesagt, warum er das tat: Er wollte nicht ewig »Hilfsarbeiter« bleiben.

Ganz en passant hat sich Nollau dafür später ein bißchen geschämt. Er hatte das bittere Gefühl, sich durch »eine Konzession nach der anderen selbst erniedrigt zu haben«. Denn mit dem NSDAP-Eintritt war es ja nicht getan. Es kamen noch die dunklen Jahre 1942 bis 1945, als sich Nollau freiwillig im sogenannten »Generalgouvernement« niederließ, als deutscher Rechtsanwalt in Krakau, 50 Kilometer vom KZ Auschwitz entfernt. Im Generalgouvernement exerzierte die deutsche Besatzung einen brutalen Kolonialismus. Ein polnisches Leben galt wenig, ein jüdisches nichts. Manchen von Nollaus Klienten fehlten die Fingernägel. Sie waren vorher von der Gestapo vernommen worden. Vor welchen Gerichten und mit welchem Erfolg der sächsische Rechtsanwalt im besetzten Polen agiert hat, blieb dunkel. Er selber rechnete sich später, wie so viele seinesgleichen, zum Widerstand. Unerklärt blieb, weshalb er freiwillig aus Dresden nach Krakau umgesiedelt ist. Er sei von einem Kollegen dazu »eingeladen« worden. Die Wehrmacht hatte den Alpinisten und Gebirgsjäger Nollau schon 1941 ausgemustert. Als Quartiermacher des späteren Generalfeldmarschalls Ferdinand Schörner (früher Volksschullehrer) war Nollau zwar bis Athen und wieder zurück gekommen, doch widerfuhr ihm in Österreich ein Mißgeschick: Sein Bergreitpferd, »ein gutmütiger Haflinger«, stolpert in ein Karnickelloch, Nollau versucht abzuspringen, wird dabei nach hinten abgeworfen und vom nervös gewordenen Pferd in vollem Galopp über die Wiese geschleift. Als er den Kopf hob, um zu sehen »wohin die Reise ging, traf mich ein Hufschlag in die Gegend des rechten Auges«. Seither war Günther Nollau auf dem rechten Auge blind.

Merkwürdigerweise gelang dem Rechtsanwalt aus dem Generalgouvernement 1945 ein bruchloser Karriereübergang. Der »Pg« durfte entgegen allen Usancen schon 1945 im sowjetisch besetzten Dresden wieder als Rechtsanwalt praktizieren. »Von den Russen hatte ich nichts zu befürchten«, gestand Nollau – sagte aber nicht, warum. Ihm ging es in den Dresdener Nachkriegsjahren »wirklich gut«. Er durfte sogar auf die Jagd gehen – ein Privileg, das damals Deutschen extrem selten gewährt wurde, denn der Waidmann führt ein Gewehr. Um ein Haar hätte die Jägerei Nollaus Karriere beendet. Er geriet in den Verdacht, an einem Mord beteiligt gewesen zu sein. Nollau dazu: »Der Mordverdacht war frei erfunden, um mich in die Gewalt der sowjetzonalen Justizbehörden zu bringen.« Niemand wird es ihm verdenken, daß er sich so schnell als möglich nach West-Berlin absetzte. Dort blieb die Reaktion der Strafverfolgungsbehörden maßvoll. Man holte Nollau an einem Abend aus dem Flüchtlingslager, legte ihm Handschellen an und sperrte ihn eine Nacht lang ein. Am nächsten Morgen ließ der West-Berliner Richter den Dresdener Rechtsanwalt frei, denn der sächsische Haftbefehl war, erinnert sich der Beschuldigte, »so konfus und schlecht begründet«, daß er nicht vollstreckt wurde. Statt dessen wurden die Dresdener Akten angefordert, sie trafen nie ein.

Seinen Häschern glücklich entwischt, bald auch mit Frau und Töchtern und den Möbeln wiedervereinigt, hätte sich Günther Nollau nun zum dritten Mal als Rechtsanwalt versuchen können. Das Wirtschaftswunder fing gerade an, clevere Juristen wie er – noch dazu beschlagen in den profitablen Zivilrechtsdingen – begannen, eine Menge Geld zu verdienen. Doch nach der freien Advokatur stand Nollau offenbar nicht mehr der Sinn. Der 39jährige wollte endlich einen sicheren, unkündbaren Arbeitsplatz, möglichst bei Vater Staat. Nach kurzen Zwischenspielen bei den »Freiheitlichen Juristen«, einer Kalten Kriegs-Organisation in West-Berlin und nach einem Minigastspiel beim Rundfunk im Amerikanischen Sektor (RIAS), wo er sich für den Inhalt fremder Schreibtische interessiert haben soll, gelang Nollau der Sprung zur »Dienststelle Köln«. Das Grundgesetz, so wußte Beamtensohn Nollau, werde auf Dauer nur von Beamten beschützt werden.

Es kam, wie es kommen mußte. Regierungsrat, Oberregierungsrat, Regierungsdirektor, 1963 leitender Regierungsdirektor, 1967 Vizepräsident des Bundesamtes für Verfassungsschutz, 1970 Ministerialdirektor im Bundesinnenministerium. 1972 endlich, 22 Jahre nach Gründung des Amtes und Nollaus Eintritt, wurde der Ehrgeizige Präsident des BfV. Das ist ihm nicht schnell genug gegangen: »Ich bin viel langsamer befördert worden als andere Leute, die weit weniger qualifiziert waren.« Seine Vermutung: »Weil immer diese üble Sauce kochte« – gemeint sind die Erzählungen aus Krakau und Dresden. Verfassungsschützer Nollau hat vergleichsweise lange gebraucht, um im Westen einen Protektor von Rang zu finden. Am Ende war es ein Mann aus seiner alten Heimat – Herbert Wehner aus Dresden, früher Sozialist, Anarchist und Stalinist, seit Kriegsende Sozialdemokrat und »Zuchtmeister der SPD«. Wehner förderte seinen Landsmann, und der informierte ihn ein wenig außerhalb der Amtswege. Eine Hand wäscht viele andere. Nollau: »Ich verdanke Herrn Wehner sehr viel« – nämlich die größeren Schritte auf der Karriereleiter und am Ende den Sprung ins Präsidentenamt.

Das war 1972, als eine sozialliberale Koalition unter Bundeskanzler Willy Brandt in Bonn regierte. Nollaus erster Dienstherr war der liberale Innenminister Hans-Dietrich Genscher, ein Flüchtling aus Sachsen-Anhalt. Als Nollau die Behörde übernahm, hatte sich die 1950 versammelte Schar der »Handvoll Leute« erstaunlich vermehrt: Nollau kommandierte 1972 1600 hauptamtliche Mitarbeiter des Bundesamtes für Verfassungsschutz; der Etat betrug mindestens 70 Millionen Mark. Für das Amt stand der Feind links. Mit Leidenschaft stöberte Nollau den DDR-gesteuerten orthodoxen Kommunisten hinterher. Ende der sechziger Jahre, als an den Universitäten weltweit (und von den Geheimdiensten unvorhergesehen) Studentenrevolten ausbrachen, galt auch diesen Linken das amtliche Interesse. Der Dienst expandierte, immer neue Überwachungsstrategien und -dateien wurden angelegt. Nollau hat das alles sehr genossen. Gern zeigte er sich morgens den Regierenden, mittags seinen Agentenjägern, abends dem Fernsehpublikum.

Kein zweiter deutscher Geheimdienstler hat in den Jahrzehnten der Nachkriegszeit so viel Wind um die eigene Person gemacht. Für Nollau dreht sich alles um Nollau. Ungebeten erläutert er der Nation seine privaten Neigungen – wie hoch er kraxelt, warum er joggt, welche Musik ihn stimuliert. Er war so zufrieden mit sich, so glücklich im hohen Amt. Doch wie allen seinen Vorgängern blieb auch ihm ein blamabler Abgang nicht erspart. Das Unglück trug den Namen Günter Guillaume, war Offizier der Hauptverwaltung Aufklärung des DDR-Staatssicherheitsdienstes und Referent im Bundeskanzleramt. Gesamtdeutsch produzierten die Geheimdienste einen Strudel, in dem der Bundeskanzler unterging. Nollau machte eine schwache Figur.

Seine Leute hatten die Guillaumes zwar geortet, vermochten sie aber weder erfolgreich zu observieren, noch gar von den Regierungsgeheimnissen fernzuhalten. Am dilettantischsten – manche meinen: am ausgebufftesten – verhielt sich das sächsische Trio Wehner, Genscher und Nollau bei der Unterrichtung ihres allerhöchsten Dienstherrn. Dazu der vorzeitig in Pension geschickte Präsident Nollau: »Die einen sagen, Nollau und Genscher hätten Brandt hinters Licht geführt, die anderen sagen, Nollau und Wehner hätten das getan.« Aus seiner Sicht war weder das eine noch das andere wahr. »Ich habe ja – leider, muß ich heute sagen – dem Bundeskanzler die Information über den Verdacht, der sich gegen Guillaume richtete, nicht selbst geben können. Das hat Genscher getan. Man weiß einiges darüber, was er gesagt hat, er hatte von uns Namen, Vornamen, Geburtstag von Guillaume bekommen – und fragte Willy Brandt nun, ob er jemand mit französischem Namen im Amt habe. Das klang so, als ob er gar nichts wüßte. Der Herr Genscher aber wußte sehr viel ...«

Genscher, der Mann mit den großen Ohren, blieb an der Macht, auch Wehner war nie gefährdet. Nur Willy Brandt resignierte nach einigen Tagen, während man Günther Nollau ordentlich pressen mußte, bevor er aufgab. Er zog sich schimpfend in die bayerischen Berge zurück und machte fortan das Beste aus dem Ruhestand. In manchem Jahr kletterte er auf siebzig Alpengipfel, körperliche Fitneß blieb sein Lebensziel. Er hat auch verraten, warum: »Damit dem Staat ein gesunder Pensionär erhalten bleibt.«

Beamte schützen ihren Vater Staat

Niemand vermutet, daß eine blonde Politesse diesen Beruf ergreift, weil sie sich ausgerechnet für die Probleme des *ruhenden* Verkehrs interessiert. Man wird auch lange nach einem Schüler suchen müssen, der überzeugt davon ist, daß sein Lehrer den Entschluß, nach dem Abitur und einem kleinen Ausflug zu den Hochschulen, freiwillig weiter lebenslang zur Schule zu gehen, gefaßt hat, weil es so wichtig ist, daß junge Menschen lernen, wo der Po und wo der Nil fließen. Einem Amtsarzt, der keine Patienten behandeln darf, dafür aber anordnen, wie und wann öffentliche Toiletten zu reinigen sind, fehlt es, verglichen mit seinen in Praxis oder Krankenhaus aktiven Kollegen, an viel Geld, an Einfluß und Sozialprestige. Warum ist er dann aber Amtsarzt geworden? Weshalb wird ein junger Mann Polizist, Briefträger oder Soldat? Weil er Recht und Ordnung von Herzen liebt? Oder die pünktliche Postzustellung? Den Frieden? Und endlich: Warum beschließt ein Mann, daß er am allerliebsten hauptberuflich das deutsche Grundgesetz schützen möchte, Jahr um Jahr, bis zu seiner Pensionierung? Weil er immer wieder in der Verfassung geschmökert hat und sie am Ende schätzt wie der Evangelist seine Bibel?

Die genannten Berufe – und ein paar hundert andere – haben gemeinsam, daß man durch ihre Ausübung in den Stand des Beamten erhoben wird. Zunehmend mehr Menschen erscheint das als vorrangiges Lebensziel: Staatsdiener zu sein – das heißt: für alle Zeiten vom Arbeitgeber Staat beschützt, sicher und unkündbar. Das vor allem. Zwischen dem Arbeitgeber Staat und seinen Arbeitnehmern gelten nämlich die seit Jahrhunderten »hergebrachten Grundsätze des Berufsbeamtentums«. Was das »Eigentümliche des Beamtenverhältnisses«

ist, haben die Richter des Bundesverfassungsgerichtes (auch sie Beamte) 1977 so beschrieben:

> »Das Eigentümliche des Beamtenverhältnisses begründet für den Beamten vor allem eine besondere politische Treuepflicht gegenüber dem Staat und seiner Verfassung, sowie die Pflicht, seine volle Arbeitskraft lebenslang dem Dienstherrn zur Verfügung zu stellen, und für den Dienstherrn vor allem die Pflicht, den Beamten und seine Familie lebenslang amtsangemessen zu alimentieren und ihnen Fürsorge und Schutz zu gewähren.«

Also: keinen Lohn mehr, wie andere Berufstätige, sondern Alimentation. Und vor allem: Treue um Treue. Die Treue ist eine charakteristische Tugend der Feudalzeit. Im Kapitalismus wird normalerweise eher Leistungsfähigkeit oder Schnelligkeit honoriert. Warum also, vor allem anderen, weiterhin die Treue? Auch dazu hat sich das Bundesverfassungsgericht geäußert. In der absoluten Monarchie galt die Treuepflicht der Person des Monarchen als dem Repräsentanten des Staates, erläutert das Gericht dem Volk. Später, in der konstitutionellen Monarchie, mahnt die Treue den Beamten an den diesmal verfassungsrechtlich gebundenen Monarchen, »der jenseits des politischen Streits stand und seine ›Staatsdiener‹ auf das Gemeinwohl verpflichtete«. Und wie ist es heutzutage?

> »An der traditionellen Treuepflicht des Beamten hält auch das Grundgesetz als einem hergebrachten und zu beachtenden Grundsatz des Berufsbeamtentums fest. Der Grund für das Festhalten an diesem hergebrachten Grundsatz liegt auf der Hand: der moderne ›Verwaltungsstaat‹ mit seinen ebenso vielfältigen wie

> komplizierten Aufgaben, von deren sachgerechter, effizienter, pünktlicher Erfüllung das Funktionieren des gesellschaftlich-politischen Systems und die Möglichkeit eines menschenwürdigen Lebens der Gruppen, Minderheiten und jedes einzelnen Tag für Tag abhängt, ist auf einen intakten, loyalen, pflichttreuen, dem Staat und seiner verfassungsmäßigen Ordnung innerlich verbundenen Beamtenkörper angewiesen. Ist auf die Beamtenschaft kein Verlaß mehr, so sind die Gesellschaft und ihr Staat in kritischen Situationen ›verloren‹.«

Jedem Deutschen garantiert das Grundgesetz den Zugang zu jedem öffentlichen Amt, vorausgesetzt, seine »Eignung, Befähigung und fachliche Leistung« lassen das zu. In Wirklichkeit geht es vor allem um gegenseitigen Schutz und um die Sicherheit der bestehenden Verhältnisse. Also eher um »moralische Eigenschaften«, wie sie der Bayerische Staatsrat 1801 für seine Beamten forderte. Noch deutlicher war der Herzog von Württemberg bereits 1514, er wünschte sich »gottesförchtende, frumbe, ehrliche, dapfere, verständige und erfahrene Personen« als seine und des Staates Diener.

Der Wunsch, ein Beamter zu werden, entsteht auf zwei Wegen: Er wird den Kindern von ihren Eltern vermittelt, vor allem dann, wenn diese selbst Beamte sind. Wenn Volksschüler in den Wohnbezirken der Mittelklasse beim Übergang in die höheren Schulen den berümten Aufsatz »Was ich gerne werden möchte« schreiben müssen, wünschen sich oft mehr als die Hälfte der Kinder einen Beamtenberuf, oft vage definiert als »irgendwas beim Staat«. Dieser Wunsch konkretisiert sich dann, wenn das Abitur herannaht. Dabei werden oft von den großen Plänen kleine Abstriche gemacht – statt Richter nur noch Rechtspfleger, statt Professor nur noch Studienrat, statt Studienrat nur noch Volksschullehrer. Eine leicht resignative Grundstimmung scheint diese Berufswünsche zu fundieren.

Sie wird deutlicher, wenn man den zweiten Zugangsweg zum Berufsbeamten ins Auge faßt. Wer beschließt, Beamter zu werden, nachdem ihm in einer Tätigkeit als Schriftsetzer, Tischler oder Rechtsanwalt der frische Wind des Lebens ins Gesicht wehte, der tut dies, weil er erkannt hat, daß zu seinem Wohlbefinden garantierte Sicherheit und eine stabile Ordnung gehören. Dafür nimmt er – anfängliche – Einkommenseinbußen in Kauf, auch ein Minus an Selbstverwirklichung und Sozialprestige. »Der Beamte hat nichts, aber das hat er sicher«, charakterisiert eine selbstironische Erkenntnis diese Situation. Wer auf dem zweiten Zugangsweg Beamter wird, hat in seiner alten Tätigkeit ja nicht nur Sicherheit und Vertrautheitsgefühl vermißt, sondern war oft auch vom Scheitern bedroht oder, schlimmer noch, ist gescheitert. Ein Schriftsetzer, der sich vor der Meisterprüfung und der Selbständigkeit fürchtet und deshalb lieber Drucker bei einer Behörde wird; ein Tischlermeister, der mit seinem kleinen Betrieb in Konkurs gegangen ist und deshalb als Gefängniswärter sein Brot verdient; ein Rechtsanwalt, der zweimal die Kanzlei verliert und dann doch lieber Verfassungsschützer als Rechtsanwalt sein möchte – für alle diese Männer hält das Umgangsdeutsch der Österreicher einen ebenso kränkenden wie bildhaften Ausdruck bereit: Zivilversager. Das Scheitern in einem bürgerlichen Beruf ist ein häufiges Motiv, Beamter zu werden.

Gewöhnlich ist der Beamte dankbar, daß er überhaupt von Vater Staat genommen wurde. Doch dieses Gefühl hält nicht ewig. Wer die Werte und Denkformen des Beamtentums akzeptiert, das soziale Selbstbewußtsein seiner neuen Schicht vollständig und unkritisch übernommen hat, wer die bestehende

Ordnung verteidigen will, damit nie wieder Unsicherheit aufkommt, der bleibt trotzdem von der Langeweile nicht verschont. Ob nun beim Militär, dem Zoll, im Wasserwerk, bei der Friedhofsverwaltung oder der Polizei – meist haben die jungen Beamten viel freie Zeit, um über ihre Situation, die Aufstiegschancen und Einkommensmöglichkeiten nachzudenken. Dann fallen die Entschlüsse, die dem Leben womöglich eine neue Richtung geben: Der gelangweilte Lehrer, vom Mittagsschlaf gestärkt, wendet sich der Kommunalpolitik zu. Und immer zieht es einige Polizisten, Zöllner und Wasserwerker zu den geheimen Diensten. Dort, so hoffen sie, wird ihnen das Leben beides bieten: Hundertprozentige Sicherheit als unkündbarer Beamter und wenigstens hin und wieder ein Abenteuer – mal nur eine kleine Spesenreise, mal einen Einsatz in dunkler Nacht, wenn alle anderen schlafen, mal einen schnellen Dienstwagen, mal die durchgeladene Pistole im Schulterhalfter. Kann man das nicht verstehen?

So gut die berufliche Sicherheit auch organisiert sein mag, so erfreulich sich die Alimentation entwickelt und der Aufstieg in der Hierarchie des Beamtenkörpers vorangeht – eine doppelte Angst bleibt jedem Geheimdienstler: erstens die vor dem freien Leben in eigener Verantwortung und zweitens davor, daß der Staat »umgestürzt« werden könnte, denn das wäre das Ende. Die Treue hätte keinen Partner mehr, die Besoldungsordnung wäre Makulatur, der lange Atem, der Frust, die Anpassung, alles wäre für die Katz. Den »Umsturz« hassen Geheimdienstler deshalb mehr als alles andere, und ihre führenden Köpfe haben sich nie gescheut, das deutlich auszusprechen. Betrachten wir unter diesem Gesichtspunkt einmal das Leben und Wirken des Hubert Schrübbers, der das Bundesamt für Verfassungsschutz siebzehn Jahre lang (von 1955 bis 1972) regierte, länger als jeder Präsident vor ihm oder nach ihm.

Schrübbers, 1907 im Ruhrgebiet geboren und im Alter von 71 Jahren auf einer Urlaubsreise in den Alpen gestorben, fühlte sich sein ganzes Leben lang vom »Umsturz« verfolgt. Erst half er, der brave SA-Mann, dem Führer als Staats- und Oberstaatsanwalt, das Tausendjährige Reich zu schützen. So beantragte er beispielsweise 1941 eineinhalb Jahre Zuchthaus für einen einfachen Arbeiter, weil der im Jahre 1934 dreimal zwanzig Pfennig zugunsten inhaftierter politischer Häftlinge gespendet hatte. Nachdem Hubert Schrübbers vom Nationalsozialisten zum christlichen Demokraten konvertiert war – die Zeiten hatten sich 1945 abrupt geändert – verfolgte er als Präsident des Bundesamtes für Verfassungsschutz zum Teil die gleichen Leute, die er aus seiner Zeit als NS-Staatsanwalt schon kannte. Daß er viele Leute wegen »hochverräterischer Unternehmen« ins Zuchthaus gebracht hat, fand er nicht schlimm: »Ich kann nichts Unsittliches in diesem Tatbestand als solchem finden.« Er wußte seine Staatsfeinde »im Gerichtsgefängnis gut aufgehoben«.

Als hoher Beamter der deutschen Bundesrepublik definierte er seinen Alptraum »Umsturz« folgendermaßen: »Das sind zielstrebige Unternehmungen, die eine Veränderung der verfassungsmäßigen Ordnung, der Verfassungswirklichkeit also, bedeuten.« Dem Ostblock nahm er besonders übel, daß dessen Nachrichtendienste die politische Situation in der Bundesrepublik so zu verändern trachteten, »daß die Wiedervereinigung Deutschlands im Sinne des Kommunismus möglich ist. Also dient auch die nachrichtendienstliche Initiative ...« Was würden Sie meinen? Genau: Sie dient »letztlich der Umsturzvorbereitung«. Damals, 1966, als die Deutsche Bundesrepublik schon festgefügt dastand, sah sie Verfassungsschützer Schrübbers immerzu von »Umsturzbestrebungen« bedroht. Was tun? Er half, diese Bestrebungen durch Strafverfahren »zu zerschlagen«, und er spürte dem Feind hinterher, wenn dieser – man achte auf die Wortwahl – »eingedrungen ist in die Bundeswehr, sei es in seine [sic!] Anlagen, sei es in das Personal«. Wie dringt der Feind ins Personal ein? Ein Meister des Wortes war Hubert Schrübbers nicht. Das sind die hochrangigen Verfassungsschützer selten. Einer der Gründe: Sie entstammen meist den unteren Mittelschichten, niemals der Oberschicht, die sie vorrangig vor jedwedem Umsturz bewahren wollen.

Schrübbers Vater war kleiner Kommunalbeamter der Stadt Recklinghausen, tätig für die Stadtkasse. Das ist eine sehr typische Herkunft, denn normalerweise haben die Präsidenten des Bundesamtes für Verfassungsschutz, wie überhaupt die höheren und höchsten Geheimdienstler des Staates, selbst immer einen Beamten zum Vater. Otto John, der unglückliche erste Präsident des BfV wurde von einem Vermessungsbeamten in die Welt gesetzt. Er ließ seinen Sohn studieren, damit der es mal besser haben sollte. Das hätte ihm als Rechtsanwalt gelingen können, doch 1950 lief Otto John, der sich gern als Weltmann und Grandseigneur zeigte, zum Staat über. Die Herren, die ihm im Amt folgten, stammten wie John ausnahmslos aus Beamtenfamilien: Günther Nollaus Vater war ein beamteter Baurat, auch Nollaus Nachfolger Richard Meier kam 1928 in München als Sohn eines kleinen Beamten zur Welt. Als er, erst 55 Jahre alt, den Dienst weit vor der Zeit quittieren mußte, folgte ihm Heribert Hellenbroich im Amte nach. Und was war dessen Vater? Beamter, genauer: Musiklehrer an einem Gymnasium. Als der frohgemute Hellenbroich notgedrungen und schon mit 48 Jahren dem dunklen Gewerbe Lebewohl sagen mußte – worüber im nächsten Kapitel noch einiges berichtet wird –, setzte der bayerische Löwe Franz-Joseph Strauß durch, daß ein zugewanderter Einser-Jurist aus der Münchener Staatskanzlei als Präsident das Bundesamt für Verfassungs-

Hubert Schrübbers

schutz übernahm. Der hieß Ludwig-Holger Pfahls, sein Vater war Berufssoldat, ein Beamter.

Auf den ersten Blick scheint der Umstand, daß alle sechs Präsidenten des BfV Beamtenkinder waren, eher nebensächlich, vielleicht kurios. Ein Zufall, mehr nicht. Nun ist es mit dem Zufall aber ein merkwürdig Ding. Im gewöhnlichen Leben, erläutert Meyers Konversations-Lexikon (Jahrgang 1897), gelte als Zufall alles, »für dessen Eintreten wir einen Grund nicht nachweisen können oder was nach unserer Meinung ebensogut in anderer Weise und zu anderer Zeit hätte geschehen können«. Die Schlußfolgerung daraus: »Das Zufällige steht daher dem Notwendigen, dem Wesentlichen und dem Absichtlichen entgegen.« Das ist eine eher philosophische Sicht des Problems. Man kann sich ihm aber auch mehr naturwissenschaftlich-mathematisch nähern. Dann kommt die »Wahrscheinlichkeit« ins Spiel. Sie und ihre Rechenkunststücke leiten sich alle von der Theorie des Glücksspiels ab. Da spielt der Zufall die Hauptrolle, und ihn kann der Mensch, so lehren die Wahrscheinlichkeitstheoretiker, nur grundsätzlich, aber nicht tatsächlich analysieren.

Wer als Mathematikus vom Zufall spricht, dem Wirken irgendeiner Kausalität, der äußert sich nicht zum Einzelschicksal, sondern eben zur Wahrscheinlichkeit. Beispielsweise dazu, daß über irgendeiner Gruppe von Menschen, den Rauchern etwa, schwarze Wolken aufziehen, die Hoffnung für den einzelnen Raucher aber durchaus licht ist. Aus der Wahrscheinlichkeitsrechnung lassen sich niemals Voraussagen für den Einzelfall herleiten. Das Entscheidende bleibt (genau wie beim Bikini) verhüllt. Für den einzelnen fängt die Wahrscheinlichkeit jedesmal wieder von vorne an. Es gilt die Regel, die beim Roulette so recht keiner glauben will: hundertmal hintereinander kann »Rot« gekommen sein – eine recht unwahrscheinliche

Serie, wie wir noch sehen werden –, deshalb ist »Schwarz« beim hundertunderstenmal so wahrscheinlich wie beim ersten Mal, kein bißchen mehr. Die Wahrscheinlichkeitsrechnung und die Lehre vom Zufall beeindruckt die Vernunft, wenn sie Gruppen analysiert, mehrere Tatsachen also auf ihre Zusammenhänge überprüft, und damit wären wir wieder bei den Beamtenkindern.

Im wiedervereinigten Deutschland gibt es derzeit rund zwei Millionen Beamte; der öffentliche Dienst insgesamt zählt fast sechs Millionen Köpfe. Die zwei Millionen Beamten bilden innerhalb der rund 35 Millionen Erwerbstätigen mithin eine Gruppe von knapp sechs Prozent. Wenn die Geheimdienstler einen repräsentativen Querschnitt der Gesamtbevölkerung darstellten, dann müßten rund sechs Prozent von ihnen aus Beamtenfamilien stammen – mal vorausgesetzt, daß die Beamtenschaft nicht deutlich mehr Kinder in die Welt setzt als etwa Arbeiter, Angestellte oder Freiberufler; eine Annahme, die für Deutschland im großen und ganzen zutrifft. Wenn also sechs Prozent der Geheimdienstler einen Beamten zum Vater hätten und der Aufstieg ins Präsidentenamt unabhängig von der Herkunft sich allein nach anderen Kriterien wie Talent richtete, wäre zu erwarten, daß jeder 16. Präsident des Bundesamtes für Verfassungsschutz aus einem Beamtenhaushalt stammen würde. Das wirkliche Leben ist aber anders.

Da gibt es erstens, und zwar in allen Berufen, das Phänomen der »Selbstrekrutierung«: Der Sohn eines Bauern wird mit größerer Wahrscheinlichkeit Bauer als der eines Beamten und umgekehrt. In manchen Berufen ist die Selbstrekrutierung besonders groß, Familientradition und lokale Gegebenheiten ergänzen einander. Ärzte stammen überdurchschnittlich häufig aus Arztfamilien, auch Beamtenkinder werden häufiger wieder Beamter wie der Herr Papa. Die Zahlenangaben darüber, wieviel Prozent der deutschen Beamten aus Beamtenhaushalten stammen, schwanken zwischen 10 und 30 Prozent. Das würde, projiziert auf die Situation in den Geheimdiensten, bedeuten, daß jeder 10. oder sogar jeder 3. Präsident aus einem Beamtenhaushalt stammen sollte. Die Wahrscheinlichkeit betrüge mithin $^1/_{10}$ bis $^1/_3$. Rechnen wir mit einem probaten Mittelwert, etwa $^1/_5$, dann hieße das: Man kann erwarten, daß jeder 5. Geheimdienstler, das entspricht 20 Prozent der Truppe, einen Beamten zum Vater hat.

Wenn aber sechs von sechs Präsidenten aus einer solchen staatsnahen Familie stammen, dann sind das doch plötzlich 100 Prozent, oder? So ist es, und nun wird es noch viel interessanter, weil jetzt die Wahrscheinlichkeitsrechnung wieder ins Spiel kommt. Bei der mathematischen Analyse eines Zufalls – und darum handelt es sich ja auf den ersten Blick – errechnet sich die Erwartung auf eine bestimmte Weise, nämlich so: Wenn die Wahrscheinlichkeit, daß der Präsident des BfV Beamtenkind ist, $^1/_5$ beträgt und dies auch für seinen Nachfolger gilt, dann vermindert sich die Wahrscheinlichkeit von $^1/_5$ auf $^1/_{25}$. Wahrscheinlichkeiten multiplizieren sich nämlich, in diesem Fall rechnet man Nenner mal Nenner und Zähler mal Zähler, also: $^1/_5 \times {}^1/_5 = {}^1/_{25}$. Kommen auch noch der nächste und der übernächste BfV-Präsident aus einer Beamtenfamilie, so vermindert sich die Wahrscheinlichkeit für das Eintreten dieses »Zufalls« weiter. Sie beträgt für den sechsten Beamten-/Beamtenkind-Präsidenten in Folge $^1/_5 \times {}^1/_5 \times {}^1/_5 \times {}^1/_5 \times {}^1/_5 \times {}^1/_5 = {}^1/_{15\,625}$, oder in Prozent ausgedrückt: 0,000064 %. Mit dieser Wahrscheinlichkeit handelt es sich um einen »Zufall«. Also – höchstwahrscheinlich, mit 99,999936 Prozent – hat dieser Zufall Methode: Er ist gar kein »Zufall« mehr. Die Beamten der Geheimdienste schützen vielmehr – vor allem anderen – das Berufsbeamtentum und damit ihr eigenes Einkommen und das ihrer Eltern.

An dieser Stelle soll allen, denen nun der Kopf schwirrt, der Trost Leonardo da Vincis zuteil werden: »Keine Betätigung des menschlichen Geistes kann sich wahre Wissenschaft nennen, wenn sie nicht durch mathematische Beweise fortschreitet.« Es läßt sich aber auch nicht bestreiten (und das wird die Herren von den Geheimdiensten freuen), daß manche statistische Ableitung dieselbe Funktion erfüllen kann wie der Laternenpfahl für den Betrunkenen: mehr Halt als Erleuchtung. Weil die Wahrscheinlichkeitsrechnung keine Vorhersage des Einzelschicksals ermöglicht, kann nämlich auch ein Nicht-Beamtenkind Präsident eines Geheimdienstes werden, beispielsweise Eckart Werthebach, derzeit erster Mann in Köln. Über Werthebachs Vater wird in der offiziell verteilten Biographie des Präsidenten nichts mitgeteilt. Er war Angestellter, Ingenieur bei der Firma Krupp.

Wenigstens schwört Werthebach, daß er »nie etwas anders als Beamter« habe werden wollen. Nach einem nur zweimonatigen Gastspiel bei der Bezirksregierung Unterfranken, wo er sich als Beamten-Neuling mit der Zählung von Bienenkörben abgeben mußte, zog Werthebach ins Bonner Innenministerium und machte dort zielstrebig Karriere. Wenn man als Beamter etwas werden will, muß man sich den »bürgerlichen Werten« verbunden zeigen, die von Elisabeth Noelle-Neumann zusammenfassend aufgelistet worden sind: »Der hohe Wert von Arbeit, von Leistung; Überzeugung, daß sich Anstrengung lohnt, Glaube an Aufstieg und Gerechtigkeit des Aufstiegs; Bejahung von Unterschieden zwischen den Menschen und ihrer Lage; Bejahung des Wettbewerbs, Sparsamkeit als Fähigkeit, kurzfristige Befriedigung zugunsten langfristiger zurückzustellen; Respekt vor Besitz; Streben nach gesellschaftlicher Anerkennung, Prestige, damit verbunden: Anerkennung der geltenden Normen von Sitte und Anstand; Konservativismus, um das Erworbene zu behalten; in gemäßigter Weise auch Bildungsstreben.«

Mal abgesehen von Eckart Werthebach: Die Liebe zu den bürgerlichen Werten allein macht es nicht. In den oberen Rängen aller deutschen Geheimdienste grassiert eine »Aufstiegsneurose«, eine Art neue Managerkrankheit. An ihr leiden überdurchschnittlich häufig die Kinder der »vorwärts« strebenden Familien: »Unsere Kinder sollen es einmal besser haben als wir« – dieses Motto ehrgeiziger Eltern schafft eine neurotisierende Atmosphäre, in der schon in jungen Jahren der Bewegungsdrang und die Aggressionen unterdrückt werden. Viele Aufsteiger sind unfähig, ihre aggressiven Strebungen – die jeder Mensch hat – angemessen zu verarbeiten. Deshalb können sie Konkurrenz- und Rivalitätsprobleme nicht richtig lösen. Manche stellen illusionäre Ansprüche an sich selbst, andere erweisen sich als unfähig, die eigenen Wünsche zu verwirklichen. Der soziale Aufstieg allein macht freilich keine Neurose, es muß eine (meist familiär bedingte) Disposition hinzukommen. Eine starke Ehrgeiz- und Leistungshaltung äußert sich häufig auch in übertriebener Sauberkeit und Ordnungsliebe, Sparsamkeit bis zum Geiz, Pedanterie, Hang zum Perfektionismus und in Vergewisserungs- und Grübelzwängen. Bei vielen dieser Beamten stellen sich Organbeschwerden ohne nachweisbare Veränderungen, nervöse Schlafstörungen, Verstimmungszustände und Leistungsschwäche ein. Kurzum: Die Männer aus den unteren Sozialschichten erkranken am allzu raschen Aufstieg und am Erfolg, der sie überfordert. Deshalb beschäftigen alle deutschen Geheimdienste hauseigene Psychologen.

Übrigens: Ganz oben, auf der Ebene der Präsidenten, ist man, wie Werthebach, gesund und guter Dinge. Von der Neurose gezwickt und gezwackt werden vor allem die Herren, deren Aufstieg entgegen eigenen Intentionen dann doch nicht so richtig klappt. Sie schütten ihre Sorgen gern in ein Gläschen Wein, auch deshalb, weil Angst in Alkohol löslich ist.

Oberst Walther Nicolai, der legendenumwobene Chef des deutschen Nachrichtendienstes im ersten Weltkrieg, hat behauptet: »Die geheime Aufklärung ist ein Dienst, der nur Herren vorbehalten ist.« Das sah das Kriegsministerium des deutschen Kaisers 1906 noch ganz anders und wohl zutreffender: Es weigerte sich, qualifizierte Generalstabsoffiziere zum geheimen Nachrichtendienst abzukommandieren, denn aus »Rücksicht auf die besonderen Standesverhältnisse« verbiete es sich, diese Männer im Nachrichtendienst »mehrere Jahre hindurch dem dauernden Verkehr mit Persönlichkeiten zweifelhaften Rufes auszusetzen.« Vielleicht ist das einer der Gründe, weshalb die Bundesregierung an die Spitze des Bundesamtes für Verfassungsschutz und des Bundesnachrichtendienstes neuerdings zwei Männer gestellt hat, die nicht »von der Pike auf« in den Geheimdiensten gelernt haben...

Die fünf ersten Präsidenten des BfV mußten allesamt vor der Zeit ihre Präsidentensuite räumen. In Pullach bei München residiert jetzt erstmals in der Geschichte deutscher Geheimdienste als Präsident ein Mann, der seine Karriere als Parlamentarier begonnen hat: Konrad Porzner. Kein Grund aber, die gewonnenen Erkenntnisse über Präsidenten umzustürzen – Konrad Porzner, Jahrgang 1935, ist Beamter vom Scheitel bis zur Sohle, sein Vater war Lehrer, seine Frau ist Lehrerin, und er..., er war auch Lehrer. Zuvor hatte der Franke aus dem Kreise Feuchtwangen von 1954 an in Erlangen Wirtschaftswissenschaften und Geographie studiert. Das war die Zeit des Wirtschaftswunders, für das Ludwig Erhard, ein anderer Franke, laut trommelte. In Porzners Lebensraum eröffneten sich zu jener Zeit für studierte Wirtschaftswissenschaftler große Perspektiven. Er hätte beispielsweise zum Fabrikanten Max Grundig gehen können, einem Mann, der aus einem kleinen Radioladen einen Riesenkonzern machte (und im Laufe seines Lebens 15 Milliarden DM Einkommenssteuer zahlte).

Doch Wirtschaftswissenschaftler Konrad Porzner zog es, mitten im Wirtschaftsboom, als Lehrer an ein Gymnasium. Hic Rhodos, nix salta. Er ist ein braver Mann mit vielen Sorgenfalten, guckt immer fürchterlich ernst durch seine Brille. Bundeskanzler Helmut Kohl schätzt ihn, obwohl Porzner für die SPD im Bundestag saß. Diese korrekte Beamtenseele trägt jeden Dienstag in Bonn dem Staatsminister im Bundeskanzleramt, Bernd Schmidbauer, die »nachrichtendienstliche Lage« vor, das Geheimste vom Geheimen. Schmidbauer war früher..., ja, Schmidbauer war auch Lehrer. Die beiden Schulmeister setzen, wenn es nötig wird, den Herrn Bundeskanzler Helmut Kohl ins Bild. Wenigstens der war niemals Lehrer, aber auch er ist der Sohn eines kleinen Beamten.

Kapitel V
Schau uns einverständlich in die Augen!

Kamerad Heribert Hellenbroich, Ex-Präsident und Patron der kleinen Leute

19 Jahre lang hat Heribert Hellenbroich hauptberuflich das deutsche Grundgesetz geschützt und vier Wochen den Bundesnachrichtendienst kommandiert. Dann war alles vorbei: keine gepanzerten Limousinen mehr und kein Dienstflugzeug, keine Top-Secret-Tips vom CIA, Schluß mit den aufmerksamen Chefsekretärinnen, den geheimen Dienstbesprechungen, der stimulierenden »Lage« im Kanzleramt, den braven Bodyguards. Heribert Hellenbroich wurde, Ende August 1985, damals gerade 48 Jahre alt, lieblos in den einstweiligen Ruhestand versetzt. Und im Ruhestand ist er immer noch, versorgt mit einer Pension nach B 9, ohne Spesen, Einfluß oder Orden, aber geliebt von den Dunkelmännern, Schlapphüten und Plattfüßen *aller* deutschen Dienste. Hellenbroich war und bleibt einer der ihren, ein Kamerad, auf den Verlaß ist, ein Geheimdienstler von richtigem Schrot und Korn. Deshalb macht er auch die schönsten Fehler – 1985 pfiff er auf die Vorsichtsregel »Deckung geht vor Wirkung«; 1992 erinnerte der unfreiwillige Ruheständler, nach Osten aufgebrochen, seine Fans an die Maxime des legendären Heerführers Oliver Cromwell: »Niemand geht so weit, wie wer nicht weiß, wohin er geht.«

Heribert Hellenbroich ist aus Köln, man hört es, und man sieht es. Die Haare so schwarz wie die Römer, die einst in Colonia ihre Kastelle hochzogen; die Augen nach Osten gerichtet, wo früher der Gegner sich tarnte und nun so viele neue Kameraden des Zuspruchs und der Hilfe harren; das Kreuz breit, sein Fell dick. Das braucht er auch, denn Heribert Hellenbroich kriegt immer noch viel Prügel.

Im Frühjahr 1992 hatte der einstige Verfassungsschutzpräsident behauptet, im Bundestag sitze ein Abgeordneter, der früher Minister gewesen sei und gleichzeitig als Stasi-Agent gearbeitet habe. Hellenbroich konnte aber nur das Roß nennen, nicht den Reiter. Womöglich hatten ihm die neuen Stasi-Kameraden im Osten auch nur einen Bären aufgebunden. Weil Hellenbroich der dubiosen Geschichte durch vollmundige Interviews viel Leben eingehaucht hatte und außerdem verbreitete, der »Top-Agent« arbeite jetzt für die Nachfolgeorganisation des KGB, lud ihn der Generalbundesanwalt zur Vernehmung nach Karlsruhe. Das wurde ein rechter Canossagang für den alten Nachrichtendienstler, denn der Herr Generalbundesanwalt ließ es sich nicht nehmen, den redseligen Reisenden öffentlich vorzuführen. Es half Hellenbroich nichts, daß er sich auf ein »journalistisches« Zeugnisverweigerungsrecht berief und sich weigerte, die Namen seiner Informanten zu nennen. Immerhin hatte er öffentlich schon eingestanden, daß er sich mit seinem alten Gegenspieler Markus Wolf getroffen und von Spion zu Spion – oder: von Kamerad zu Kamerad – gesprochen habe.

Gewöhnlich bleibt unter der Decke, was Agenten sich zu sagen haben und wie sie das tun. Im Falle Hellenbroich/Wolf hat der Generalbundesanwalt Alexander von Stahl sich aber offenbar einen Jux daraus gemacht, der Öffentlichkeit alle Details erläutern zu lassen. Danach hat Heribert Hellenbroich bei seiner Vernehmung erklärt, »er habe lediglich aus den Reaktionen seiner Gesprächspartner auf seine Fragen geschlossen, daß ein unter dem Bundeskanzler und über der Ebene der Abgeordneten angesiedelter Politiker im Spionagedienst gestanden« habe. Aus welchen Reaktionen merkt man das? Heribert Hellenbroich hat seinen Vernehmern drei verschie-

Heribert Hellenbroich

dene Reaktionen genannt, und die haben sie der Öffentlichkeit mitgeteilt: Es handelt sich um die weithin bekannten Gesprächsreaktionen »Lachen«, »Schulterzucken« und »einverständliches In-die-Augen-Sehen«.

Das muß man sich mal vorstellen! Die beiden Herren sitzen gemütlich im Sessel. Der Mitfünfziger aus Köln am Rhein redet und redet, der Endsechziger lacht und zuckt die Schultern und schaut ihm einverständlich tief in die Augen. Ob sich Heribert Hellenbroich früher, als er noch Präsident der beiden großen bundesdeutschen Geheimdienste war, klüger angestellt hat? Ob er seine Top-Secret-Informationen damals auf die gleiche Weise gewann? Oder ob er sich etwa tölpelhafter aufgeführt hat, denn er war ja jünger und mithin unerfahrener? Jetzt ist er ein alter Hase seines Gewerbes: Oder ist er nur ein Blinder, der eigentlich nicht Augenarzt sein dürfte?

Für Peter Struck, den parlamentarischen Geschäftsführer der SPD-Bundestagsfraktion ist der CDU-Mann Hellenbroich jedenfalls nur ein »Schaumschläger«. Damit er fürderhin nicht mehr so viel Wind macht, verlangte Struck, daß sich Hellenbroich binnen einer Woche offiziell beim Deutschen Bundestag für die haltlosen Behauptungen entschuldigt. Außerdem forderte der SPD-Mann die Bundesregierung auf, »alle Möglichkeiten für disziplinarrechtliche Maßnahmen zu ergreifen, damit ihm ein angemessener Teil seiner staatlichen Pension gekürzt werden kann«. Das ist, wie das Leben so spielt, im Sande verlaufen... Der gedeckelte Ruheständler ist wieder gut drauf, und das heißt bei ihm: Er schaut sich im Beitrittsgebiet um, denn das hat er, solange er von Köln und Pullach die DDR ausspähte, ja niemals betreten. Jetzt offeriert Hellenbroich als Chef und Geschäftsführer eines überregionalen Security-Unternehmens der Gesamt-Berliner BVG 90 ausgebildete Schutzhunde. Die sollen Sicherheit schaffen: »Es genügt in den meisten Fällen, den Maulkorb eines Tieres abzunehmen, und schon herrscht Ruhe im Waggon«, lobt Hellenbroich seine neuen Mitarbeiter.

Viel Gutes berichtet Hellenbroich auch von den alten Kameraden des Staatssicherheitsdienstes: »Das MfS war doch das einzige, was in der DDR effektiv funktioniert hat.« Deshalb hat er mit einem Ex-Stasi-Offizier im besonderen Einsatz, einem »OibE«, gemeinsam das »Internationale Institut für Wirtschaftssicherheit zu Berlin« gegründet. Der OibE heißt Ehrenfried Stelzer, und mit ihm tut Hellenbroich, der »in seinem Herzen ein Mann vom Nachrichtendienst« geblieben ist, ein gutes Werk: »Wenn wir alte Stasi-Leute, die wirtschaftliche Befähigung haben, weiter ausgrenzen, werden sie unzufrieden, und es wächst ein nicht zu unterschätzendes Gefahrenpotential heran.« Deshalb hat der kontaktfrohe Kölner schon so manchem Kameraden von der »Intelligence Community« mit Rat und Tat beigestanden: »Ich habe vielen Stasi-Leuten geholfen, die in Existenznöten waren.« Er hat ihnen einen Job bei der Industrie verschafft oder durch Fürsprache erreicht, daß sie am neuen Arbeitsplatz auch nach Enttarnung bleiben durften.

Im Herbst 1992 läßt Hellenbroich die Öffentlichkeit wieder in seine Karten sehen. Er erinnert sich an seine »Erfahrung als BND-Chef mit Ex-Stasi-Offizieren« und sagt, ohne jedes Wenn und Aber, deren Verhalten voraus: »Sie lügen nicht. Bevor sie etwas Falsches sagen, schweigen sie lieber.« So wie Markus Wolf oder/und die anderen Gesprächspartner, die Hellenbroich durch »einverständliches In-die-Augen-Sehen« (und durch Schweigen) für sich eingenommen haben.

Daß Hellenbroich nun als Privatmann durch die neuen Bundesländer tingelt, statt die Herren MfS-Generäle in einem repräsentativen Präsidenten-Dienstzimmer zu empfangen, verdankt er seinem Kameraden Hansjoachim Tiedge. Der war ein

Spezl aus früher Zeit, Jurastudent in Köln wie Heribert Hellenbroich. Beide interessierten sich für Polizeifragen und die Kriminalistik, was unter talentierten Juristen als degoutant gilt. Die Herren mit den guten Noten werden, wenn es sie zum Staat drängt, Richter. Befriedigende Leistungen befähigen noch zum Staatsanwalt. Wer größere Schwierigkeiten mit den Worten und Begriffen des Rechtswesens hat, dem bleibt bei Vater Staat meist nur der Strafvollzug oder eben das geheime Nachrichtenwesen. »Speziell in den fünfziger und sechziger Jahren«, seufzt Dr. Hermann Borgs, früher ein hochrangiger Verfassungsschützer und jetzt Richter am Bundesverwaltungsgericht, »gehörte der Verfassungsschutz nicht gerade zum vorrangigsten Berufsziel der intellektuellen Elite.« Wohl wahr. Zumindest Kamerad Tiedge war eher ein Mann des prallen Lebens. Der Kölner Karnevalsgesellschaft »Die Großen von 1823« diente er als Senator. Tiedge aß für zwei, trank für drei, prügelte hin und wieder seine Frau und galt bei Wirten und Nachbarn als »Sicherheitsrisiko«.

Hellenbroich und Tiedge hatten Mitte der sechziger Jahre beim Verfassungsschutz angeheuert und erwischten beide den Lift. 1966 mühten sich im Bundesamt für Verfassungsschutz 900 Mitarbeiter für eher bescheidene 20 Millionen Mark. Als Hellenbroich und Tiedge 1985 den Schutz des Grundgesetzes aufgaben, hatte das Amt 2175 Mitarbeiter, und es kostete den Steuerzahler pro Jahr mindestens 176 Millionen Mark. Die beiden Kameraden profitierten auf das schönste von der Expansion ihrer Bundesoberbehörde und von drei Grundregeln der Bürokratie: Nichts ist so einfach wie es aussieht; alles dauert länger als man denkt; alles kostet mehr als veranschlagt. Ihr Lebenslauf legt den Verdacht nahe (beweist ihn aber nicht), daß die beiden Herren am Ende vom »Peter-Prinzip« eingeholt wurden. Dieses wichtige Theorem geht auf den amerikanischen Wirtschaftswissenschaftler Laurence Peter zurück und lautet: »In einer Hierarchie steigt jeder Beschäftigte bis zu seiner Stufe der Unfähigkeit auf« – kommt also so lange beruflich voran, bis er eine Position erreicht hat, die ihn überfordert.

Zu Tiedges Ehrenrettung, er wurde im Mai 1988 an der Gesellschaftswissenschaftlichen Fakultät der (Ost-)Berliner Humboldt-Universität mit einer streng geheimen, unterhaltsam-maliziösen Arbeit zum Dr. jur. promoviert, muß gesagt werden, daß er kein dummer, sondern ein sehr unglücklicher Mensch ist. Tiedges akademischer Gutachter war übrigens Ehrenfried Stelzer, der OibE, mit dem Kamerad Hellenbroich jetzt gemeinsam das »Internationale Institut für Wirtschaftssicherheit zu Berlin« betreibt; »selbstlos«, so steht es in der Satzung.

Als Hellenbroich und Tiedge das Verfassungsschutzamt enterten, war es zwar keine Hochburg der intellektuellen Elite, aber, wie der bayerische Bullerkopf Franz-Joseph Strauß später mutmaßte, »ein fideles Haus«. Man kämpfte dort nicht nur, wie es der »Polizeibrief« der drei westlichen Militärgouverneure an den parlamentarischen Rat im April 1949 befohlen hatte, gegen alle »umstürzlerischen, gegen die Bundesregierung gerichteten Tätigkeiten«. Man bekämpfte auch den Alkohol, die Langeweile und den Bürokratentrott. Tiedge und Hellenbroich nahmen an Observationen teil, in vorderster Reihe. Das war für Akademiker des höheren Dienstes ein ungewöhnliches Verhalten, trug den beiden jedoch viel Sympathie ihrer nachgeordneten Agenten ein. Hellenbroich bekämpfte zuerst den Rechtsextremismus, dann die Ost-Spione. In diesem Amt folgte ihm später Kamerad Tiedge nach. 1981 wurde Hellenbroich Vizepräsident des Bundesamtes, im Mai 1983 sein Präsident. Tiedge setzte derweil Speck an, am Ende wog er gut zweieinhalb Zentner. In einer hellen Sommernacht des Jahres 1985 verdünnisierte sich der dicke Kamerad und Karnevalist auf geheimnisvolle Weise nach Osten, diverse leere Gläser in Köln zurücklassend. Vier Wochen später war Hellenbroich im vorzeitigen Ruhestand, denn er hätte das Desaster kommen sehen müssen.

Hätte er das? Damals gab es im »fidelen Haus« zu Köln mindestens 30 schwerkranke Alkoholiker. Doch auch die Nüchternen trieben viel Allotria. Seit der Studentenrevolte und den rauhen RAF-Zeiten waren dem Bundesamt für Verfassungsschutz neue Aufgaben zugewachsen, aber auch viele neue Männer. Alle Wünsche nach modernen Computern, schnelleren Dienstwagen, großzügigen Spesensätzen und der Höherstufung – das vor allem – wurden von den Politikern umgehend erfüllt. Zwar gab es ein dichtes Netzwerk interner Vorschriften, doch galt andererseits die Lebensregel des ehemaligen CSU-Innenministers Hermann Höcherl, daß ein Verfassungsschützer nicht den ganzen Tag mit dem Grundgesetz unterm Arm herumlaufen könne. Dank der schönen neuen Elektronengehirne sammelte man im großen Stil »Informationen, insbesondere von sach- und personenbezogenen Auskünften, Nachrichten und Unterlagen«, ganz so, wie es das Gesetz befiehlt. Irgendeine Straftat oder ein bestimmter Verwendungszweck sind dafür nicht erforderlich.

Ein großes Geschäft wurden auch die »Sicherheitsüberprüfungen«. Immer häufiger mußte man mit den »Geheimschutzbeauftragten« im Behördenbereich und den »Sicherheitsbeauftragten« der freien Wirtschaft zusammenarbeiten. Allerdings waren die Sicherheitsbeauftragten der Wirtschaft sehr zur Enttäuschung der Kölner Verfassungsschützer gar nicht daran interessiert, in ihrem jeweiligen Konzern einen Ost-Spion zu fangen. Zehntausende von Sicherheitsüberprüfungen brachten keinen einzigen namhaften Industrie- oder Rüstungsspion zur Strecke. Mitte der achtziger Jahre, als die großen Hellenbroich-Tiedge-Zeiten so abrupt zu Ende gingen, tummelten sich in der

Bundesrepublik 3 000 bis 5 000 Ost-Spione. Jedes Jahr wurden 600 bis 700 hoffnungsvolle Nachwuchsleute angeworben, und hin und wieder konnte man auch einen fangen. Die meisten freilich waren »Selbstgesteller«.

Mit dem Fangen tat man sich aus vielen Gründen schwer. Weil der deutsche Verfassungsschutz als einziger Staatssicherheitsdienst der Welt föderal aufgebaut ist, muß man sich die Arbeit teilen. Die Kölner Bundesoberbehörde widmet sich vornehmlich einem Geschäft, das sie »Auswertung« nennt. Die Landesämter für Verfassungsschutz betreiben vornehmlich Informationssammlung. Weil man sich häufig in die Quere kommt, hat der früher für die Spionageabwehr zuständige »G-Leiter« des Bayerischen Landesamtes die Kölner schon mal fernschriftlich wissen lassen, er werde »Agenten des Bundesamtes für Verfassungsschutz« bei erneuter Einreise in Bayern festnehmen lassen, wenn er nicht vorher davon unterrichtet werde.

Besondere Freude machten zu Hellenbroichs Zeiten dem Amt verschiedene Varianten der »Rasterfahndung«. Sie hieß nicht so, denn das hätte nur Ärger bedeutet. Man suchte also nicht nach »Merkmalen« oder »Kriterien« – wie etwa das Bundeskriminalamt –, sondern nur nach »Auffälligkeiten«. Im Effekt lief es auf dasselbe hinaus. Eine »Suchoperation«, definiert als neue Methode der Spionageabwehr, galt bald als erfolgversprechender als die herkömmliche Untersuchung eines Verdachtsfalles. Mit den Verdachtsfällen tut man sich im Geheimdienst immer besonders schwer. Was soll man mit einem anonymen, denunziatorischen Brief tun, der keine harten Fakten enthält? Die Kölner Verfassungsschützer, als brave Beamte auch immer auf der Hut vor »too much work«, entschieden sich meist dafür, den Verdacht in der Registratur zu beerdigen. Dafür gab es das Aktensachgebiet ASG 105, für »Fälle ohne erkennbare nachrichtendienstliche Relevanz«. Ganz generell, so werden die Verfassungsschützer von ihren jeweiligen Vorgesetzten aufgeklärt, gelte im Nachrichtendienst jedoch eine niedrigere Verdachtsschwelle als im politischen Alltag.

In Wahrheit, so hat Ruheständler Hellenbroich inzwischen zugegeben, ist jede Tätigkeit in einem Nachrichtendienst »hochpolitisch«. Damit nimmt er Abschied von der Fiktion, die Beamten seien nur Staatsdiener, höchstens noch Diener der Politik. In Wirklichkeit hatten alle Präsidenten der deutschen Nachrichtendienste sehr dedizierte eigene politische Vorstellungen, die sie mit ihren Mitteln durchzusetzen trachteten. Sie scheuen jedoch das Risiko, welches jede politische Betätigung mit offenem Visier in sich birgt: Man ist wählbar und in Grenzen sogar abwählbar und rechenschaftspflichtig.

Vier Wochen vor dem Tiedge-Desaster wechselte Hellenbroich als Präsident vom »Amt« zum »Dienst« – von dem eher biederen Kölner Verfassungsschutzamt zum größeren, reputierlicheren Bundesnachrichtendienst. Der Unterschied zwischen Amt und Dienst läßt sich mühelos erkennen, wenn man Fernmeldebeamte der beiden Geheimdienstorganisationen in Aktion erlebt. Die vom Kölner Bundesamt sehen aus wie von der Post. Die Pullacher Techniker verbreiten militärisches Flair. Sie sind, ganz im Gegensatz zu ihren rheinländischen Kollegen, meist auch noch polyglott. In den oberen Etagen des Pullacher Dienstes fehlt es nicht an Adligen, an Generälen und Dunkelmännern aus guten Familien. An der Qualität der Arbeit und dem Erfolg ändert das übrigens nichts.

Heribert Hellenbroich, der die eine Arbeit sehr lange und die andere nur ganz kurz machen durfte, schließt in die Intelligence Community inzwischen auch die Kameraden der Stasi ein. Die ostdeutsche nachrichtendienstliche Tätigkeit habe sich von der westdeutschen, rein professionell betrachtet, doch überhaupt nicht unterschieden: »Was haben wir, der BND, denn anders gemacht?« Inzwischen hat Hellenbroich seinem alten Wahlspruch – »Mein Gegner heißt Markus Wolf« – Lebewohl gesagt. Die beiden sitzen jetzt gemeinsam – nein, nicht im Knast –, sie sitzen gemeinsam auf dem Sofa, einander einverständlich in die Augen schauend.

Schlapphut-Alltag zwischen Trug und Trott

Die Volksrepublik China, das letzte große Reich, dem die deutschen Kommunisten Marx und Engels die Richtung weisen, ist für unsere Geheimdienste sakrosankt. Die Telefone der chinesischen Diplomaten in Deutschland dürfen nicht abgehört werden, »Lauschangriffe« durch die Plazierung von Wanzen sind absolut tabu. Selbst der Verdacht, man wäre dem »legalen Residenten« auf der Spur, also dem Chef aller chinesischen Spione in Deutschland, getarnt (»legalisiert«) durch seinen Diplomatenpaß, selbst dieser Verdacht bewirkt gar nichts. Dabei sind die Chinesen große Meister der Spionage, seit Tausenden von Jahren. »Über die Götter erfährt man etwas durch Wahrsagerei«, lehrte Mei Yao-Ch'en, Mitglied der kaiserlichen Akademie, »die Gesetzmäßigkeiten von Himmel und Erde lassen sich berechnen, doch bei einem Gegner muß man einen Spion einsetzen.«

Daß die Chinesen für Deutschlands Verfassungsschützer und ihre Spionageabwehr seit 1983 tabu sind, hat einen simplen Grund: Es gibt mindestens 1300 Millionen Chinesen (und jeden Tag werden es mehr), ihre Regierung ist stolz und eigensinnig. Mit dem Großen Drachen treibt man besser keine Späßchen. »Bescheidenheit bewirkt, daß man Fortschritte macht«, hat schon der weise Mao Tse-tung die Kleinen ermahnt. Außerdem sind die Chinesen tendenziell Großverbraucher deutscher Industrieprodukte. Davon lebt die Republik. Wenn es um große Geschäfte geht, hat der Nachrichtendienst sein Recht verloren.

Aber es gibt ja auch noch ganz kleine Völkchen, zum Beispiel das turkotatarische Volk der Bulgaren auf dem Balkan, neun Millionen Menschen zählt es. Deren Botschaft wurde vom Bundesamt für Verfassungsschutz jahrelang routinemäßig abgehört. Die G-10-Genehmigungen gab es alle Vierteljahre ohne jede Schwierigkeit. Vorsichtshalber verschwieg die Kölner Zentrale bei ihren Anträgen, daß dem Amt ein Übersetzer für die bulgarische Sprache nicht zur Verfügung stand. Das Abhören war l'art pour l'art.

Andere deutsche Beamte, dem Bundesgrenzschutz und seinem Funkbeobachtungsdienst zugeordnet, verbringen ihre Zeit damit, den geheimnisvollen »Führungsfunkverkehr« aus Richtung Osten aufzuzeichnen. Er dient der Information von Agenten und Spionen, die in Deutschland einsam auf Nachrichtensuche sind. An mindestens vier Orten, so hat Überläufer Hansjoachim Tiedge verraten – nämlich in Heimerzheim, in Lübeck, Leer und Rosenheim –, unterhält der Funkbeobachtungsdienst des Bundesgrenzschutzes Aufzeichnungseinrichtungen. Gemeinerweise kommen die rätselhaften Funksprüche verschlüsselt an, als Fünfergruppen von Zahlen. Weil jeder Agent individuelle Überschlüsselungszahlen hinzuaddiert, bekommt man im Bundesamt zu Köln die Befehle aus dem Osten nicht mit.

Es kann auch sein, daß die Gegenspieler ihre deutschen Kollegen durch »Blindsprüche« zum Narren halten. Sie gelten keinem fremden Späher, sondern sollen lediglich den Eindruck suggerieren, daß auch Usbeken, Kasachen und Tadschiken im geheimdienstlichen Eifer nicht nachgelassen haben. Blindsprüche haben die häßliche Eigenschaft, als Füllmaterial die Auswertung zu verstopfen und lahmzulegen. Aber natürlich muß man alles aufzeichnen, weil zwischen dem Nonsens womöglich eine Nachricht steckt, die in zehn Jahren einen Aha-Effekt auslösen könnte. Weggeschmissen wird gar nichts ...

Aber es kommt auch nicht alles, was Geheimdienstler aufwendig recherchieren, am Ende ans Licht. Eine dreiviertel Million Mark wendete das Kölner Bundesamt auf, um einen homosexuellen Generalmajor zu überführen. Der Offizier soll für den tschechoslowakischen Geheimdienst gearbeitet haben, und der Tip, daß es so sei, stammte von der französischen »Direction Générale de la Sécurité Extérieure«, der DGSE. Die ist dafür bekannt, daß sie in Paris, der Hauptstadt der Liebe, vor allem nachts darauf achtet, wer mit wem und ob überhaupt. Die Homosexualität des Generals wurde von der geschiedenen Ehefrau bestätigt. Sie warnte zugleich vor der Gefahr, daß der Soldat, wenn seine Veranlagung bekannt würde, die Waffe gegen sich selbst richten werde. Ein toter General und keine handfesten Beweise – solch ein Fall fehlte dem Bundesinnenminister gerade noch. Das könnte das Ende einer großen, mühsam aufgebauten Karriere sein. Lieber nicht! Die Hatz wurde, ohne daß der Krieger je etwas von ihr gemerkt hätte, sicherheitshalber abgeblasen. Denn die Dienstherren des BfV, die Bundesinnenminister, wünschen sich aus Köln nicht in erster Linie Informationen. Sie hoffen vielmehr inständig, daß alles ruhig bleibt: Die Verfassungsschützer sind die Lunte am Sprengsatz jeder großen Bonner Karriere.

Was wäre beispielsweise, wenn herauskäme, daß die Verfassungsschützer ausgerechnet einen Abteilungsleiter des Bundesnachrichtendienstes monatelang beschatten (weil die CIA ihn für einen Mann der Russen hält), dabei aber weiter nichts entdecken, als daß der verheiratete noble Herr hin und wieder ein luxuriöses Etablissement aufsucht. Hat der Bürger nicht, auch wenn er im Nachrichtendienst arbeitet, ein Recht auf Abstinenz staatlichen Handelns in seiner Privatsphäre? Hat er, zumindest theoretisch. In diesem Fall also: Finger weg, Akten zu, Schluß, aus, Ende.

Riskant, und meist auch vergeblich, ist der Einsatz sogenannter »Nahbeobachter«. Wenn die Befragung diverser Computer – darunter besonders gern des Zentralcomputers der

Sozialversicherung in Würzburg –, nichts erbringt, und man die Verdachtsperson am liebsten langfristig am Arbeitsplatz im Auge behalten würde, versuchen die Geheimdienstler gern, einen Nahbeobachter zu gewinnen. Da es in Deutschland jetzt nur noch 5 000 V-Männer gibt (mehr dazu auf Seite 183), muß man in der Regel für die Nahbeobachtung einen neuen Vertrauensmann anwerben. Das kostet Geld und Zeit, die vor allem: Nachfrage im hauseigenen NADIS-Computer, beim Bundeszentralregister, in den Meldeunterlagen, beim Schuldnerverzeichnis; Nachfrage bei den Nachbarn, am liebsten auch ein Blick in die Personalakten.

Um diesem Aufwand zu entgehen, hielt sich das Hamburger Landesamt für Verfassungsschutz hauptamtliche Nahbeobachter, die nicht im offiziellen Gebäude des Dienstes untergebracht waren. Bei Bedarf versuchte man, sie an die Verdächtigen »heranzuspielen«, ein spesenreiches Gewerbe, das auch die Leber ordentlich belastet. Den meisten Nahbeobachtern macht der Job aber viel Freude, können sie sich doch in schicken Rollen üben, die über ihrem sozialen Status liegen – mal sind sie Geschäftsmann, mal Porschefahrer und Weiberheld. Und dabei heimlich lebenslang alimentiert als unkündbarer Beamter, ach, wie gut, daß niemand weiß, daß ich Amtsinspektor heiß (Besoldungsgruppe A9). Von einer Korrelation zwischen Nahbeobachtung durch kostümierte Staatsdiener und dem Erfolg ist bisher nichts bekannt geworden.

Der Mißerfolg ist aber kein deutsches Monopol, wie die CIA-Anekdote beweist, die an dieser Stelle erzählt werden muß: Der neue Mann in Moskau kann alles, was ein Russe kann. Er säuft Wodka aus den großen Gläsern, immer sto Gramm. Doch der Wirt bleibt skeptisch: »Du bist aber kein Russe.« Er schlägt die Balalaika und schluchzt Wolga-Lieder. Ohne Erfolg: »Du bist kein Russe«, sagen seine Zuhörer.

Schließlich tanzt er wie ein Kosak. Große Begeisterung. Aber, seine Zuschauer urteilen: »Du bist trotzdem kein Russe.« Der amerikanische Agent ist völlig verzweifelt. Alles, was man ihm so mühsam beigebracht hat, soll umsonst gewesen sein? »Sagt mir ehrlich«, bittet er, »woher wollt ihr wissen, daß ich kein Russe bin?« Er hat Tränen in den Augen. Da endlich sagt man ihm die Wahrheit: »Es gibt keine russischen Neger.«

In der »Schule für Verfassungsschutz«, wo jeweils 80 junge deutsche Agenten auf das Leben mit den doppelten Identitäten und der Lüge vorbereitet werden, hat man im Keller drei Trainingsräume ausgebaut, ein Wohnzimmer, ein Büro und, als schönstes, eine Bar. Hier übt der Nachwuchs, wie man »menschliche Quellen« anzapft und abschöpft. Die jungen Beamten, so hofft der Schulleiter, sollen lernen, »elegant und sicher« aufzutreten. Deshalb bringt man ihnen die »psychologische Körpersprache« bei und eine »nondirektive Gesprächstechnik«. Damit sollen sie später über die Runden kommen, und das alles bei »Wahrung der Nachrichtenehrlichkeit«. Denn das ist das Problem: 008 muß in seinem Kopf ja nicht nur die verschiedenen Wahrheiten auseinanderhalten können, es soll ihm auch gelingen, dauerhaft und treu zum deutschen Grundgesetz zu stehen.

Die Erosion der Loyalität ist im Dunkelmännergewerbe jedoch schwer aufzuhalten. Kameradschaftliche Kegelabende allein schaffen es nicht. Auch Indoktrination – das Beispiel Stasi belegt es – ist kein Heilmittel: 1990, noch vor der Wiedervereinigung, überlegte die Hauptverwaltung Aufklärung, wie man als Ganzes mit Mann und Maus und Akten zur Regierung in Bonn überlaufen könnte. Erstrebte Gratifikationen des verbeamteten Überlebenswillens waren Amnestie, Haus und Rente. Vielleicht, weil besser noch, sogar Weiterbeschäftigung im gelernten Beruf.

Alle Spione beschäftigen sich am liebsten mit den jeweils anderen Diensten und den Querelen im eigenen Amt. Damit die sich in Grenzen halten, müssen die Nachwuchsagenten des Verfassungsschutzes und des Bundesnachrichtendienstes (der auch eine eigene Schule betreibt) während der Ausbildung vor allem viel Papier lesen; Gesetze, Vorschriften, Dienstanweisungen, Erlasse, geheime, halbgeheime und öffentlich zugängliche Texte. Diese Vorschriftensammlungen, dicker als die Bibel, nennt man in der Schule für Verfassungsschutz »das blaue Wunder«. Doch bevor die Verästelungen der Bürokratie näher betrachtet werden, soll die Rede sein von etwas, was den Geheimdienstlern aller Kontinente wirklich Spaß macht, dem »Beschatten« oder, vornehmer ausgedrückt, der »Observation«.

Observation: Erkannt? Verbrannt?

Das Leben kann so schön sein! Ein gut gewartetes Auto zur freien Verfügung, dezent in der Farbe, aber PS-stark unter der Haube, vollgetankt auf Staatskosten. Standheizung, Schiebedach, Spiegel rechts und Spiegel links, im Handschuhfach das versteckte Telefon, die »Ein-Aus-Schaltung« verdeckt am Kardantunnel. Der leistungsstarke Sender verborgen zwischen Rückbank und Kofferraum, unsichtbar für Freund und Feind. Und immer unter guten Kameraden, mal sieht man sie von Ferne, mal hört man sie ganz nah. Observieren ist Teamarbeit, sagt der Truppführer, Dienstgrad Amtsinspektor (Besoldungsgruppe A9).

Gewöhnlich kommandiert er vier bis fünf Autos mit acht bis zehn Mann, jüngere Beamte, nicht so alte Tatterväter, die sitzen am Schreibtisch. Der stellvertretende Truppführer ist Regierungshauptsekretär (Besoldungsgruppe A8), und die anderen Herren haben bei Vater Staat gerade erst angefangen, sind deshalb Regierungsassistent oder Obersekretär (A7). Allein die Spionageabwehrabteilung des Bundesamtes für Verfassungsschutz beschäftigt gut 100 Observateure. Und natürlich haben auch die anderen Abteilungen der Kölner Zentrale beamtete Beschatter unter Vertrag, auch ganz geheime, die notfalls die Beschatter beschatten. So ist es auch in den Landesämtern für Verfassungsschutz und beim BND in Pullach. Der ist zwar ein Auslandsnachrichtendienst, aber das heißt nicht, daß er Ausländern immer nur im Ausland hinterherschleicht. Er darf sie auch auf deutschem Boden heimlich beobachten.

Die verdeckte Beobachtung einer Person, die davon im Idealfall nichts merkt, womöglich nie etwas erfährt, gilt als das klassische nachrichtendienstliche Hilfsmittel. Die immer gleichen Accessoires der Spione – Schlapphut, Regenmantel mit hochgeklapptem Kragen, Sonnenbrille, womöglich noch falsches Bärtchen und leere Tabakpfeife – haben dem Gewerbe das Design geliefert. Beschatten gilt als Geheimdiensttätigkeit schlechthin – auch innerhalb der Nachrichtendienste. Denn die Observation vereint den Lustgewinn der komfortablen Mobilität fernab miefiger Bürozimmer mit dem Vorzug, daß ein Nachrichtendienst aus eigener Machtvollkommenheit das Observieren beginnen, fortführen oder abbrechen kann, ganz ohne irgendwelche Politiker, Zivilisten oder Richter um Erlaubnis zu fragen. Observieren ist Spionage pur.

Das klappt am besten, wenn der Beschattete ein unschuldiger Laie ist. Auf irgendeine dumme Weise ins Fadenkreuz des Verdachts geraten, verwechselt, im Raster hängengeblieben oder einfach so spaßeshalber als »Zielperson« ausgesucht. Dieser Mensch geht sukzessive aller seiner Privatheit verlustig. Wer längerfristig observiert wird, ohne daß dabei relevante nachrichtendienstliche Erkenntnisse anfallen, dessen Grundrecht auf eine geschützte Privatsphäre und die vom Bundesverfassungsgericht bekräftigte informationelle Selbstbestimmung werden verletzt, schon deshalb, weil der Grundsatz der Verhältnismäßigkeit der Mittel dabei nicht beachtet wird.

Doch zumeist gelten die Ausflüge – fünf flotte Autos, zehn gutgelaunte Beamte – einem Profi. Dem Agenten eines gegnerischen Dienstes, einem »Counterman« oder »Maulwurf« im eigenen Dienst, einem »Verfassungsfeind«. Zwar kommt dieses Wort in keinem einzigen deutschen Gesetzestext vor, und daß es als Synonym für »Extremist« verwendet wird, macht die Rechtslage auch nicht besser. Wenn man den amtierenden Verfassungsschutzpräsidenten Eckart Werthebach beim Wort nehmen könnte, gäbe es gar keine Beschattung. Der Präsident hat im Sommer 1991 wörtlich versichert: »Der Verfassungsschutz würde nie und nimmer politisch anders Denkende beobachten.« Wie denn das? Ist ein Spion, ein Anarchist oder Extremist denn kein »politisch anders Denkender«? Nach den Prinzipien des Herrn Präsidenten ist er es nicht, sondern zählt zu einer Kategorie von Menschen, die nicht als politisch Denkende, sondern als Feinde aller rechtmäßig politisch Denkenden definiert sind. Der Verfassungsschutz, sagt Werthebach, »hat nur diejenigen zu beobachten, die tatsächlich die Grundwerte unserer freiheitlich-demokratischen Grundordnung in Zweifel stellen, untergraben oder gar beseitigen wollen«, mithin nach Werthebachs Definition weder politisch denken noch politisch anders denken, sondern? Gar nicht denken?

Beim Observierten handelt es sich demnach definitionsgemäß immer um einen von diesen Burschen, und bei denen muß man erfahrungsgemäß vermuten, daß sie irgendwann im Leben auf Kosten eines anderen Staates das Observieren längst gelernt haben und, schlimmer noch, die Tricks, mit denen man Beschattern das Leben so schwer machen kann.

Als die Stasi in dem ärmlichen märkischen Flecken Belzig noch eine eigene Spionage-Hochschule mit neun Lehrstühlen unterhielt, wurde dem Problem mit wissenschaftlichem Eifer nachgespürt. Wer hat beim Observieren die besseren Chancen? Der Jäger oder der Gejagte? Stasi-Oberst Heinz Günther brachte in der sonst am liebsten theoretisierenden DDR eine Probe aufs Exempel zustande. Er ließ sechs Pärchen, alles Lehrgangsteilnehmer, am Ende ihrer Ausbildung in Ost-Berlin ausschwärmen. Die Nachwuchsagenten sollten, wie später im wirklichen Leben, darauf achten, ob sie beschattet werden. Als Observateure hatte man die professionellen Beschatter der Stasi-Hauptabteilung VIII gewonnen. Es war ein hübsches, lehrreiches Räuber- und Gendarmspiel . . . Genauer: eine »Fuß-Observation«, die lange nicht so viel Spaß macht, wie eine Hasch-mich-Rallye per Auto, die aber auch geübt werden muß, weil sie im Ernstfall vom gegnerischen Agenten initiiert wird.

Richard Meier, Gerhard Boeden, Heribert Hellenbroich

Was also tut man gescheiterweise, um ein Observationsteam zu erkennen und am Ende abzuschütteln?

- Vor dem Verlassen des Hauses heimlich aus dem Fenster sehen und nach Beschattern Ausschau halten; die stehen nutzlos herum oder tarnen sich durch Pseudo-Tätigkeiten.

- Draußen im Freien den Rhythmus hin und wieder wechseln und dabei vor allem unauffällig nach hinten Ausschau halten, unter Ausnutzung der Spiegelungen großer Fensterscheiben, des Durchblicks bei Telefonzellen und Glasvitrinen.

- Wer gut vorbereitet ist, nimmt nun eine vorher ausgetestete Wegstrecke unter die Füße, etwa durch eine einsame Allee, die auf eine vielbegangene Straße mündet; das macht allen Beschattern Probleme.

- Jetzt aber wird es wirklich ernst. Schaffen Sie Überraschungssituationen! Überqueren Sie die Straße, wo es verboten ist. Entern Sie als letzter Passagier ein öffentliches Verkehrsmittel, gehen Sie in ein Kaufhaus mit vielen Ausgängen und drängeln Sie sich als letzter in den Fahrstuhl. Drücken Sie Stockwerk 7 (mystische Zahl), steigen aber schon vorher wieder aus und verlassen über die Treppe das gastliche Haus.

- Wann immer sie einem Menschen begegnen, womöglich zum zweiten oder dritten Mal, sehen Sie ihm fest in die Augen; das setzt zwei Gedanken frei: »Er hat mich erkannt«, und »Ich bin verbrannt«. So reduziert sich, wie im Lied von den kleinen Negerlein, die Zahl der Observanten.

- Wenn ein Beschatter sich an die Nase faßt, so heißt das »Achtung!«. Bückt er sich und bindet die Schuhe zu, so will er seinem Kameraden signalisieren: »Er hat mich erkannt, ich gebe auf.«

Der besonders talentierte Geheimdienstler Heinz Felfe, zehn Jahre lang Mann des KGB in der Organisation Gehlen und beim BND, wurde von seinen deutschen Arbeitgebern bei Treffs in Wien vergeblich überwacht. Felfe hatte sich, ohne sich um seine Schatten zu kümmern, lediglich an die bewährten Abschütteltricks gehalten. Höchst erfolgreich, wie später zugegeben werden mußte. Felfe, jetzt Kriminalistikprofessor in Ruhe: »Nur Dilettanten kann man erfolgreich observieren.« Die Guillaumes, auch deren Kontaktpersonen, konnten die Observateure des Bundesamtes für Verfassungsschutz jedenfalls nicht erfolgreich beschatten. Präsident Nollau mußte später einräumen, daß eine Amtsdame vom MfS beim konspirativen Treffen zwar beobachtet wurde, aber nicht zu fassen war. Nollau beschönigend, die Talente seiner Detektive überhöhend: »Sie entkam den Observanten so, wie es nur trainierten Agenten hin und wieder gelingt.« In Wirklichkeit gelingt es ihnen immer wieder, eigentlich ganz nach Belieben. Beim Ost-Berliner Testlauf erkannten alle sechs Nachwuchsagenten ihre professionellen Beschatter, und eine Gruppe ortete noch ein siebtes Observationsteam. Das hatte mit der Übung nichts zu tun, es betrieb business as usual.

Schon Bismarcks Geheimdienstchef Wilhelm Stieber – 1818 bis 1882, Herkunft: »Mein Vater Hypolit war nur ein subalterner Beamter bei der Regierung« –, dieser Stieber also hat als einer der ersten Geheimpolizisten erkannt, daß »brave Gendarmen, gewöhnt, Diebe und Betrüger zu fangen«, sich für das Beschatten der Staatsfeinde partout nicht eignen: solches bedarf »größter Fertigkeit in Observation, Menschenkenntnis, Kombinierung, Verstellung; ja, allgemein, Verschlagenheit und Raffinement – Fähigkeiten, über welche ein ordinärer Polizist nur selten gebietet«. Die geheimen, zivilen Beamten des wiedervereinigten Deutschlands fühlen sich deshalb, einst wie jetzt, ihren uniformierten Gendarm-Kameraden haushoch überlegen. Sie werden schneller befördert als uniformierte Polizisten, und sie erfreuen sich bald auch höherer Zulagen. Eine wird im Amtsjargon die »Gruselzulage« genannt. Sie hilft, die erste Sehnsucht aller Geheimdienstler zu stillen: Nie wieder arm.

Daß die Observation durch Autos besondere Freude macht, ist naheliegend – besonders erfolgreich ist sie nicht. Wenn man beispielsweise dem legalen Residenten eines gegnerischen Dienstes auf der Spur ist, um herauszufinden, ob und mit wem er sich konspirativ trifft, so beginnt die Schwierigkeit schon beim koordinierenden Funkverkehr der Observationsfahrzeuge. Feind hört mit? Hat er einen Scanner an Bord? Aber Observation ohne Funkverkehr endet erfahrungsgemäß als Mißerfolg. Vor allem dann, wenn der Beschattete routinemäßig seine Tricks abzieht: auf einer Schnellstraße streckenweise ganz langsam fährt; mit Vollgas und als letzter bei Rot eine Ampel passiert; eine Einbahnstraße durchquert – und dabei immer aufmerksam in seinem Rückspiegel die möglichen Verfolger und ihre Irritation registriert. Doch auch der Mißerfolg – er trifft ja nicht den einzelnen Observanten, sondern das Team, hat also keinen Vater, sondern ist Vollwaise – kann gutgelaunte Spione nicht von ihrer zweiten Lebensregel abbringen: Nie wieder zu Fuß.

Nie wieder arm, nie wieder zu Fuß, nie wieder unbewaffnet. Als die Observationstruppe des BfV vor Jahren einen russischen Agenten, der legal in der Bonner Sowjetbotschaft tätig war, erfolgreich bis zum Petersberg observiert hatte, parkte der vorschriftsmäßig seinen Wagen, kam auf die Herren Verfassungsschützer zu und lud sie zu einer Tasse Kaffee ein. So ein Affront war durch keine Dienstverordnung geregelt. Dieser Schreck! Die Beamten tasteten vorsichtig nach ihren Schulterhalftern, murmelten »nein danke« und trollten sich davon. Ohne Kaffee.

In Pullach kein Skelett im Schrank

Für deutsche Geheimdienstler ist Observieren das höchste der Gefühle. In frischer Luft herumkarriolen, Spesen machen, es mit den Verkehrsregeln nicht so genau nehmen (wegen der Abwägung der Rechtsgüter – hier Verkehrsregeln, dort nationale Sicherheit). Die Action-Agenten des israelischen Mossad, der CIA, aber auch die Franzosen sprechen von den deutschen Geheimdiensten trotzdem heimlich als »Mickeymouse-Diensten«, bemannt mit braven Beamten, die nur so tun als ob: keine Drogen, keine Bomben, kein Schwarzhandel. Und wenn der BND es doch einmal versucht – wie 1991, als Panzer aus den Beständen der Ex-DDR nach Israel verschoben werden sollten –, dann kommt es auch noch raus. Dilettantismus ist ihr Busineß. Keiner der Herren in Pullach hat ein Skelett im Schrank. Dort hängt bestenfalls ein Regenmantel.

Die meisten BND-Agenten bewegen sich nur von Mutti ins Büro und zurück. Das Areal südlich von München, zu NS-Zeiten errichtet, ist von einer riesigen Mauer umgeben, die Stacheldraht krönt. Dahinter geht es ganz brav zu: enge Bürogebäude mit schmalen Korridoren und Zimmern, in denen die Geheimnisträger ihren Schreibtisch nicht schräg stellen können. Bei den jüngeren Akademikern geben die Computer den Takt und das Tagwerk vor: Nachrichten speichern und Nachrichten analysieren; aus Satellitenfotos Stadtpläne zeichnen; lesen, schreiben, Sitzungen besuchen. Ein bürokratischer Alltag par excellence. Die »Bedarfsträger« – so heißen im Pullacher Deutsch die Auftraggeber, also meist Bonner Ministerien, hin und wieder auch eine Landesregierung – äußern ihre Wünsche, und Pullach sucht sie zu erfüllen. Ricke, racke, mit Geknacke, dreht sich der Apparat. Er ist, alles in allem, langsam, schwerfällig und oft auf erstaunliche Weise uninformiert.

Die Aids-Nachrichten des BND, ab 1985 in Umlauf gebracht, waren allesamt falsch. Jeder Zeitungsleser war besser im Bilde als die Empfänger der geheimen Aids-Nachrichten des BND. »Wir stellen uns keinen einzigen Auftrag selbst«, schwört der neue BND-Chef Porzner, und außerdem habe der Nachrichtendienst wirklich »kein Feindbild«. Als SPD-Porzner von CDU-Kohl zum Präsidenten des BND gemacht wurde, gingen übrigens die Kölner Verfassungsschützer daran, den neuen Mann heimlich einer Sicherheitsüberprüfung zu unterziehen. Als das rauskam, sprach der damalige oberste Verfassungsschützer Gerhard Boeden von »Unsinn« und verbot die Schnüffelei.

Boeden war neben seinem hohen Amt gleichzeitig Kommunalpolitiker der CDU in seinem Wohnort Meckenheim am Rhein. »Meiner Grundeinstellung entsprechend habe ich in der einfachen Mitgliedschaft von Dienstangehörigen zu einer demokratischen Partei nie eine Belastung ihrer Tätigkeit im Dienst gesehen«, hatte schon General Gehlen postuliert. Ohne Parteizugehörigkeit kann man in deutschen Nachrichtendiensten nur schwer Karriere machen. Das mindeste ist, einer Partei »nahezustehen«. Für die Mehrzahl der Beamten sind CDU und CSU der sichere Hafen. Das ist nicht nur Opportunismus – obwohl man in Pullach jahrzehntelang besonders flott vorankam, wenn man einer CSU-Seilschaft angehörte –, es ist auch Herzensbedürfnis. Man geht ja zum Geheimdienst, weil man den wärmenden Schutz von Vater Staat herbeisehnt und wünscht, daß alles Bestehende bewahrt werden möge. Konservative Grundüberzeugungen, wie sie auch bei Soldaten, Polizisten und den Kommunal- und Gemeindebeamten vorherrschen, kumulieren in den Geheimdiensten. Links ist der Abgrund, rechts nur noch die Wand.

Dabei tun sich gerade die »kleinen Leute« (so nannte der Hamburger Verfassungsschutzchef Lochte die rangniederen

Mitarbeiter) mit allen linken und marxistischen Ideen sehr schwer. Wie soll man sich den Unterschied zwischen »DKP« und »KPD« merken können? Oder den Kampf der Linien zwischen rivalisierenden Publikationen wie »Rote Fahne«, »Roter Funke«, »Roter Morgen«? Was soll einem kleinen Mann der Unterschied zwischen »Spartakus« mit »k« und »Spartacus« mit »c« sagen? Er ist doch froh, wenn er dahinter die Trotzkisten ortet – aber kann es ihm nicht wirklich egal sein, in wieviel Fraktionen sie sich spalten (erfahrungsgemäß: mindestens drei, höchstens sieben).

Die Sache wird nicht besser dadurch, daß neuerdings von den deutschen Geheimdienstlern – definitorisch sind sie ja eine Speerspitze unserer wehrhaften Demokratie – vergleichbare Spezialkenntnisse über die rechte Szene gefordert werden. Das erscheint den meisten genauso kompliziert und abstrus. Dem Wunsch ihrer Vorgesetzten folgend, haben sich Hunderte von deutschen Nachrichtendienstlern die tägliche Lektüre der Berliner »taz« angewöhnt, nun müssen sie womöglich umsteigen. 526 Titel umfaßte die letzte bekannt gewordene Liste des Verfassungsschutzes von periodisch erscheinenden linksextremistischen Publikationen, und alle werden archiviert, verkartet oder computergerecht in kleine Häppchen zerlegt. Mindestens 80 Prozent aller Erkenntnisse der deutschen Nachrichtendienste werden nämlich auf solche, ganz banal-legale Weise gewonnen. 80 Prozent ist die offiziell zugegebene Zahl, in einigen Bereichen wird der Prozentsatz sich der 100 nähern. Denn »menschliche Quellen«, wie Spitzel, V-Männer und Zuträger im Jargon der Geheimdienstler feinfühlig genannt werden, sind rar oder unzuverlässig oder beides.

Für die meisten Geheimdienstler sind daher Akten und Computerdateien das bevorzugte Produktionsmittel. Logischerweise gelten deshalb auch alle Gesetze der Bürokratie. Wer Pech hat, wird in sogenannte »Witwenabteilungen« abgeschoben und mit Nonsens beschäftigt. Für manche Herren gilt dann die Beobachtung des amerikanischen Humoristen Mark Twain: »Als sie das Ziel aus den Augen verloren hatten, verdoppelten sie ihre Anstrengungen.« Oder auch nicht: Beim Bundesamt für Verfassungsschutz schwelt seit Jahrzehnten zwischen der Amtsleitung und den kleinen Leuten ein erbitterter Konflikt um die rechte Kölsche Art, Rosenmontag und Faschingsdienstag zu feiern. An diesen Tagen, so forderten Mitarbeiter mehrfach sogar vor dem Arbeitsgericht, sollte die Verfassung ungeschützt bleiben. Das Gericht gab den BfV-Angestellten frei, verdonnerte die Beamten aber zum Ausharren am Arbeitsplatz.

Mit der Effizienz des Bundesamtes für Verfassungsschutz ist es weder an den tollen Tagen noch im restlichen Jahr weit her. Der Berliner Politologe Falco Werkentin hat im Herbst 1992 mal Bilanz gezogen. Aus den Zahlen der polizeilichen Anzeigenstatistik und der Verurteiltenstatistiken, die von der Justiz publiziert werden, errechnete er eine »dramatische Ineffektivität« der deutschen Nachrichtendienste. Vor der Wende basierten nur noch 0,3 Prozent aller Staatsschutzverfahren auf Hinweisen der Nachrichtendienste, der »Anklageerfolg« war noch dürftiger. Die Verurteilungsquote beträgt rund zehn Prozent. Werkentin: »Während sich von 1974 bis 1985 insgesamt 910 politische Straftäter den Strafverfolgungsbehörden selbst stellten, ermittelten die Nachrichtendienste im selben Zeitraum nur 746 Fälle, die sie an die Strafverfolgungsbehörden weiterleiteten.«

Keine rühmenswerte »Leistungsbilanz«. Vor allem dann nicht, wenn man das schier unaufhaltsame Wachstum der deutschen Nachrichtendienste berücksichtigt. So rüsteten beispielsweise die Landesämter für Verfassungsschutz zwischen 1970 und 1990 noch einmal mächtig auf: Bayern von 193 auf 460 Mann, Rheinland-Pfalz von 70 auf 160, Hessen von 93 auf 258. Daß die wundersame Vermehrung der Verfassungsschützer keine christdemokratische Spezialität ist, beweist ein Blick auf die Relativzahl. Pro 100 000 Einwohner hielt sich das sozialdemokratische West-Berlin 1990 sechzehn Verfassungsschützer, Bremen vierzehn und die SPD-Hochburg Hamburg dreizehn. Dagegen fiel das christsoziale Bayern mit vier Verfassungsschützern pro 100 000 Bajuwaren stark ab. Alles in allem hatte das Bundesamt für Verfassungsschutz 1970 1 016 Mitarbeiter, 1990 aber zugegebenermaßen 2 361. Insgesamt hat sich in 20 Jahren die Zahl der Verfassungsschützer von 2 480 auf 5 100 mehr als verdoppelt.

Entgegen den Erwartungen der Politiker und Dienstherren nimmt dadurch die Effizienz nicht nur nicht zu, sie nimmt ab. Das ist ein Phänomen, das den meisten bürokratischen Großorganisationen eigen ist. Staatliche Maßnahmen, etwa gegen die Kriminalität, binden zwar immer mehr Spezialisten, bewirken aber gleichzeitig immer weniger: Im Jahre 1965 wurden in der Bundesrepublik 1,79 Millionen Straftaten verübt, 1978 waren es 3,38 Millionen. Im gleichen Zeitraum sank der Anteil der aufgeklärten Fälle von 53 Prozent auf 44 Prozent. Und die Ausgaben für die Kriminalitätsbekämpfung? Sie stiegen während dieses Zeitraumes um das Vierfache.

Die wirklichen Kosten ihrer geheimen Dienste hat bisher noch jede Regierung zu verschleiern gesucht. Die Bonner Politiker machen da keine Ausnahme. Die offiziell mitgeteilten Zahlen sind widersprüchlich und offenbar falsch: So hat der Bundesnachrichtendienst laut Bundeshaushaltsplan 1988 nur 243 636 000 Mark ausgegeben für offiziell 6 000 Mitarbeiter, die in aller Welt unterwegs sind; pro Nase also rund 40 000 Mark im Jahr. Das Bundesamt für Verfassungsschutz kassierte im gleichen Haushaltsjahr offiziell 243 126 000 Mark und beschäftigte davon rund 2 400 Mitarbeiter; pro Nase und Jahr 100 000 Mark. Die Zahlen sind so zuverlässig wie die Dienste . . .

Dabei ist in internen Diskussionen Geld stets Diskussionspunkt Nr. 1. Jahrzehntelang gab es kein Gesetz, das Organisation, Aufgaben und Befugnisse des Bundesnachrichtendienstes geregelt hätte. Festgeschrieben war nur, welche Zulagen den Beamten des BND zukommen, wie sie den einstweiligen Ruhestand erreichen und die Vorzüge des Schwerbehindertengesetzes. Weil wenigstens das Finanzielle geregelt war, im Rahmen dieser »Blumenstraußtheorie«, fühlten sich die Geheimdienstler ausreichend legitimiert. Das Bundesbesoldungsgesetz mit allen seinen Anlagen ist den deutschen Geheimdiensten eigen wie der Schildkröte ihr Panzer. Es schützt vor allerlei Unbill, macht jedoch auch unbeweglich. Vor allem schüren die Besoldungsgesetze den internen Neid, denn auch in den Geheimdiensten verlaufen unsichtbar die Grenzen zwischen einfachem, mittlerem, gehobenem und höherem Dienst.

Wie ein Ministerialdirektor oder ein Botschafter, nämlich nach B 9, werden die drei Präsidenten des BfV, des BND und des Bundeskriminalamtes besoldet. Der Präsident des Amtes für den militärischen Abschirmdienst ist zu seinem großen Kummer nur nach B 7 eingestuft. Aber immerhin: Wer B ist, leidet keine Not. Das Grundgehalt für B 9 beträgt derzeit 11 543,68 DM, und, gelobt sei das Bonner Parlament und seine Beamtenlobby, es gibt ja auch noch die »Zulagen«. Die allen Nachrichtendienstlern bewilligte »Geheimnisträgerzulage« ist zu jedermanns Beruhigung seit kurzem »ruhestandsfähig«, das heißt: Sie steigert die Höhe der Pension.

In Bremen hat der Chef des Landesamtes für Verfassungsschutz, Walter Wilhelm, seinen Willen, endlich nach B alimentiert zu werden, sogar vor dem Verwaltungsgericht durchzusetzen versucht. Herr Wilhelm, leitender Regierungsdirektor nach A 16 wollte partout B 3 werden. Ihm sei nicht einsichtig, erklärte er dem Gericht, daß sein Hamburger Kollege weitaus mehr verdiene. An Eifer hat es Wilhelm nie gefehlt. Jahrelang leitete seine Behörde die Monatsberichte an den amerikanischen Geheimdienst CIA weiter, ein klarer Verstoß gegen die deutschen Datenschutzvorschriften. Validum non sed licidum. Alles nur für A 16? Die Verwaltungsrichter, schlechter alimentiert als Kläger Wilhelm, machten ihm einen Strich durch das B 3-Begehren. Ihre Argumentation der Genügsamkeit: Wenn ein Staatsdiener wie Wilhelm acht Jahre nach Eintritt in den öffentlichen Dienst den Gipfel der Besoldungsgruppe A erreicht habe, dann sei es »fernliegend« anzunehmen, der Dienstherr habe ihn nicht fördern, sondern benachteiligen wollen. Walter Wilhelm bleibt A(rm). Was ihn besonders grämen muß: 1992, als das neue Bundesland Sachsen-Anhalt sich einen Verfassungsschutz zulegte, wurde dessen Präsident sofort nach B 6 eingestuft, und schon sein Stellvertreter bekommt B 3. Heißet Walter Wilhelm hoffen!

Auf den ersten Blick sind 10 000 DM Gehalt im Monat ein schönes Sümmchen, aber eben nur auf den ersten. Die höheren Beamten merken schnell, daß jeder Zahnarzt dreimal soviel verdient und Immobilienmakler, Notare, Rock-Gitarristen, sogar die öffentlich-rechtlichen Fernsehkommentatoren alle an ihnen vorbeiziehen. Mit 10 000 DM im Monat kann man nicht in der Schweiz Wintersport treiben, wo sich die erholen, denen die besondere Fürsorge der Geheimdienstler gilt. Dunkelmänner müssen im preiswerten Österreich Luft schnappen. Von ganz wenigen Ausnahmen abgesehen, können selbst hochrangige Geheimdienstler nicht in teuren Tennisclubs spielen und werden nur selten gebeten, im »Rotary«-Club Mitglied zu werden. Man muß schon froh sein, daß der Arbeitgeber beim Dienstwagen Entgegenkommen zeigt. Nachrichtendienstler ohne Abitur wählen meist Ford, die mit Abitur sind Audi-Enthusiasten, ganz oben bevorzugt man BMW.

In der Welt des mittleren und gehobenen Dienstes hat man oft sogar echte Geldsorgen. Das Scheidewasser heißt A 13. Sie ist die höchste Besoldungsgruppe für Beamte des gehobenen Dienstes und zugleich die Eingangsstufe für die akademisch gebildeten Herren des höheren Dienstes. Bei A 13 treffen sich der Regierungsoberamtsrat, er ist am Ende seiner Möglichkeiten, und der Regierungsrat, für ihn ist A 13 die erste Sprosse auf dem Weg nach oben. In A 13 kulminiert logischerweise der Neid. Man muß sich nur mal in den Regierungsoberamtsrat Klaus Kuron hineinversetzen.

Dieser ehemalige Grenzschützer (ohne Abitur) war Anfang der sechziger Jahre, als 24jähriger, zum Bundesamt für Verfassungsschutz gewechselt. Dort machte der talentierte und belastbare Mann rasch Karriere in der Abteilung IV, die zuständig ist für die Spionageabwehr. Außerdem baute er ein Häuschen, heiratete und zog vier Söhne groß. Die Bundesrepublik Deutschland alimentierte ihn zuletzt mit 5 500 DM netto pro Monat. Nicht schlecht, aber auch nicht gut: Die minderjährigen Söhne kosteten viel Geld, und Kuron träumte von einem Ferienhaus an der spanischen Küste. 1981 stellte er die Weichen. Er kontaktierte – als sogenannter »hartnäckiger Selbstbewerber« – das Ministerium für Staatssicherheit der DDR. Nach längerem Zaudern kam man ins Geschäft: Das MfV zahlte, gleichsam als Begrüßungsgeld, dem verschuldeten Kuron drei Jahreseinkommen, alles in allem 150 000 Mark. Schöner noch fiel die Daueralimentation durch Markus Wolf und seine HVA aus. Wolf entschied, daß Kuron vom MfS in Zukunft ein zweites Gehalt bekommt, streng nach A 13 und in harter DM.

Bis zum Oktober 1990 ging alles gut, dann verpfiff den Doppelagenten ein übergelaufener Stasi-General. Das Düsseldorfer Oberlandesgericht fand, daß Kuron für den »seinerzeit gefährlichsten Gegner der westdeutschen Spionageabwehr«, die Stasi-HVA, gearbeitet habe und somit »Bestand und Machtposition« der deutschen Bundesrepublik gefährdet habe. Im Namen des Volkes: zwölf Jahre Haft wegen schweren »Landesverrats in Tateinheit mit Bestechlichkeit«. Tja, und den Sündenlohn soll er auch zurückzahlen.

Da hat sich seit den Zeiten der alten Römer nichts geändert. Schon vor 2000 Jahren verfiel das Vermögen entlarvter Spione dem Fiskus, »es wird auch der Name des Schuldigen für ewige Zeiten gebrandmarkt«, so bestimmte es das Römische Recht. Die alten Germanen, schreibt Zeitzeuge Tacitus, (»Germania«, Kapitel 12) hielten für Landesverräter, die dem Gemeinwesen die Treue gebrochen, eine ultimative Strafe bereit: » . . . proditores et transfugas arboribus suspendunt.«

Keinem zweiten Doppelagenten hat die Stasi so viel gezahlt wie dem Regierungsoberamtsrat Kuron. Doch käuflich waren alle Gehaltsklassen. Mit Geld ließen sich mittlere, gehobene und höhere Beamte ködern. Die meisten viel preiswerter als Kuron, ein Mann der starken Nerven. Die gelten als essentiell, wenn man einen Arbeitsplatz beim Geheimdienst anstrebt. Die »Rekrutierung« des Nachwuchses ist selbst zu einer Geheimwissenschaft stilisiert worden. Im Prinzip funktioniert es aber nicht anders als bei der »Cosa Nostra«.

Ehrenamtlich tätige Mitarbieter, »Tipper« genannt, sehen sich in »nachrichtendienstlich interessanten Kreisen« nach Kandidaten um. Rekrutiert wird beim Militär, aus verläßlichen Universitätsinstituten, unter Staatsbediensteten und Sprachenschülern. Gewöhnliche Schreibkräfte bezieht man über den IM-Tipper des Arbeitsamtes. Tipper sind höhere Offiziere, Professoren und leitende Staatsdiener, jedenfalls selbst immer Beamte. Auch der »Forscher«, der nun das Rekrutierungsspiel vorantreibt, ist ein Staatsdiener. Er trägt alles über den Kandidaten zusammen, sein Weltbild, die finanziellen, amourösen und verwandtschaftlichen Verhältnisse. Bei dieser Sicherheitsüberprüfung fallen die meisten durch. Irgend etwas stimmt mißtrauisch: ein obskures Familienband in irgendein Ausland, kurzfristige Anwandlungen von Non-Konformismus während des Studiums, ein zu großes Auto, die falsche Herkunft.

Getippt, erforscht und am Ende vom »Werber« angesprochen wird am liebsten die brave, möglichst staatsnahe Beamtenseele. Ganz generell, sagt Hubert Mehla, der den bayerischen Verfassungsschützern vorsteht, sei es »förderlich, wenn der Vater in die Hierarchie eingebunden war und den Dienst am Dienst zum Idol gemacht hat«. Mehla nimmt grundsätzlich keine Familienangehörigen in sein Amt auf. Andere Chefs tun nichts lieber als das. Der Nepotismus des Generals Gehlen war sprichwörtlich, und beim Stasi tummelten sich, wie die Listen der 103 000 Mitarbeiter belegen, in dritter Generation schon die Enkel.

Die Firma Stasi zahlte besser als alle anderen DDR-Arbeitgeber, das Politbüro ausgenommen. In der Regel erhielten die ostdeutschen Geheimdienstler das Doppelte, oft auch das Drei- bis Vierfache des Durchschnittseinkommens. So verdiente der spätere Doppelagent Werner Stiller in den siebziger Jahren als Physiker 637 Ostmark; nach seinem Wechsel zur HVA erhielt er 1457 Mark netto. Aus seiner heutigen Sicht sind das Peanuts, denn Stiller ist nun höchst erfolgreicher Finanzmakler, Porschefahrer, Ferienhauseigner, und sein altes Gewerbe kommt ihm jetzt spießig und piefig vor.

1989, im letzten Jahr der Stasi, kassierten die Mitarbeiter zusammen 1,7 Milliarden Mark Gehalt; die ganze »Firma« verschlang mehr als dreieinhalb Milliarden Mark. Ein hübsches Sümmchen, wenn man bedenkt, daß es in der ganzen DDR nur rund tausend engagierte Staatsfeinde gab, die, überdies sehr moderat, irgendeine Art von Widerstand leisteten. Wohin das führt, wenn Staatstreue und sonst gar nichts das Rückgrat der eigenen Existenz ist, sieht man am Verhalten der ostdeutschen Geheimdienstler nach der Implosion ihrer kleinen Republik. Beim BfV in Köln kamen einem Stasi-General, der frühzeitig überlaufen wollte, die Tränen, als er erfuhr, daß man ihn auf gar keinen Fall weiterbeschäftigen werde. Das weitgehend durchgesetzte Gebot, MfS-Angehörige nirgendwo mehr im öffentlichen Dienst zu beschäftigen, gilt den meisten Staatsschützern der Ex-DDR als die schlimmste Rache der Bonner Regierung. Zum Staat, und sei es als Müllmann oder Straßenbahner, drängte es selbst hochrangige Offiziere. Eine Frau Feldwebel, die in der Stasi-Kantine nichts weiter als Kartoffeln geschält haben soll, klagte beim Berliner Landesarbeitsgericht, als sie aus ihrem neuen Job – Sachbearbeiterin für Hundesteuern – entlassen wurde. Dabei könnte die Feldwebelin zum Beispiel in den großen West-Berliner 3-Sterne-Hotels als Kartoffelschälerin leicht das Doppelte verdienen. Und wenn sie einen Kartoffel-Schäl-Service aufmacht, vielleicht das Zehnfache. Aber eben staatsfern, ohne Sicherheit, Zulagen und Pension ...

V-Männer: »Gute übernehmen solche Posten nicht«

Ohne Sicherheit und ohne Pension, das beschreibt auch das Lebensschicksal der V-Männer. Sie sind der Bodensatz des Gewerbes und zugleich die Basis des Geschäfts. Ohne V-Männer kein Geheimnisverrat, und ohne Geheimnisverrat kein Geheimdienst. Das »V« steht indes nicht für »Verrat«, sondern aparterweise für »Vertrauen«, neuerdings auch für »Verbindung«. Daß ein V-Mann das Vertrauen seines V-Mann-Führers genießt, kommt in Wirklichkeit extrem selten vor. V-Männer sind geheime, freie – nicht etwa angestellte oder beamtete! – Mitarbeiter eines Geheimdienstes. Sie verraten für Geld, das von amtswegen steuerfrei bleibt, die Geheimnisse aus einem »Beobachtungsobjekt«, dem sie in aller Regel selbst angehören.

Diese Art der Informationsgewinnung, räumt der Bundesverwaltungsrichter Hermann Borgs ein, erscheine vielen als unmoralisch und rechtsstaatlich anrüchig. Weil aber der Vertrauensbruch hin und wieder das einzige Mittel zum Schutz höherwertiger Rechtsgüter – etwa der freiheitlich-demokratischen Grundordnung und ihrer Institutionen – ist, hält es Borg für »geradezu unmoralisch und verwerflich«, V-Männer nicht einzusetzen. Der Richter: »Die Motive der VM selbst mögen nur selten idealistischer, häufiger materialistischer Natur sein. Dies zu ergründen und entsprechend zu selektieren, kann aber nicht Sache des Staates sein.«

Idealisten, die den Diensten heimlich zuarbeiten, sind heutzutage extrem selten. 1966, im Jahr vor Konrad Adenauers Tod, erinnerte sich der Schweizer Geheimdienstchef Robert Masson, daß der spätere deutsche Bundeskanzler während der Nazi-Zeiten für seinen Freund, den Schweizer Konsul von

Weiss, in Köln ein » . . . informateur plus ou moins conscient de notre service . . . « war. Adenauer war nicht der einzige Vertrauensmann. »Wir hatten«, erinnerte sich Masson, »eine Anzahl in ziemlich wichtigen Schlüsselstellungen. Kauf oder Bestechung waren aus dem doppelten Grunde, daß Leute von Niveau sich in Deutschland nicht kaufen ließen, und . . . « – jetzt kommt eine Überraschung! – » . . . und daß es uns an den nötigen Mitteln hierzu fehlte, nicht möglich«.

In seinen alten Tagen, schon von der Verhaftung bedroht, erinnerte sich auch Idealist Erich Honecker daran, daß er zu Stalins Zeiten vom sowjetischen Nachrichtendienst »eingespannt« werden sollte: »Das habe ich abgelehnt.« Er wird gewußt haben, warum. Das Leben als V-Mann ist kein Indianerspiel, sondern, je nach den Zeitläuften, mehr oder minder, oft tödlich gefährlich. Das ist auch der Grund, weshalb sich die beamteten Geheimdienstler höchstens mal spaßeshalber als Pseudo-V-Mann betätigen. Weder in West- noch in Ostdeutschland ist in den letzten Jahrzehnten ein hauptberuflicher Geheimagent in Ausübung seines Metiers zu Tode gekommen. Der Tod ist etwas für die freien Mitarbeiter. Riskante Aktionen, wo die Kugeln wirklich fliegen, meiden deutsche Geheimdienstler wie der General Gehlen die Front. Angst kennt aber keine Grenzen: Als 1992 300 Agenten der Spionageabwehrabteilung des berühmten amerikanischen FBI mangels Gegnern zur Bekämpfung der gewöhnlichen Banden- und Rauschgiftkriminalität abkommandiert wurden, hob ein großes Zeter und Mordio an. Der neue Job erschien viel zu gefährlich – im alten Gewerbe war niemals jemand zu Schaden gekommen.

Für das Geschäft mit den V-Männern gilt das wahre Wort des nun für zwölf Jahre weggesperrten V-Mann-Führers Klaus Kuron: »Nachrichtendienst ist ja das Geschäft mit den Schwächen und Nöten von Menschen.« Der gewöhnliche V-Mann wird erpreßt oder gekauft, korrumpiert und mit beruflichem Fortkommen und/oder einer konfliktfreien Zukunft gelockt. Was von solchen Existenzen zu halten ist, hat schon der alte Reichskanzler Otto von Bismarck in einem Brief seiner Frau anvertraut: »Diese Leute lügen und übertreiben wegen Mangel an Stoff ganz unverantwortlich. Da kommen schlechte Objekte unter ihnen, denn gute übernehmen solche Posten nicht, leicht auf den Gedanken: Machen andere Leute keine Attentate, so müssen wir nachhelfen. Denn können sie nicht melden, daß etwas geschieht, so werden sie überflüssig, und das wollen sie natürlich nicht.«

Auf den gewöhnlichen V-Mann ist auch heute noch kein Verlaß. Berufsbedingt entwickelt er eine Tendenz zur Pseudologia fantastica, der krankhaften Sucht zu lügen bei erhaltener Besonnenheit. Gegen die ausschmückende Phantasie der Spitzel und Zuträger suchen sich alle Geheimdienste zu schützen, indem sie ihr jeweiliges »Beobachtungsobjekt« von mehreren V-Leuten ausspähen lassen. Viele linksextreme Gruppierungen hatten in ihrem »Politbüro« V-Männer unterschiedlicher Dienste sitzen, denn vor allem die US-Administration – sie hält sich elf verschiedene Geheimdienste – will gern alles immer ganz genau wissen. Es gehört wenig Phantasie dazu, sich vorzustellen, daß in nächster Zeit die deutschen Rechtsextremisten Unterstützung durch ganz viele Acht-Groschen-Jungs bekommen werden.

Der gut motivierte V-Mann zeichnet sich durch Fleiß und Zuverlässigkeit aus. Das führt dazu, daß er bald unentbehrlich ist. Er hat eine Uhr, ein Auto, das anspringt, die Möglichkeit, irgend etwas drucken zu lassen. Im Notfall rüsten die V-Mann-Führer ihre Spitzel mit Werkzeug oder einer Waffe aus. Sonst, so heißt die stereotype Begründung, mache sich der Spitzel wegen allzu großer Vorsicht bei »möglichen Kleingruppenaktionen« unglaubwürdig. Im Idealfall gelingt es den Geheimdiensten, einzelne Vertrauensleute wirklich zu binden – vor allem dann, wenn die geheime Behörde sich als Ersatz für Vater oder Mutter aufspielt, was bei Waisenkindern eher gelingt. Auch Alkoholiker und Menschen, die an ihrer Triebrichtung leiden, sind vergleichsweise leicht zu werben – der Nachteil: Sie sind auch leicht zu enttarnen.

Die besten »menschlichen Quellen«, nicht belastet mit den Charakterfehlern der »V-Männer« und deren Geldgier, sind und bleiben Sekretärinnen. Sie kennen den Chef, kennen die Vorgänge und haben die Akten. Sekretärinnen wissen die Kräfteverhältnisse bei wichtigen Entscheidungen meist richtig einzuschätzen. Ihre Prognosen erleichtern deshalb die Verhandlungsführung und skizzieren die Kompromisse. Nur: Woher die Sekretärinnen nehmen? Die (erfolgreiche) Stasi-Lösung war der Einsatz von »Romeos«, Liebhabern, die aus der Kälte kamen.

Kein zweiter deutscher Geheimdienst hat jemals so viel V-Männer und -Frauen gezeugt wie der DDR-Stasi. Die »Inoffiziellen Mitarbeiter« (IM) bildeten, gemeinsam mit ihren Führungsoffzieren, einen Staat im Staate. Zu den gut 103 000 hauptberuflichen Stasi-Leuten, kamen, so schätzt man, rund doppelt soviel IMs hinzu, von denen die allermeisten hoffen, daß sich der Staub der Zeit auf ihre Akten legt. Diese Hoffnung ist gut begründet.

Im wiedervereinigten Gesamtdeutschland ist die Zahl der V-Männer dagegen vergleichsweise gering. Der frühere Hamburger Verfassungsschutzchef Lochte, eine Plaudertasche, hat verraten, daß sein Amt 200 hauptberufliche Verfassungsschützer beschäftigt und etwa gleichviel V-Männer. Sieht man diese Relation als repräsentativ an, dann beschäftigen die Ämter für Verfassungsschutz in Deutschland derzeit rund 5 000 V-Männer.

Beim Bundesnachrichtendienst wäre bei einer 1:1 Relation zwischen hauptberuflichen und freien Mitarbeitern mit weiteren 8 000 Zuträgern, Spitzeln und Nebenbei-Agenten zu rechnen, viele davon Ausländer. Ob der militärische Abschirmdienst (MAD) seine Kampfkraft durch V-Leute verstärkt oder vermindert, ist nur eine akademische Frage. Allgemein glauben die Experten, daß der MAD keine nennenswerte Kampfkraft hat, sie also auch nicht weiter vermindern kann.

MAD: »Umgang mit Personen zweifelhaften Rufs«

Jeder Bonner Verteidigungsminister ist gut beraten, im Abendgebet um Ruhe an der MAD-Front zu bitten. Immerhin hat dieser Geheimdienst der Uniformierten schon den populären Verteidigungsminister Georg (»Schorsch«) Leber aus dem Amt gehebelt, und auch die Karriere des jetzigen Nato-Generalsekretärs Manfred Wörner um ein Haar ruiniert. Damals ging es um einen deutschen 4-Sterne-General namens Günter Kießling, angeblich ein homosexuelles Sicherheitsrisiko, der dann aber mit einem großen Zapfenstreich rehabilitiert wurde. Schlußchoral: »Ich bete an die Macht der Liebe.«

Die Ruhe an der MAD-Front ist trügerisch, denn die Herren sind militant. Ihr normales Arbeitszeug sind zwar der Verdacht, die Karteikarte und das Elektronengehirn. Den rund 2000 Abschirmdienstlern, von denen die Hälfte mal Berufssoldaten waren, mit der Illusion, sie hätten den Marschallstab im Tornister, bleibt jedoch eine Neigung zum Martialischen, die stärker ist als bei den eher biederen Verfassungsschützern und den Herren Akademikern vom BND. Verteidigungsminister Gerhard Stoltenberg muß im Frühjahr 1991 ordentlich froh gewesen sein, daß sein MAD die in den neuen Bundesländern noch stationierten Sowjettruppen nicht allzu gewaltsam ausspionierte. An die Spitze der Erkenntnisgewinner setzte sich damals der Stellvertreter des Generalinspekteurs der Bundeswehr. Er ließ 20 Spähtrupps zu je acht Mann zusammenstellen. Die wildesten zogen vor das Sowjet-Depot Altengrabow bei Magdeburg und begannen, Fotos zu schießen. Als sie sich auf Zuruf nicht entfernten, schossen die russischen Posten zurück, mit Kalaschnikows. Das war den Spähtrupps aber keine Lehre.

Zehn Tage später waren sie wieder zur Stelle, diesmal wurde einem Bundeswehrmajor vom sowjetischen Wachposten der Arm durchschossen. Der Mann hatte sich auf Zuruf nicht entfernt, dabei war er gerade wegen seiner Sprachkenntnisse zum Spähtrupp abkommandiert worden. Der bunte Rock der Bundeswehr schmückte ihn nämlich erst wenige Monate. Vorher hatte der Herr Major als Offizier bei der Nationalen Volksarmee Dienst getan, damals noch ein Waffenbruder der ruhmreichen sowjetischen Streitkräfte.

Rätselhaft blieb, welche Geheimnisse im Depot Altengrabow wohl ausspioniert werden sollten. Die Lufthoheit über dem Stützpunkt gehört längst dem wiedervereinigten Deutschland, jedes Sternchen auf den Epauletten läßt sich aus der Luft fotografieren, und außerdem hatten im Jahr zuvor die Regierungen beider Länder feierlich ausgehandelt, daß alle Sowjetsoldaten das Land ohnehin bis 1994 verlassen. Nur gut, daß der frisch übernommene Herr Major im Eifer nicht auch noch das Feuer erwidert hat. Das wäre ein hoher Preis für die erstrebte Festanstellung gewesen.

Das Führungspersonal des MAD besteht aus rund 150 Stabsoffizieren, die meist mit 30 bis 35 Jahren und im Range eines Hauptmanns zum militärischen Geheimdienst stoßen. Das nennt man eine Sonderlaufbahn. Die Kameraden von der Truppe äußern sich eher abfällig über ihre geheimen Abschirmer. Intern nennt man sie die »Verdachtschöpfer«. Hauptberufliches Verdachtschöpfen kontrastiert aber zu den soldatischen Tugenden der Kameradschaft, Treue, Ehre und des Vertrauens. Das macht dem MAD das Leben schwer. Eine Verwendung im militärischen Geheimdienst gilt nicht als Empfehlung. Die Ausbilder in der Schule für Nachrichtenwesen der Bundeswehr in Bad Ems geben sich deshalb viel Mühe, das Selbstbewußtsein ihrer Männer zu stärken. Etwaige Skrupel beim Einsatz der »nachrichtendienstlichen Mittel« – gemeint sind auch hier das Belauschen durch verborgene Kleinsender, die heimliche Ausspähung durch V-Männer, das Telefonabhören und Mitlesen der Briefe – verflüchtigen sich im Berufsalltag schnell.

Vor allem die Lauschmittel liegen dem MAD offenbar am Herzen. Die Herren setzen sie notfalls sogar gegeneinander ein. Und auch das Verdachtschöpfen entwickelt seine eigene Dynamik. Kein zweiter deutscher Geheimdienst wird von den Datenschützern so nachhaltig gerüffelt wie der MAD. Bei den Militär-Dunkelmännern fanden die Datenschützer Karteikarten, auf denen Knaben schon im Alter von vier Jahren als potentielles Sicherheitsrisiko notiert waren. 1984 hatte der MAD andererseits mehr als 12 000 Männer in seinen Dateien gespeichert, die über 80 Jahre alt waren. Er unterhielt damals auch eine handschriftlich geführte »Basiskartei Zersetzung«, in der 50 000 Personen erfaßt waren. Als tendentielle »Zersetzer« des Wehrwillens gelten vor allem Linke und solche, die linker Neigungen verdächtig waren, darunter die damalige FDP-Bundestagsabgeordnete Helga Schuchart.

Das Spießerweltbild gerät dem MAD zur Rasterfahndung, wenn er von Verdächtigen die »kompromittierenden Merkmale« erfaßt, die »der engsten Persönlichkeitssphäre zuzurechnen sind«. Unter dem Segment 0230 werden die Stichworte »hemmungslos Frauen-/Männerbekanntschaften anknüpfend – unverheiratet« notiert. Wer der Kennziffer 0283 zugeordnet wird, hat »Umgang mit Personen zweifelhaften Rufs«, wozu schon eine Gastwirtstochter zählen kann. Es versteht sich, daß auch die »abnorme Veranlagung auf sexuellem Gebiet« ein eigenes Merkmalsegment, diesmal 0262, hat. Der MAD schwört, daß die Datenschützer am Ende viel Papier besiegten, etwa 50 000 Karteikarten sollen »vernichtet« worden sein.

Daß Kinder, Frauen und Greise ins Fadenkreuz der militärischen Nachrichtendienstler geraten, geht gesetzlich schon in Ordnung. Das neue MAD-Gesetz vom Dezember 1990 bestimmt nämlich, daß »zum Schutz seiner Mitarbeiter, Einrichtungen, Gegenstände und Quellen gegen sicherheitsgefährdende oder geheimdienstliche Tätigkeiten« der MAD »in Wahrnehmung seiner Aufgaben..., soweit es im Einzelfall zwingend erforderlich ist, im Benehmen mit der zuständigen Verfassungsschutzbehörde, seine Befugnisse gegenüber Personen ausüben kann, die dem Geschäftsbereich des Bundesministers der Verteidigung nicht angehören oder nicht in ihm tätig sind«. Also: gegen jedermann, auch gegen Kinder, Frauen, Greise.

Große Zukunft hat das Gewerbe nicht. Synchron mit der Reduzierung der Truppenstärke der Bundeswehr soll auch ihr Abschirmdienst gesundgeschrumpft werden, um 500 Mann. Große Zukunft hat im Dunkelmännergewerbe etwas ganz anderes: das heimliche Lauschen.

Die großen Ohren der großen Brüder

Feind hört mit: Jahrelang belauschte die amerikanische CIA mitten in Moskau alle Gespräche, die Kreml-Führer über ihre Auto-Funktelefone führten. Kurz vor seiner (offiziellen) Auflösung mußte der KGB einräumen, daß er Boris Jelzins Telefone angezapft und die Wohnung »verwanzt« hatte. Der MAD installierte vor Jahren in der Wohnung der Sekretärin des Verteidigungsministers Leber einige Kleinstsender, flog damit aber auf und der Minister aus dem Amt. Die »funkelektronische Aufklärung« der Stasi sammelte im heißen Herbst 1977 Beweise dafür, daß die bundesdeutschen Sicherheitskräfte zumindest zeitweise wußten, wo die RAF den gekidnappten Arbeitgeberpräsidenten Hans-Martin Schleyer versteckt hielt.

Freund hört mit: General Gehlen ließ seinen Vizepräsidenten Hans-Heinrich Worgitzky abhören, und Stasi-Chef Mielke den vielseitigen Oberst Alexander Schalck-Golodkowski. Als Otto John noch Präsident des Bundesamtes für Verfassungsschutz war, hingen die Amerikaner in seinen Telefonleitungen (und hin und wieder observierten sie ihn auch). Der englische Inlandsnachrichtendienst MI 5 hat das außereheliche Liebesgeflüster, das der britische Thronfolger Prinz Charles via Funktelefon des Nachts an seine Freundin richtete, aufgezeichnet und womöglich den Untertanen zugänglich gemacht.

Feind hört mit, Freund hört mit: Die National Security Agency (NSA), Amerikas allergeheimster Geheimdienst, hört die ganze Welt ab, Freunde, Verbündete, Gegner, Feinde. Big brother is watching you.

Der große Bruder hat viele kleine. Bei der Stasi waren gut 6 000 Mann Tag und Nacht mit dem Abhören fremder Telefonate beschäftigt. Für manchen braven Beamten eine arge Strapaze. Besonders unbeliebt ist bei Lauschern das »Überhören« – der Spitzel soll gleichzeitg, vier, sechs oder gar zwanzig Telefonate überwachen und erst dann, wenn er einen handfesten Verdacht geschöpft hat, das Tonband einschalten. Wer gewissenhaft überhört, dem platzt fast der Kopf. Ebenso strapaziös ist es, die vor Tagen oder Wochen aufgezeichneten Telefongespräche nachträglich abzuhören und – Strafverschärfung! – womöglich auch noch auf Papier zu tippen.

Für die Überwachung von Telefon- und Funkverkehr rekrutieren die Geheimdienste in aller Welt deshalb besonders brave, staatstreue Männer. Bei der NSA, die rund 100 000 Lauscher beschäftigt, bilden die Mormonen aus dem Staate Utah das Rückgrat. Sie rauchen nicht, sie trinken nicht, sie glauben an Gott und die von Gott geschickte Obrigkeit. Die wird schon wissen, was gut ist für die Vereinigten Staaten von Nordamerika, Gottes eigenes Land. Rund um die Uhr, 24 Stunden pro Tag im Dreischichtdienst, geht auch der Beobachtungsdienst (FB-Dienst) des Bundesgrenzschutzes seiner geheimen Aufgabe nach. Er speichert die Funksprüche, die über Deutschland hinweg zwitschern und womöglich einen Landesverräter steuern sollen.

Das ist eine ziemlich frustrierende Beschäftigung, weil die Entschlüsselung so schwer fällt, genauer: nie gelingt, seit der böse Feind individuelle Überschlüsselungszahlen, im Abhörerdeutsch »I-Wurm« genannt, verwendet. Die Sonne lacht dem Lauscher nur, wenn er auf Dienstreise in südliche Gefilde geht.

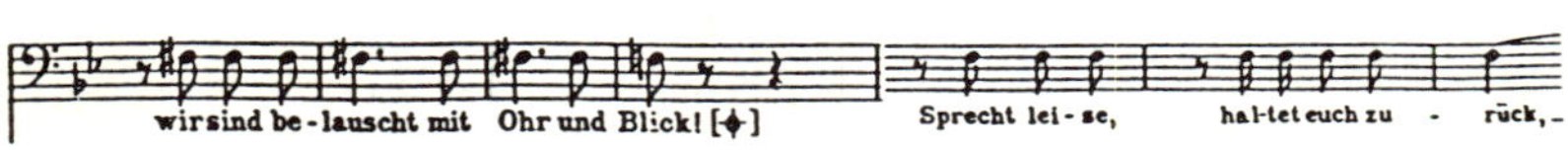

In Zusammenarbeit mit den befreundeten Diensten in Italien, Griechenland und der Türkei versucht man dann durch »Fernpeilung« die genauen Standorte der Sender zu orten. Neuerdings muß viel gereist werden, weil alle Ostblock- und GUS-Länder nunmehr einen eigenen Funkverkehr aufbauen. Um die neu in Deutschland geworbenen Agenten nicht gleich zu verschrecken, werden die Morsezeichen neuerdings im »Schulungsfunk« verlangsamt und auf einer anderen als der üblichen Frequenz gesendet. Ganz offiziell haben auch solche Entwicklungsländer wie Armenien und Usbekistan mitgeteilt, sie bauten jetzt eigene Einrichtungen für die Auslandsspionage auf. Und was heißt das für den Lauscher? Er muß seine großen Ohren nach Osten drehen, weit aufmachen und – gegen »Zulage« – Usbekisch lernen.

Die technischen Möglichkeiten des heimlichen Telefonmithörens werden laufend perfektioniert. Längst vorbei sind die Zeiten, da ein Knacken in der Leitung den Lauscher verriet. Statt dessen ist geballte Computerintelligenz am Werk. Alle Ferngespräche, die in Deutschland und von Deutschland ins Ausland über Richtfunkstrecken geführt werden – und das sind weitaus die meisten – werden routinemäßig abgehört. Weltmeister ist die amerikanische NSA. Am illegalen Lauschen beteiligen sich jedoch auch alle anderen Regierungen, sogar die der ganz kleinen Länder. Wer darauf achtet, entdeckt überall – mit größerer Wahrscheinlichkeit jedoch auf Bergen, in abgelegenen Gegenden und an Küsten – große, halbkugelige Kuppeln von einem Durchmesser bis zu dreißig Metern, die stets weiträumig abgesperrt sind und von den Nachbarn ringsum unisono als »Radarstationen« bezeichnet werden.

Mit Radar, einem Funkmeßverfahren, das Gegenstände abtastet und aus der Reflexion elektromagnetischer Wellen die Richtung, Entfernung und den Charakter des Gegenstandes (zum Beispiel eines Flugzeuges oder einer Rakete) erkennt, haben die Pseudo-Radarstationen nichts zu tun. Sie lauschen den materielosen Stimmen von Millionen Menschen, die das weder wissen, noch merken, noch je erfahren. Ständig kontrollierte der ostdeutsche Staatssicherheitsdienst 40 000 Telefonanschlüsse in Westdeutschland. Mindestens 100 000 Telefonate pro Jahr wurden mitgeschnitten, aus 4 000 filterten die Agenten vertrauliche Informationen über gegnerische Geheimdienste, High-Tech-Unternehmen, die Bonner Regierung und Medien-Redaktionen.

Als im Frühjahr 1990 der Exitus der DDR ganz nahe rückte, beschafften sich Bonner Emissäre in Ostdeutschland in einer Nacht- und Nebelaktion einige zehntausend Tonbänder. Diese Aufzeichnungen von Telefonaten westdeutscher Führungskräfte – darunter Bischöfe, Gewerkschaftsfunktionäre und Politiker jeglicher Couleur – enthielten Beweise für Tausende von Straftaten, Landesverrat inklusive. Vor allem aber belegten sie, daß der Mensch des Menschen Wolf sein kann und daß Ehebruch kein Privileg einzelner ist, so wenig wie Raffgier und Steuerhinterziehung. Die Tonbänder waren so schrecklich, daß eine große Koalition der Bonner Entscheidungsträger einmütig und bedingungslos für ihre sofortige Vernichtung sorgte. Lieber einen Landesverräter laufen lassen als freiwillig so viel Schmutz aufwirbeln.

Wer Autotelefone und Richtfunkstrecken kontrolliert, der gewöhnt sich an die Banalität des Lebens und seine Schatten-

seiten. Damit die großen Ohren nicht wahllos Klatsch und Tratsch einfangen, sind ihre Computer raffiniert programmiert: Wenn eine bestimmte Telefonnummer angewählt wird – etwa das Bundeskanzleramt in Bonn (0228/56-0) –, beginnt automatisch die Aufzeichnung, es könnte ja etwas dran sein. Zehntausende von deutschen Telefonnummern sind bei NSA und anderen Diensten fest einprogrammiert. Einige Computer erkennen selbständig einzelne Stimmen und filtern sie heraus. Kann man über Freund oder Feind denn je genug wissen? Nach dem Zufallsprinzip werden, vor allem durch Überhören, Zehntausende anderer Telefonbenutzer kontrolliert.

Der raffinierteste Trick jedoch besteht darin, den Computern bestimmte »Code-Wörter« einzugeben, auf die sie automatisch mit sofortiger Wachsamkeit reagieren. Solche Code-Wörter sind beispielsweise »Division«, »Bundeskanzler«, »Entführung«, »Cosmic« und so weiter. Wenn Schleyer entführt ist, füttert man »Schleyer« als Code-Wort ein, läßt es auch später noch einige Monate mitlaufen. Gewöhnlich vergeblich, denn im Kampf gegen Terrorismus hat das Telefonabhören fast nichts gebracht. Auch für den Bestand der DDR, die perfekt abgehört wurde, hat das Lauschen nichts geholfen. Als alles vorbei war, resümierte Erich Honecker, die MfS-Lauschereien hätten »kaum Niederschlag gefunden« in seiner Politik, das MfS habe sich damit nur permanent gebrüstet, und im übrigen sei im Westen alles noch toller. Mielkes Lauscher haben nachweislich dem Chef zuliebe sogar ganz unpolitische Fußballer und Schiedsrichter belauscht, immer in der Hoffnung, daraus für Mielkes Lieblingsverein, Dynamo Berlin, einen kleinen Vorteil zu ziehen. Das gelang nie. Als die Dynamo-Kicker 1988 im

Europa-Cup-Spiel gegen Werder Bremen antraten – und die Spitzel vorher im bundesdeutschen Bremen heimlich alles mitgehört hatten – verlor Mielkes Mannschaft 5:0.

Solche kessen Sachen trauen sich bundesdeutsche Geheimdienstler wohl nicht. Der Bundesnachrichtendienst darf zwar aus »strategischen Gründen« und wegen der von Gott-weiß-wem bedrohten »äußeren Sicherheit« Ausländer aller Nationen abhören. Wie beim Verfassungsschutz unterliegen die meisten der dabei gewonnenen individuellen Erkenntnisse aber einem »Verwertungsgebot«. Steuerhinterziehung darf nicht dem Finanzamt gemeldet werden, die Linie Kokain nicht dem Amtsarzt und der Ehebruch nicht der Ehefrau. Allzuviel Verwertung würde den Staatsapparat auch hoffnungslos verstopfen. Die NSA unterhält an der amerikanischen Ostküste riesige Verbrennungsanlagen, um den Überschuß ihrer Erkenntnisse in Rauch aufgehen zu lassen.

Wenn man dem Maulwurf Hansjoachim Tiedge glauben darf – man darf es, er ist ein gutbeleumdeter Profi des Metiers –, dann ist nachträgliches Auswerten von Telefonaktionen wenig hilfreich. Diese G-10-Maßnahmen, geregelt durch ein Gesetz zur Beschränkung des Brief-, Post- und Fernemeldegeheimnisses, kann Tiedge nicht empfehlen. Er ist für die »gezielte, Einzelfallbezogene Kombination von Observation und ›Live-Schaltung‹«, weil nur dabei eine sofortige Reaktion auf neue Erkenntnisse ohne jeden Zeitverlust möglich ist. Tiedges Lehrbeispiel: Man beobachtet den Verdächtigen aus einer eigens angemieteten Wohnung (hochtrabend »Observationsstützpunkt« genannt) und hört von dort aus gleichzeitig das Telefon ab. Dann muß man sich nicht in Trab setzen, wenn der

Hochverräter seiner Freundin zuflüstert, er gehe jetzt nur noch schnell eine Flasche Schampus kaufen.

Die Möglichkeiten, das vertraulich gesprochene Wort heimlich abzuhören, faszinieren Polizei und Geheimdienste gleichermaßen. Die polizeilich genehmigten Telefonüberwachungen haben sich in den letzten zehn Jahren in Deutschland vervierfacht. Das soll, geht es nach einflußreichen Politikern, aber erst der Anfang sein. Ihr Ziel ist der »große Lauschangriff«, von dem im Schlußteil noch die Rede sein wird.

Seit letztem Jahr ist der kleine Lauschangriff, jeder gegen jeden, legitim. Die Post hat den Besitz von Breitbandempfängern, sogenannten »Scannern«, legalisiert. Seither darf sich jeder in jedem Funkladen einen Scanner kaufen und alles hören, was so in der Luft liegt – auch den Funkverkehr der Sicherheitsdienste und das Geplauder der Autotelefonisten. Schnurlose Telefone aller Art sind jedenfalls nicht mehr sicher, nicht mal mehr pro forma. Deshalb regt sich schon die Abwehr. Der Weltfirma Siemens ist es gelungen, ein erstes, für den privaten Gebrauch zugelassenes Verschlüsselungstelefon auf den Markt zu bringen. Versteht sich, daß der Partner auch ein Crypset 100 von Siemens haben muß. Die Verschlüsselung erfolgt durch einen automatisch erzeugten Code, und es dauert, schwört der Produzent, 10 000 Jahre ununterbrochenen Telefonierens, bis sich eine Codierung wiederholt. Mißbrauch und unbefugtes Mithören sind passé. Zwiegespräch bleibt Zwiegespräch, sagt Siemens. Übrigens kostet ein Apparat 10 000 DM.

Vorbei die Zeiten, da beim Bundesnachrichtendienst ein leibhaftiger General die Tonbänder abhörte und auch der Neffe des deutschen Generalquartiermeisters Erich Ludendorff (er

stand im Ersten Weltkrieg dem Kaiser zur Seite, später dessen Gefreitem Adolf Hitler) in diesem Busineß beschäftigt wurde. Heute nimmt man dafür Herren vom gehobenen Dienst, höchstens A 13. Die gewöhnlichen Stasi-Lauscher sind nicht mehr mit Überhören beschäftigt. Nur wer eine akademische Ausbildung hat, etwa als Physiker, wird im wiedervereinigten Deutschland in seinem erlernten Metier gebraucht. Die acht Stasi-Physiker, die sich jahrelang mit allen Finessen des Abhörens von Autotelefonen beschäftigt haben, sind als Team von einem weltbekannten deutschen Elektrokonzern übernommen worden. Sie sollen, bis zum Jahr 2000, so die Zielvorgabe, das abhörsichere Autotelefon entwickeln. Es interessiert uns nicht, ließ die Firma verlauten, ob die Katze weiß oder schwarz ist, Hauptsache, sie fängt Mäuse.

Der kleine Mann, he needs to know

So werden die kleinen und die nicht ganz so kleinen Schnüffler mal auf dieser, mal auf jener Seite gebraucht. Geben und nehmen, so heißt das Gesetz. Als die Bonner Bundesrepublik bei der Ost-Berliner DDR noch eine »Ständige Vertretung« unterhielt, die wiederum mit einem abhörsicheren Raum, der »Laube«, ausgestattet war, reisten in regelmäßigen Abständen Techniker des BND nach Ost-Berlin, um die Laube auf Sicherheit zu prüfen und die technischen Anlagen zu warten. Sie waren als Mitarbeiter des Außenministeriums getarnt. Die unauffälligen Pullacher Herren wurden an der Grenze von ihren unauffälligen Ost-Berliner Gegenspielern immer sofort erkannt, denn sie wiesen Reisepässe aus, die fortlaufend numeriert waren. Avanti, dilettanti!

Reisekader der DDR wiederum, im Westen mit Legende – und das heißt: mit »unverbürgter Darstellung« – unterwegs, ließen sich in den Mittelklassehotels leicht herausfiltern: Sie waren sparsam bis zum Geiz, denn die Spesen sollten sich in glitzernde Westwaren verwandeln und diese in Mitbringsel; sie telefonierten nicht; bestellten niemals käufliche Damen aufs Zimmer, nicht einmal Theaterkarten für den Abend.

Auch im Dienst bleiben die Schnüffler aller deutschen Geheimdienste in erster Linie brave Beamte, Männer mit mittleren Karrieren. Sie dürfen im Büro den Schreibtisch nicht schräg stellen, denn das vergrätzt den Vorgesetzten. Sie haben keine gepolsterte Doppeltür, und der zähe Bürokraten-Gummibaum läßt die Blätter auch schon hängen. Die Fremdbestimmung der rangniederen Dunkelmänner ist groß und kränkend. Sie werden versetzt, umgetopft, von draußen (Beschaffung) nach drinnen (Auswertung) geliftet, von angesehenen Tätigkeiten zu Banalitäten verschubt, wie von Geisterhand. Wer nur ein kleines Rädchen ist im großen Getriebe, der leidet notwendigerweise besonders an der Abschottung, dem »Need to know«-Prinzip. Jeder erfährt (jedenfalls theoretisch) nur das, was er unbedingt wissen muß. Private Neugierde läßt sich nicht ohne weiteres befriedigen, im Laufe des Beamtenlebens wird sie allerdings ohnedies schwach und schwächer.

Gegen den gewerbeeigenen Frust setzt die Führung jedes Geheimdienstes auf eine forcierte Pflege der Kameradschaft und der Mythen. Das sind die internen Bindemittel, die Gehorsam nach innen und Schweigsamkeit nach außen garantieren sollen. Geheimdienstler verdienen zwar vergleichsweise gut – das gilt jedenfalls dann, wenn man als Basis die Alimentation ähnlich Qualifizierter zu Grunde legt –, doch viele leiden an der Verschwiegenheit gegenüber Familie, Nachbarn und Vereinskameraden. Selbst kleine Heldentaten dürfen nur dem Berufskollegen offenbart werden – und der glaubt sie in der Regel nicht.

Was also bleibt am Ende? Als die Stasi zu Grunde ging, sorgten sich deren Angehörige nicht primär um das weitere Schicksal des Sozialismus, auch nicht um ihre DDR. Als HVA-Chef Markus (»Mischa«) Wolf sich im späten Frühjahr 1990 ein letztes Mal seinen verdienten HVA-Kundschaftern zeigte, ging es nur um drei Themen: Werden wir unsere Häuser behalten dürfen? Kommt die Amnestie? Was ist mit der Rente? Wegen der »Versorgungsansprüche« wurden alle Namen hauptberuflicher MfS-Angehöriger auf einem Datenträger gespeichert, dessen Dublette wenige Wochen später im Besitz des Kölner Bundesamtes für Verfassungsschutz war. Eine Pico-bello-Liste der Klarnamen, echten Geburtstage, Eintrittsdaten und des Arbeitsplatzes.

Offenbar fühlte sich jeder der 103 000 Mann nur als kleines Rädchen in einer Riesenmaschinerie. Jedenfalls lief keiner, kein einziger, nach der Auflösung des Ministeriums für Staatssicherheit aus dem Ruder. Es fiel kein Schuß gegen den Klassenfeind, kein einziger. Einige wenige (es ist von dreizehn die Rede) erschossen sich. Der Putsch der Obristen, lange Monate befürchtet, kam über Kamingespräche nicht hinaus. Gehalt weg, Schwung weg.

In Ost und West gleichermaßen sind die gewöhnlichen Mitarbeiter der Geheimdienste von den schlechten Erfahrungen des Lebens geprägt. Sie wissen, meist von ihren Eltern, wie das ist, wenn man gekündigt werden kann oder im Dreischichtdienst malochen muß. Wer sich hauptberuflich dem Schutz von Sicherheit und Ordnung verpflichtet, der tut dies vor allem, weil er für sich selber Sicherheit und Ordnung herbeiwünscht. Die Meinungs- und Sozialforscher haben herausgefunden, daß die deutschen Jugendlichen für sich persönlich als Soldaten, Polizeibeamte oder Kommunal- oder Gemeindebeamte die besten beruflichen Aufstiegschancen sehen. Weil die Leistungsanforderungen nach allgemeiner Ansicht vergleichsweise gering sind, ergibt sich ein attraktives Berufsbild. Die hohen absoluten Zunahmen bei diesen Berufen zeigen, daß die Jugendlichen mit ihrer Lebenssicht wohl richtig liegen.

Kein Dunkelmann, der sich nicht über die verborgene Dialektik freuen würde, einerseits im öffentlichen Dienst tätig zu sein, es andererseits aber geheimhalten zu müssen. Wenn dann noch ein bißchen Leben in der Bude ist, desto besser. Man kann, als Kamerad unter Kameraden, beispielsweise helfen, anderswo Geheimdienste zu installieren: Gehlen 1952 in Ägypten, später in Saudi-Arabien (dafür schenkte ihm der Monarch ein goldenes Schwert); die Stasi in allen möglichen afrikanischen Ländern (Undank war ihr Lohn); und nun will auch BfV-Präsident Eckart Werthebach den neuen demokratischen Regierungen auf dem Balkan und bei der GUS helfen, neue demokratische Geheimdienste aufzubauen. BND-Präsident Konrad Porzner sucht qualifizierten Nachwuchs, vor allem Naturwissenschaftler, Informatiker (denn bald will man seinen eigenen Satelliten betreiben), Atomphysiker und Männer, die Arabisch sprechen.

Heribert Hellenbroich aus Köln, hier wie dort Präsident gewesen und nun ein Frühpensionär, tingelt derweil mit seinen entlastenden Statements durch die Talkshows: »Spionage ist ein völlig wertfreies Verfahren bei Interessendifferenzen.« Alles soll – und wird? – so weitergehen, denn auch für die geheimen Beamten gelten die drei entscheidenden Lebensregeln des Berufsbeamtentums: Das haben wir immer so gemacht. Das haben wir nie so gemacht. Da könnte ja jeder kommen.

Kapitel VI
»Meine Tätigkeit als Minister für S«

Stasi-Chef Erich Mielkes lebenslanger Kampf mit dem Wort und mit dem Klassenfeind

Ein Lebenslauf in zwölf Bildern. Alle Texte sind authentisch.

1. Szene

9. August 1931, ein warmer Sommerabend. Erich Mielke, 23, vor dem Kino »Babylon« in Berlin-Mitte, Bülowplatz. Es liegt was in der Luft. Polizei fährt vor und räumt den Platz.

»Natürlich, wenn ich die Augen schließe, kann ich mich noch an einiges erinnern. Die Polizei schlug mit Gummiknüppeln auf die Demonstranten ein. Wer geschossen hat, kann ich nicht sagen. Ich bin weggerannt, um nicht selbst abgeknallt zu werden. Die Partei hat mich auf den Bülowplatz geschickt, aber nicht mit dem Auftrag, Leute zu erschießen. Ich bin bereit, für meine Partei, damals war es ja noch eine, in den Tod zu gehen. Meine Partei war keine terroristische Vereinigung, da kann man heute erzählen, was man will. Niemals wurde ich zu terroristischen Sachen verpflichtet. Natürlich hat die Partei alle zusammengerufen. Es war ja immerhin die Zeit 1931, und es handelte sich auf dem Bülowplatz um eine Provokation der Hitlerbanditen, um die Partei verbieten zu können ...«

Die Polizeioffiziere Lenck und Anlauf liegen tot in ihrem Blut. Der Platz ist leer.

»Wissen Sie, ich war ein einfacher politischer Funktionär. Bin wie ein Treppenterrier von Haus zu Haus, habe Fünfzig-Pfennig-Broschüren an die Arbeiter verteilt. Eine hieß zum Beispiel ›Wie verhält man sich vor Gericht?‹«

2. Szene

31. Oktober 1933, Lenin-Schule der Komintern in Moskau. Erich Mielke, 25, heißt jetzt Paul Bach. Abschlußversammlung zur »Parteireinigung des Sektors A«. Mielke/Bach dreht nervös seine blaue Sportmütze, Größe 56. Selbstkritik:

MIELKE: »1928 wurde ich Mitglied der KPD. Ich arbeitete in der Straßenzelle und habe in meiner politischen Arbeit immer gegen Ultralinke gekämpft. 1932 bin ich ohne theoretische Vorbereitung an die Schule gekommen. In den Diskussionen habe ich mich hochmütig verhalten. Diesen Fehler kann ich mit meiner nahezu kleinbürgerlichen Abstammung erklären.«

FRAGE: »Hast du gegen Ultralinke in der Gewerkschaft gekämpft?«

MIELKE: »Ich sagte schon, daß ich in den Gewerkschaften keine führende Funktion innehatte.«

FRAGE: »Wie stehst du zur Gruppe Neumann?«

MIELKE: »Ich habe sie bekämpft.«

FRAGE: »Wie sah dein Kampf gegen den Faschismus konkret aus?«

MIELKE: »Besonders hatte ich auf die Massenarbeit geachtet. Ich habe gegen Tendenzen des individuellen Terrors gekämpft.«

FRAGE: »Du sagtest, du habest ein richtiges Gefühl im Kampf für die Generallinie. Was bedeutet das?«

MIELKE: »Selbstverständlich kann ich ohne theoretische Anleitung nicht sicher handeln. Doch mein bolschewistischer Instinkt hilft mir.«

An einem separaten Tisch schreibt der Genosse Appen, Vorsitzender der Reinigungskommission, an der Beurteilung des Genossen Mielke/Bach. Er liest:

»Während der Reinigung sind folgende Tatsachen in Erscheinung getreten, daß bei Bach solche Momente einer Selbstüberheblichkeit vorhanden sind, sogar Selbstgefälligkeit, Selbstherrlichkeit und in Verbindung hiermit ein bestimmtes Isoliertsein. Nun, es ergab sich, wenn er selbst solche gute Meinung von sich hat, daß die anderen Genossen, die sich als einfache Sterbliche gefühlt haben, sich von ihm zurückgezogen haben, und er erwies sich als alleinstehend. Der Lektor, welcher sprach anläßlich der Reinigung Bachs, hat festgestellt, daß Bach oberflächlich sei, daß er überstürzt ist in seinen Schlußfolgerungen. Nun, Genossen, es kommt auch vor, daß er antisemitische Scherze macht. Man muß sich klar darüber sein, daß ein wirklicher Antisemitismus von einem antisemitischen Scherz so gering wegsteht, daß wir mit einem unbewaffneten Auge diese Spannung nicht übersehen können. Anders formuliert, kann man sagen, daß antisemitische Scherze schließlich Antisemitismus sind. Genosse Bach muß sich diese Frage durch den Kopf gehen lassen.«

Mielke setzt die Mütze auf. Er ist zufrieden.

3. Szene

27. März 1950, 22 Uhr. Mielke, 42, ist jetzt Staatssekretär des MfS. Ein Vernehmungszimmer. Mielke in engem Anzug mit Parteiabzeichen. Vor ihm steht der Häftling Kurt Müller, 47, in den zwanziger Jahren Vorsitzender des Kommunistischen Jugendverbandes. Er wird angestrahlt.

MIELKE: *(scharf)* »Wir wissen, daß Sie Mitglied einer trotzkistischen Organisation waren.«

MÜLLER: »Das stimmt nicht.«

MIELKE: »Ich fordere Sie auf, die volle Wahrheit zu sagen. Sind Sie Mitglied einer trotzkistischen Organisation?«

MÜLLER: »Nein, ich gehöre keiner trotzkistischen Organisation an. Ich gehörte aber vor 1932 zu Neumann.«

MIELKE: »Wann?«

MÜLLER: »1931 bis 1932.«

MIELKE: »Wann hatten Sie mit Neumann Verbindung?«

MÜLLER: »Anfang 1931 über Remmele.«

MIELKE: »Genau?«

MÜLLER: »Als ich Vorsitzender des Kommunistischen Jugendverbandes war.«

MIELKE: »Wann haben Sie Verbindung zu Neumann aufgenommen?«

MÜLLER: »Über Remmele.«

MIELKE: »Wann nahmen Sie Verbindung mit Remmele auf?«

MÜLLER: »Als ich Vorsitzender des KJV war.«

MIELKE: »Worin bestand die Theorie von Remmele?«

MÜLLER: »Schlagt die Faschisten, wo ihr sie trefft, Kampf gegen Thälmann. Ich habe die Theorie von Remmele unterstützt.«

MIELKE: »Wann gingen Sie von Berlin weg und wohin?«

MÜLLER: »1931 ging ich nach Moskau.«

MIELKE: »Was dort?«

MÜLLER: »Ich wurde II. Sekretär der Kommunistischen Jugendinternationale.«

MIELKE: »Welche und worin bestand diese Tätigkeit in Moskau?«

MÜLLER: »Als II. Sekretär war ich mehrmals im Ausland.«

MIELKE: »In welchen Fragen fuhren Sie ins Ausland?«

MÜLLER: »In Jugendfragen.«

MIELKE: »Wie sind Sie nach Paris gefahren?«

MÜLLER: »Über Helsingfors, Stockholm, Paris. In Paris habe ich mit Pieck gesprochen. Pieck schickte mich nach Saarbrücken zur illegalen Arbeit. Dort war Herbert Wehner. Durch Verschulden von Wehner wurde ich verhaftet. Ich kam ins Zuchthaus. 1940 wurde ich in das KZ Sachsenhausen überführt.«

Kurt Müller wird abgeführt, den Russen übergeben, zu 25 Jahren Zwangsarbeit verurteilt.

4. Szene

6. Juli 1962. Mielke, 54, ist Minister für Staatssicherheit. Sitzt in seinem Dienstzimmer, an einem Riesenschreibtisch, vor sich sechs Telefone.

Mielke liest: »Regierung der Deutschen Demokratischen Republik – Ministerium für Staatssicherheit – Der Minister – Geheime Verschlußsache – Nr. 82216 – Dienstanweisung Nr. 10/72.« – *Er blickt auf, strahlt, vertieft sich in den Text:* »Die Erzielung wertvoller Ergebnisse durch die verstärkte Anwendung der Mittel der Linie –26– zur Lösung der Aufgaben des MfS erfordert Maßnahmen zur Erhöhung der Konspiration und zur Gewährleistung einer straffen Ordnung in der Zusammenarbeit... dazu weise ich an...« *Strahlt wieder. Liest, bewegt dabei die Lippen, kommt ans Ende:* »Die Richtlinie der Abteilung –0– für die Auftragserteilung und Auftragsabwicklung von A- und B-Aufgaben mit der Abteilung –0– in Berlin bzw.

mit den Referaten -0- in den Bezirksverwaltungen vom 24.2.1958 sowie das Schreiben der Abteilung -0- Tgb.-Nr. 0/147/59 vom 3.2.1959 über die Verlängerung bzw. Beendigung von A- und B-Aufträgen verlieren ihre Gültigkeit und sind durch die Abteilung -26- bis zum 31.8.1962 einzuziehen.«
Mielke schraubt sorgsam seinen Füllfederhalter auf. Ein großer Moment, die Unterschrift: »Mielke, Generaloberst.«

5. Szene

19. Februar 1982. Stasi-Hauptquartier Normannenstraße. Dienstbesprechung zum Thema Sicherheit. Anwesend sind rund 100 hohe Offiziere, Mielke, 74, in Uniform mit zahlreichen Orden. Er spricht aus dem Stegreif:

»Wir sind nicht davor gefeit, daß wir mal einen Schuft unter uns haben. Wenn ich das schon jetzt wüßte, würde er ab morgen schon nicht mehr leben. Kurzen Prozeß. Weil ich Humanist bin, deshalb habe ich solche Auffassung. Lieber Millionen Menschen vom Tode retten, als einen Banditen leben lassen, der uns die Toten bringt. Ich habe das mal richtig erklärt, warum man so hart sein muß. Das ganze Geschwafel, von wegen nicht hinrichten und nicht Todesurteil – alles Käse, Genossen. Hinrichten, wenn notwendig auch ohne Gerichtsurteil.«

6. Szene

7. Mai 1987. Großer Saal im Palast der Republik. Erich Mielke, 79, hält die Ansprache »Der Sozialismus verkörpert den historischen Fortschritt und ist deshalb unbesiegbar« auf der Festveranstaltung des Zentralkomitees der SED, des Staatsrates, des Ministerrates und des Nationalrates der Nationalen Front der DDR. Ein FDJ-Chor singt Erich Mielkes Lieblingslied:

Dann spricht der Minister:

»Lieber Genosse Erich Honecker! Teure sowjetische Genossen! Werte Angehörige des Diplomatischen Korps! Liebe Freunde und Genossen!

Berlin kündet als Wahrzeichen des Sozialismus auf deutschem Boden und Stadt des Friedens weltweit von den großen historischen Veränderungen, die sich seit dem Mai 1945 vollzogen haben. Der Sozialismus hat auf vier Kontinenten festen Fuß gefaßt. In Gestalt der sozialistischen Staatengemeinschaft entwickelt sich und erstarkt jene Kraft, die heute das Geschehen in Europa und der Welt immer nachhaltiger mitbestimmt.

Die Deutsche Demokratische Republik heute, das ist das Werk nun schon mehrerer Generationen und aller politischen Kräfte unseres Landes, es wurde vollbracht dank dem unerschütterlichen Vertauensverhältnis zwischen der Partei der Arbeiterklasse und dem werktätigen Volk. Es wurde erreicht durch den Fleiß, die Disziplin, das Können und die Leistung der Werktätigen. Dieses Werk legt Zeugnis davon ab, daß die Sozialistische Einheitspartei Deutschlands ihrer Verantwortung stets gerecht geworden ist. Und das wird auch künftig so sein.

Alles mit dem Volk, alles für das Wohl und das Glück des Volkes, das ist der Sinn des Sozialismus, das ist in der Deutschen Demokratischen Republik Wirklichkeit.

Mann für Mann, leise und auf Zehenspitzen erscheint hinter Erich Mielke das Politbüro der SED, angeführt von Erich Honecker. Mielke schaut sich um. Er ist mißtrauisch. Auf ein Zeichen Honeckers beginnt das Politbüro con brio mit einem Sprechgesang.

POLITBÜRO:

»Hoch schätzen wir Deinen herausragenden Anteil
bei der Stärkung, Festigung und Verteidigung
unserer Deutschen Demokratischen Republik.

Unsere Partei ehrt in Dir
einen Partei- und Staatsfunktionär,
der sich im Kampf für die Verwirklichung der
kommunistischen Ideale
hohe nationale und internationale Anerkennung erworben
hat.

In Deinem revolutionären Leben
verkörpern sich wesentliche Perioden

des heldenhaften Kampfes der deutschen Arbeiterbewegung,
ihres aktiven Wirkens gegen den Faschismus und Krieg,
für Frieden und Sozialismus.

Lauter, machtvoll:

Lieber Genosse Erich Mielke!
Es ist uns ein Bedürfnis,
Dir erneut im Namen unserer Partei
den tief empfundenen Dank
und die Anerkennung
für Dein jahrzehntelanges Wirken
für Sozialismus und Frieden
auszusprechen.

Wir wünschen Dir auch künftig
beste Gesundheit, Schaffenskraft und viel Erfolg
in Deiner verantwortlichen Tätigkeit.«

Mielke fixiert Mann für Mann. Ahnt er, was in ihren Köpfen vorgeht? Die ersten drei haben es später in ihre Memoiren hineingeschrieben, was sie von Mielke hielten. Nur Genosse Hager, zuständig für Kultur, hilft der Phantasie an die Macht.

Erich Honecker denkt: »Erich Mielke, Du hast aktiv mitgearbeitet unter Anleitung von denen, die erschossen wurden, und denen, die noch leben.«

Günter Mittag grübelt: »Erich Mielke, was bewirkst Du und die Stasi im Endeffekt für den Erhalt des Staates DDR? Faktisch nichts.«

Günter Schabowski sorgt sich heimlich: »Erich Mielke, Du willst alles wissen, alles unter Kontrolle haben. Das ist schon pathologisch. Feldwebel!«

Kurt Hager repetiert Volkskultur: »In der Nacht um halber Zehne, / schleicht der Hinterdupferbene / kammerfensterln bei der Stasi / und der Mond scheint bleich und kasi.«

Mielke ist verwirrt, blättert in seinem Manuskript, kommt gleich zum letzten Absatz. Politbüro geht leise ab.

MIELKE: »In der sozialistischen Deutschen Demokratischen Republik, im unverbrüchlichen Bruderbund mit der Partei Lenins und dem Land des Roten Oktober, in der festgefügten Einheit und Geschlossenheit der gesamten sozialistischen Völkerfamilie erfüllt sich das Lebenswerk von Karl Marx und Friedrich Engels, erfüllt sich der revolutionäre Kampf der deutschen Arbeiterklasse. Der Sozialismus schreitet weiter siegreich voran!

Es lebe das brüderliche Bündnis mit dem heldenhaften Sowjetvolk und seiner kampferprobten Kommunistischen Partei der Sowjetunion!

Alles für eine starke sozialistische Deutsche Demokratische Republik!«

Starker, nicht enden wollender Beifall, der in Ovationen übergeht.

7. Szene

31. August 1989. Dienstbesprechung beim 81jährigen Minister für Staatssicherheit. Anwesend sind fünfzehn hohe Offiziere der Bezirksverwaltungen. Die Stimmung ist schlecht.

MIELKE: »Wir beginnen mit der Dienstkonferenz. Die Probleme, die wir behandeln wollen, sind Euch schriftlich mitgeteilt worden mit der Aufforderung, Euch darauf vorzubereiten. Die Situation ist sehr ernst, und komplizierte Fragen stehen vor uns. Wie ist es in den Betrieben, wie sieht es in den Betrieben aus, wie ist die Stimmung?«

GENERALMAJOR HÄNEL: »Das ist natürlich eine ganz komplizierte Frage, Genosse Minister, im Augenblick.«

MIELKE: »Das ist eine sehr einfache Frage. Das ist eine Frage der Macht, weiter nichts.«

HÄNEL: »Hauptschwerpunkt der Stimmung in der Bevölkerung sind die Vorgänge mit dem ungesetzlichen Verlassen über die Volksrepublik Ungarn und die Besetzung der diplomatischen Vertretung durch Bürger unseres Landes. Viele Stimmen ehrlicher Besorgnis kommen hoch.«

MIELKE: »Wie ist das also, was können denn die Genossen tun, um darauf einzuwirken, daß es sich nicht wiederholt, die Sache?«

HÄNEL: »Das ist eine komplizierte und schwierige Frage, Genosse Minister.«

MIELKE: »Das ist die Hauptfrage. Warum, also sie anerkennen, die Vorzüge des Sozialismus und alles, was der Sozialismus bietet an Vorzügen, aber trotzdem wollen sie dann weg, weil, das betrachten sie als Selbstverständlichkeit, und gehen darüber hinweg und kommen dann mit allen möglichen anderen Gründen, die sie vorschieben. Viele sagen, es ist schlecht, die Versorgung. Warum? Jetzt gibt es keine Bananen, oder einer hat das nicht und jenes nicht. Und da wird immer von den einzelnen Dingen die Gesamtlage eingeschätzt. So kann man nicht herangehen, nicht wahr, Genossen, so kann man nicht herangehen. Der Sozialismus ist so gut; da verlangen sie immer mehr und mehr. So ist die Sache. Ich denke immer daran, was wir erlebten, ich konnte auch keine Bananen essen und kaufen, nicht, weil es keine gab, sondern weil wir kein Geld hatten, sie zu kaufen. Ich meine, das soll man nicht schlecht hinnehmen, das soll man ideologisch nehmen.«

Wendet sich dem nächsten Offizier zu.

MIELKE: »Wie schätzt Du die Gesamtlage ein?«

OBERST DANGRIESS: »Genosse Minister, ich würde sagen, natürlich ist die Gesamtlage stabil.«

MIELKE: »Ist es so, daß morgen der 17. Juni ausbricht?«

DANGRIESS: »Der ist morgen nicht, der wird nicht stattfinden, dafür sind wir ja auch da.«

MIELKE: »Du verstehst den Sinn?«

DANGRIESS: »Ja, ich verstehe.«

8. Szene

21. Oktober 1989. Stasi-Hauptquartier, Normannenstraße. Nach der Wende. Die Wachen sind verstärkt. Dienstbesprechung beim Minister. Auf Mielkes Schreibtisch zwölf Telefone, die nervös blinken. Unruhiges Kommen und Gehen.

MIELKE: »Wir stehen vor dem Erfordernis, unsere operativen Kräfte, Mittel und Methoden rasch auf die sich auf dem Gebiet der feindlichen, oppositionellen Zusammenschlüsse und Gruppierungen vollziehenden Sammlungs- und Polarisierungsprozesse einzustellen.«

Sein Blick geht zum IM »Sekretär«, später SPD-Ministerpräsident des Landes Brandenburg. Der hat die Hände gefaltet.

MIELKE *(weiter)*: »Es sind neue Überlegungen anzustellen, wie wir mit den vorhandenen operativen Kräften in die in jüngster Zeit entstandenen Gruppierungen eindringen und diese gründlich aufklären können, dort so Fuß fassen, daß wir die Kontrolle über sie behalten.«

IM »Torsten«, geadelt zu IM »Dr. Schirmer«, später Vorsitzender des »Demokratischen Aufbruch« nickt, streicht zufrieden seine silberne Seidenkrawatte glatt. Neben ihm sitzt IM »Czerny«, später DDR-Ministerpräsident, grau und spitzmäusig. Sein dünnes Bärtchen zittert.

MIELKE: »Hierbei sollten wir unter anderem die Tatsache nutzen, daß sich diese Gruppierungen – sie verstehen sich ja als Sammelbecken – weitgehend geöffnet haben . . . «

Mielke übersieht vorsätzlich die Wortmeldung des IM »Bongarz«, später Vorsitzender der DDR-SPD.

». . . und ihre Arbeitsweise zur Zeit praktisch keinen konspirativen Charakter trägt. Das muß genutzt werden . . . «

IM »Notar«, später PDS-Vorsitzender, erscheint verspätet auf der Bühne.

». . . verstärkt auch solche IM einzubauen, die Einfluß auf die Richtung des Vorgehens solcher Gruppierungen ausüben können.«

Mielke faßt seine Helfer nochmals mürrisch ins Auge. Ein Oberst entwindet dem IM »Notar« die Zigarette. Der Minister haßt Rauch.

9. Szene

14. November 1989, mitten in der Wende. Abgeordneter Erich Mielke redet vor der Volkskammer, seit 30 Jahren zum ersten Mal. Die Stimmung ist gereizt, viele Abgeordnete tragen kein Parteiabzeichen mehr.

»Wir sind Söhne und Töchter der Arbeiterklasse, der Werktätigen, und kommen aus allen Schichten, einfache, gebildete und wissenschaftliche Mitarbeiter. Wir vertreten die Interessen der

Werktätigen. Das ist unser oberster Auftrag der Volkskammer, und dem haben wir uns immer bemüht gerecht zu werden. Das war nicht immer leicht und wurde unter schweren Bedingungen durchgeführt. Wir haben, Genossen, Abgeordnete, einen außerordentlich hohen Kontakt mit allen werktätigen Menschen. *(Lautes Lachen.)* Ja, wir haben einen Kontakt, wir haben einen Kontakt, Ihr werdet gleich hören, Ihr werdet gleich hören warum. Ich fürchte mich nicht, hier ohne Rededisposition Antwort zu stehen. Auch eine Demokratie. Ich habe mir kein Referat vorher fertiggemacht. Wir haben den Auftrag erstmal gehabt als Allerwichtigstes, alles aufzudecken. Wir haben hervorragende Informationen geliefert. Wenn Ihr mich fragen würdet, Ihr würdet sehen, viele im Saal würden zustimmen, daß unsere Mitarbeiter Hervorragendes leisten. Und mehr möchte ich dazu nicht sagen müssen. Hervorragendes, Genossen, leisten wir zur Stärkung unserer Volkswirtschaft.«

ZWISCHENRUF: »In der Kammer sitzen nicht nur Genossen!«

MIELKE *weiter:* »Das ist eine formale Frage. Ich liebe, ich liebe doch alle. *(Lachen.)* Ich liebe doch, ich setze mich doch dafür ein.

Wir haben aufgezeigt, wieviel Ärzte die Republik verlassen, haben aufgezeigt, wieviel Lehrer die Republik verlassen.«

ZURUF: »Aber nicht den Abgeordneten.«

MIELKE: »Soll ich denn die Wahrheit sagen oder nicht?«

ZURUF: »Na klar.«

MIELKE: »Wir haben berichtet über diese ganzen Fragen.«

ZURUF: »Wo?«

MIELKE: »Wir haben Vorschläge gemacht.«

ZURUFE: »Wo?« – »Wo?«

MIELKE: »Wir haben Vorschläge gemacht.«

ZURUFE: »Wo?« – »Wo denn?«

MIELKE: »An die Stelle, an die ich verpflichtet bin. Die zuständig sind, die anderen *(Lachen)* und auch insgesamt.«

ZURUF *(Unruhe):* »Konkret!«

MIELKE: »Wir haben Informationen gegeben. Glaubt mir! Glaubt mir! Wir haben sie gegeben!«

Kein Beifall. Mielkes Kopf ist dunkelrot. Leicht schwankend geht er zur Regierungsbank.

10. Szene

7. Dezember 1989. Waldsiedlung Wandlitz. Vor dem Haus Nr. 14 verstecken sich zwei Kripomänner mit gezogenen Pistolen. Ein Militärstaatsanwalt in Stasi-Uniform klingelt.

STAATSANWALT: »Sie sind verhaftet.«

MIELKE: »Sie haben kein Recht, mich zu verhaften. Damit bin ich nicht einverstanden!«

STAATSANWALT: »Ziehen Sie sich eine Jacke an, und kommen Sie!«

Mielke geht mit. Im Auto zum Untersuchungsgefängnis der Volkspolizei in der Keibelstraße.

MIELKE: »Haben Sie schon die sowjetischen Organe über meine Verhaftung informiert?

Das überlebe ich nicht, ich werde sterben. Sie tragen die Verantwortung dafür.

Ich sage nur in Gegenwart eines Anwalts aus. Am besten wäre Parteigenosse Gysi.«

11. Szene

21. Dezember 1989 bis 22. Februar 1990. Mielke, 83, in U-Haft. Er wird als Beschuldigter von Hauptmann Neugebauer, Einsatzgruppe I der K, verhört. Mielke trägt einen Kunstlederhut aus DDR-Produktion. Gemäß § 106 DDR-StPO wird von der Vernehmung »eine Schallaufzeichnung gefertigt«.

NEUGEBAUER: »Äußern Sie sich zunächst über Ihren Gesundheitszustand!«

MIELKE: »Meines Empfindens nach fühle ich mich nicht vernehmungsfähig.«

NEUGEBAUER: »Ihnen wird mitgeteilt, daß der verantwortliche Arzt erklärt, daß Ihrer Vernehmung nichts im Wege steht.«

MIELKE: »Ich erkläre aber trotzdem, unschuldig zu sein. Ich selber habe in Wandlitz zwar meine Vorteile gehabt, aber keine Handlungen gegen die Gesetze begangen. Alles, was ich bisher getan habe, tat ich für die DDR und die Sache des Sozialismus.

Ich bin unschuldig.

Befragt nach meinen Sparkonten, erkläre ich, daß ich auf diesen nur selbst verdiente Gelder habe. Da kann mir keiner was vorwerfen, weil ich mich nicht bereichert habe. Auf den Vorhalt, am 23. 11. 1989 von der Sparkasse des Amtes für Nationale Sicherheit von meinem Konto 300 000 Mark in bar abgehoben zu haben, erkläre ich, daß das stimmt. Ich gebe aber keine Auskunft darüber, was ich mit diesem Geld gemacht habe, weil das meine Sache ist, was damit geschieht. Meiner Ehefrau habe ich das Geld nicht gegeben.«

GENERALMAJOR GIERKE *(neuer Vernehmer):* »Der Generalstaatsanwalt der DDR hat das gegen Sie laufende Ermittlungsverfahren auf die Tatbestände Hochverrat und verfassungsfeindliche Verbindungen erweitert. Fühlen Sie sich in der Lage zu sprechen?«

MIELKE: »Was Sie mir sagen, ist fast unfaßbar, ein Mensch, der seit seinem Lebensanfang treu gearbeitet hat und für unsere Sache kämpfte, an wem sollte er denn Hochverrat machen? Ich war doch zuständig dafür, Hochverrat zu untersuchen und zu bekämpfen.

Alles, was ich machte, das habe ich als Militär und Untergeordneter getan. Ich war nicht derjenige, der die alleinige Macht, die Verantwortung hatte. Ein Mensch, der seit dem 14. Lebensjahr verschiedene Male dem Tod ins Auge sah, der hat ein menschliches Verlangen, daß alles in Ruhe und Ordnung vor sich geht und mit politischen Mitteln beherrscht wird. Ich bin kein Dummkopf, der Dinge anweist, für die es keinen Grund gibt. Ich bin unschuldig. Ich habe von meinem Leben nicht viel gehabt.

In der Zeit meiner Tätigkeit als Minister für S sind mir keine Verstöße bekannt geworden.«

NEUGEBAUER: »Herr Mielke, in der Politbürositzung, in der Erich Honecker als Generalsekretär abgesetzt wurde, haben Sie nach Angaben des Krolikowski sinngemaß erklärt: ›Erich, wenn Du nicht zurücktrittst, dann sage ich hier Dinge, die ich eigentlich mit ins Grab nehmen wollte!‹«

MIELKE: »Mir fällt dazu nichts ein, ich kann mich daran nicht entsinnen. Ich habe so etwas nicht gesagt.

Ich bin am Ende, ich bin fix und fertig. Ich bin nicht bei klarem Verstand. Ich kann nicht folgen, ich kann die Fragen nicht verstehen.«

NEUGEBAUER: »Ist Ihnen ein Herr Markus Wolf bekannt?«

MIELKE: »Markus Wolf, Markus Wolf, Markus Wolf, ich kann dazu nichts sagen. Wenn das bei mir eine Persönlichkeit war, ich habe davon keine Ahnung. Glauben Sie mir, was damals war, da habe ich keine Ahnung mehr.«

VERMERK: Der Beschuldigte Mielke, Erich, lehnt es ab, das Protokoll zu lesen und zu unterschreiben.

Neugebauer, Hauptmann der K.

12. Szene

Erich Mielke, 84, im Haftkrankenhaus Berlin-Plötzensee. Er liegt im Bett. Um ihn herum drehen sich wie ein Karussell zwei Dutzend weiß bekittelte Ärzte. Psychiater, Internisten, Universitätsprofessoren und Vollzugsärzte, Röntgenologen, Gutachter, Amtsärzte, Gerichtsärzte, Urologen. Manchmal geraten sich zwei Doktoren in die Haare. Während Mielke seinen letzten Monolog hält, hört man die Ärzte ohne Ende murmeln.

DIE ÄRZTE RAUNEN: »Reaktive Depression – Simulant – Herzrhythmusstörung – Zerebrales Abbausyndrom – Hirnatrophie – Defibrillation – Gicht – Multimorbidität – Haftdepression – senile Demenz – Totstellreflex – hyperthym – Dyspnoe – mißtrauische Daueranspannung – Zerebrale Insuffizienz – Abwehrphänomene – Hyperventilation – Hirnleistungsschwäche – Kreislaufstörung – polytope Extrasystolie – suicidale Neigung – Nephrolithiasis links – rechtskonvexe Torsionskoliose – Coxarthrose beiderseits – Struma – Spondylosis deformans – Arthritis urica – Säbelscheidentrachea – Lumbalgie – Schulterschiefstand – Szintigraphie – Bradycardie – generalisierte Arteriosklerose – Obstipation – Diät – Psychopharmaka – auffällige Stereotypien – Leidensdruck.«

Und dann wieder von vorn.

ABGESANG

MIELKE: »Niemand weiß etwas über mich.
Niemand erfährt etwas über mich.
Alle wissen nichts.
Da sind Millionen gefallen – für nichts.
Alles, wofür wir gekämpft haben –
in nichts hat es sich aufgelöst.«

Im Hintergrund verprügeln zwei Psychiater einen schmalhüftigen Diplompsychologen, weil er sich ärztliche Autorität angemaßt hat. Sein weißer Kittel geht in Fetzen.

»Ich bin doch immer so allein in meiner Zelle.
Ich habe doch niemanden.
Am Rande des Todes habe ich oft gestanden, oft, oft.
Ich bin krank. Sterbenskrank.
Ich will meine Freiheit und nach Hause.
Aber draußen würde man mich umbringen.
Ich bin fix und fertig.
Ich kann nicht mehr.
Alles wird immer weniger.
Ich bin sowieso ein toter Mann.
Herztot. Aus und Ende.«

VORHANG

Erich Mielke

Wie die Geheimdienste die Sprache zersetzen

Alle Texte des Lebensbildes Erich Mielkes sind authentisch, seine eigenen und die der Konfidenten Wort für Wort. Der Minister für S diente einem Staat, dessen Chef sich Erster *Sekretär* nennen ließ, das Zentrum der Macht hieß Polit*büro*. Was darf man von einem solchen Staat erwarten? Papier, viel beschriebenes Papier. In dieser Hinsicht hat die implodierte DDR niemanden enttäuscht. Sie hinterließ Akten ohne Zahl, allein beim Staatssicherheitsdienst füllten sie 208 Kilometer Regal. Dazu kommen die Aufzeichnungen der Partei, des Staatsapparates und das gedruckte Papier der Propagandabroschüren, Zeitungen und Bücher. Von fleißigen grauen Archivaren wurde alles sorgsam für die Ewigkeit bewacht. Erich Mielkes gedruckte Worte sind weit verstreut, aber nicht verloren. Selbst aus seiner Jugendzeit, als er noch ein ganz kleines Rädchen im großen Apparat der Sowjetunion war, gibt es überlieferte Zeugnisse.* Später sorgte Mielke, von seiner geschichtlichen Bedeutung wie viele alte Männer überzeugt, selbst dafür, daß immer ein Tonbandgerät mitlief – mindestens eines –, wenn er etwas zu sagen hatte. Über Mangel an authentischem Mielke-Material kann nicht geklagt werden.

In diesem Kapitel soll, basierend auf diesen Bergen von Papier, nicht darüber nachgegrübelt werden, ob Mielke nun ein Mörder ist oder nicht, ein Hoch- oder Landesverräter, schuldig oder unschuldig, ob und wenn ja, wessen Blut an seinen Händen klebt, ob ihm Recht, gar Gerechtigkeit widerfahren wird.

---

* Versteckte Mielke-Texte, im Lebensbild zitiert, und mündliche Mitteilungen des jetzigen U-Häftlings verdanke ich unter anderem den Publikationen von Götz Aly, Jochen von Lang, Rudolf Noth, Peter Przybylski, Ilona Rothin und Stefan Wolle.

Hier soll es nur um seine Sprache gehen. Mielke als ein Mann des deutschen Wortes. Er spricht außerdem noch ganz geläufig Russisch, seit seinen Emigrantenjahren auch eine Basisversion Spanisch und Französisch. Vor allem aber spricht er Deutsch.

> »Niemand weiß etwas über mich.
> Niemand erfährt etwas über mich.
> Alle wissen nichts.«

Ein kraftvolles Deutsch. Wenn Mielke frei spricht, unter Druck und mit dem Rücken an der Wand – wie eben jetzt –, dann läuft er zu großer Form auf, immer noch, mit 85 Jahren. In den kurzen Sätzen spürt man seine ungebrochene Vitalität, den Drang zur Macht und seinen Realismus. Er bringt die Sache auf den Punkt, kennt kein Wenn und Aber. Kurze Worte, kurze Sätze, sie kommen schnell und stoßweise. Er kann und will den echten Berliner nicht verleugnen. Die Sprachfärbung ist so, wie es sich für einen Mann proletarischer Herkunft vom Jahrgang 1907, geboren in Berlin-Gesundbrunnen, dort, wo Berlin am berlinischsten ist, gehört.

In seinem langen Leben hat man dem Erich Mielke zu vielen akademischen Ehren verholfen. Im Rentenalter wurde er noch Chef einer eigenen Hochschule, selbstverständlich Doktorvater und Träger so schöner Auszeichnungen wie der »Goldenen Feder« des DDR-Journalistenverbandes, des »Goldenen Lorbeers« des DDR-Fernsehfunks, der »Gerhart-Eisler-Plakette« in Gold, um nur die literarischen seiner 270 verschiedenen Auszeichnungen zu erwähnen. Doch der Mann spricht Deutsch. Er ist und bleibt ein Feldwebel vom Wedding.

Wenn er Glück hat, wird Mielke nach seinem Tode mit einem geflügelten Wort im Zitatenschatz des »Büchmann« weiterleben: »Ich liebe Euch doch alle ...« Zwar hat er den Satz, wie in der neunten Szene des Lebensbildes nachzulesen ist, so nicht gesagt. Er war ihm etwas holpriger geraten. Nun ist er geglättet und wird seinen Schöpfer lange überdauern.

Den meisten Menschen kommt das Bekenntnis »Ich liebe Euch doch alle« aus dem Munde des Ministers für S als schwer überbietbare Heuchelei vor, als ein Zynismus ohnegleichen. Das ist ein Irrtum. Der Mann hat, in unangenehmen Sekunden der Verunsicherung, als die sonst so kreuzbrave Volkskammer ihm erstmals die Gefolgschaft verweigerte, gesagt, was er wirklich dachte: »Ich liebe Euch doch alle ... « – mal abgesehen von den Staatsfeinden. Für solche Menschen schien ihm Beobachtung, Zersetzung, Haft, wo nötig ein frühzeitiger Tod seit jeher die angemessene Strafe. Solche Leute liebt er nicht. »Wenn ich mit einer Rakete alles erledigen könnte, was ich möchte«, gestand er seinen Generälen zu RAF-Zeiten (und ein Tondband lief wieder mit), »dann würde ich eine Rakete abschießen.« Kein Wenn und Aber.

Erich Honecker ist ein abgebrochener Dachdeckerlehrling ohne Gesellenprüfung (und leidet noch immer darunter, mehr als 60 Jahre später); Erich Mielke ist ein abgebrochener Gymnasiast. Das ist nunmehr fast 70 Jahre her, und ob er darunter leidet, darf angesichts seiner psychischen Konstitution bezweifelt werden. Am 19. Februar 1924, Erich Mielke war gerade 16 Jahre alt geworden, bescheinigte ihm der Oberstudiendirektor des Köllnischen Gymnasiums in Berlin, daß der Schüler »auf eigenen Wunsch« das Gymnasium verlasse, »da er den hohen Anforderungen der Schule nicht in allen Fächern genügte«. Das Köllnische Gymnasium war eine Aufbauschule für begabte Volksschüler, doch offenbar zu schwer für den kleinen Erich. Nach Meinung der Herrschenden gehörten solche Proletenkinder – Vater war aus Ostpreußen und hatte Stellmacher gelernt – ohnehin nicht aufs Gymnasium. Man schreckte sie deshalb durch humanistische Bildung und, wirksamer noch, durch

Schulgeld ab. Zweite Bildungswege waren damals noch nicht planiert. Erich beschloß, wie sein Oberstudiendirektor schreibt, »ins praktische Leben zu treten«. Er lernte Expedient, nach heutigen Begriffen also Transportkaufmann.

Die Lehrzeit, vom 16. bis 19. Lebensjahr, hat ihn zurückgeführt zu seinen Leuten – der armen, durch den frühen Verlust der Mutter und wirtschaftliche Not gebeutelten Familie; den Sportlern des Arbeitersportvereins »Fichte«; den Rabauken und Ordnern der Kommunistischen Partei Deutschlands. Die hatte damals in Mielkes Weddinger Quartier gut 40 Prozent aller Wähler hinter sich (die anderen waren, halbe-halbe, Sozialdemokraten oder Nazis). Die KPD war fest entschlossen, auf Dauer nicht Gegenmacht der bürgerlich-sozialdemokratischen Staatsgewalt zu bleiben, sondern Macht zu werden, die einzige. In dieser Zeit der Saalschlachten und Straßenkämpfe gehörte Erich Mielke, während der Weltwirtschaftskrise arbeitslos, zum »Partei-Selbstschutz« (PSS). Damals am Bülowplatz... lang ist's her.

Führen und folgen, befehlen und gehorchen, Schnauze halten und Schnauze vollhauen, das war seine Welt. Die Ideale vom freien und gleichen Leben aller Proletarier hat er sich als Vision bewahrt, doch rückten sie in ferne Zeiten. Erst galt es, den Sieg auf der Straße zu erkämpfen: Und willst du nicht mein Bruder sein, dann schlag ich dir den Schädel ein. In diesen rauhen Jahren hat Mielke seine harte, schnörkellose Sprache gelernt. Es ist die Sprache der Berliner Arbeiter. Sie ist ihm geblieben, auch wenn er der Solidarität der Arbeiter früh Lebewohl gesagt hat. Mielke interessierte sich für die Politik, er wurde Funktionär. In seinem Lebenslauf materialisiert sich die weitverbreitete Vermutung der echten Proletarier, daß sich ihre Führer vor allem deshalb für die Politik interessieren, weil dies der Abschied von Werkbank und Fließband – der später in der

DDR so ungeliebten »materiellen Produktion« – ist und die Hinwendung zu Ledersessel, Papier und Tonband. Am Ende seines langen Lebens umgab das Arme-Leute-Kind Erich Mielke ein perfekt feudalistisches Ambiente, inklusive Jagdschloß, gut gedrilltem Personal, Chaiselongue im Büro und ebendort einem Privatklo, nur für ihn.

Mit der klaren, harten Berliner Arbeitersprache allein konnte Erich Mielke das neue Leben nicht meistern. Er mußte zwei weitere Sprachen lernen: Funktionärsdeutsch mündlich und Funktionärsdeutsch schriftlich, eine schlimmer als die andere. Perfekt ist Mielke darin bis heute nicht. Dafür hatte er seine Leute. Die schrieben ihm die Redentexte, und er quälte sich damit ab, mehr schlecht als recht, denn Vorlesen war nicht seine starke Seite. Es ist ein fürchterliches Deutsch von »gewalttätigem Satzbau, verkümmerter Grammatik, monströsem und zugleich krüppelhaftem Wortschatz«. Das sind die Charakteristika einer Sprache der Diktatur, wie sie Sternberger, Storz und Süßkind nach dem Zweiten Weltkrieg im »Wörterbuch des Unmenschen« für die nationalsozialistische Zeit beschrieben haben. Typische Naziworte waren »Einsatz, Gleichschaltung, Ausrichtung, Härte, querschießen, durchführen, Schulung, Sektor, erarbeiten«. Zumindest die letzten vier Worte gehörten auch zu den Lieblingsvokabeln des MfS.

In den fast vierzig Jahren seines Bestehens hat dieses Ministerium eine Sondersprache fortentwickelt und liebevoll kultiviert. Am Ende verlegte das Ministerium ein hauseigenes Buch der Worte und Begriffe, gut 300 Seiten stark, weil sich sonst niemand zurechtfand und der Duden für so viele Wortschöpfungen, Abkürzungen und Bedeutungsänderungen keine Hilfe bot. Die Sondersprache der Stasi – ob es ein Jargon ist, eine Berufs-, Fach- oder Gruppensprache, darüber werden sich nicht mal die Linguisten einig sein, denn ihre Definitionen sind unscharf und wechselnd – bevorzugt das Substantiv. Die Verben führen ein Schattendasein, jedenfalls in der geschriebenen Stasi-Sprache. Auf die mündlich benutzten Verben komme ich noch zurück.

Am 23. November 1989 erließ Dr. Wolfgang Schwanitz, der Chef der Stasi-Nachfolgeorganisation »Amt für Nationale Sicherheit« einen streng geheimen Befehl zur »Reduzierung des Bestandes registrierter Vorgänge und Akten sowie weiterer operativer Materialien und Informationen«. In diesem Genitiv-Deutsch war der ganze Befehl gehalten, denn Schwanitz und seine Stasi-Juristen galten als besondere Großmeister der MfS-Sprache. Weil der Befehl, wie das Leben so spielt, die Wirklichkeit kaum mehr verändern konnte, ist auch der beispielhafte Satz des MfS-Oberst Wiegand von der Kirchenabteilung erhalten geblieben. Als der Herr Oberst eine seiner konspirativen Wohnungen neu möblieren lassen wollte, damit er sich vor seinen hochrangigen Kirchen-IMs wie dem »Sekretär« aus Potsdam nicht mehr zu genieren brauchte, begründete er das so: »Im Zusammenhang mit den hohen leitenden Funktionen der zu treffenden IM und ihrer bedeutenden kirchenpolitischen, gesellschaftlichen und internationalenStellung macht sich eine qualitative Vervollkommnung der Wohnungsausstattung unbedingt erforderlich.« So blähte sich die Sprache und das Begehren bis zum Kollaps.

Die strenge Reglementierung der Sprache begünstigte die immer gleichen Begriffe, allen voran Partei, Zeit, Arbeit, Entwicklung, Sozialismus, Sowjetunion und Politbüro. Schachtelsätze waren die Regel. Im Schriftverkehr errang die Abkürzung einen totalen Sieg. Die beliebtesten und kuriosesten Abk. sind in dem Kasten »PID ist PUT« (Seite 244) für Nostalgiker noch einmal zusammengestellt.

Die genaue Zahl der vom MfS benutzten Abkürzungen ist unbekannt. Es werden immer noch neue entdeckt. Möglich ist, daß »die Firma« (wie sie von ihren eigenen Leuten mündlich liebevoll genannt wurde) mehr als tausend hauseigene Kürzel in die Welt gesetzt hat, von AAW (wie Archivmaterial über einen abgelehnten Aufnahmeantrag) bis ZOV (dem zentralen operativen Vorgang). Eine Neigung zu Abkürzungen ist nichts Stasi-Spezifisches; sie ist den Herrschenden aller menschlichen Institutionen eigen. Schon die alten Römer..., ja, schon die alten Römer benutzten die Chiffre SPQR für »Senatus Populusque Romanus«, und die Katholische Kirche komprimierte Jesu Namen zu der sakralen Chiffre IHS. Ihrer Natur nach haben Geheimdienste ein besonderes Faible für kryptische Abkürzungen. Das MfS – und die westdeutschen Dienste – enttäuschen da niemand. Aber die Stasi hat die Nase vorn, Weltniveau! Der schönste Beweis dafür: In den Vernehmungen durch die K (Kriminalpolizei) nennt sich der Staatssicherheitsminister Erich Mielke konsequent nur »Minister für S«. Wenn das Schule macht, hat das Alphabet bald zu wenig Buchstaben...

Der Abkürzungsfimmel hatte die kuriose Folge, daß manche Chiffren zwei oder mehrere Sachverhalte bezeichneten. DB konnte für »Durchführungsbestimmung« oder auch für »Dienstbesprechung« stehen. FS hieß »Fernschreiben« oder »Fahndungsstelle« oder »Fachschule«. Alle Konkurrenten weit aus dem Felde schlägt aber DA, denn dieses Kürzel hat gleich vier mögliche Bedeutungen: »Dienstanweisung« oder »Deckadresse« oder »Disziplinarakte« oder »Dienstalter«. Abkürzungen und Zahlen waren im Stasi-Reich so geheimnisvoll verschachtelt, daß die Gauck-Behörde, vom Gesetz bestellt, die hinterlassene Papierflut sinnvoll zu ordnen, noch immer auf die bezahlte Hilfe altgedienter Stasi-Archivare angewiesen ist. Neulinge tappen tief im Dunkel – das ist eines der Ziele der

Stasi-Sondersprache. Dafür nahm man in Kauf, daß etliche Abkürzungen unfreiwillig komisch klingen, etwa KoKo, JAP, Mob, PIM und ZOV. MfS-Offiziere haben für Lautmalerei und Doppelsinn offenbar wenig Gespür.

Dieser Verdacht erhärtet sich, wenn man die im mündlichen Gespräch benützten Verben mal etwas genauer ansieht. Das am meisten benutzte Tätigkeitswort hieß »arbeiten«, oft mit Praefix in der Form »erarbeiten« oder »bearbeiten«. Als Arbeit wurde grundsätzlich jede Tätigkeit bezeichnet, auch wenn es sich dabei um lauschen, beobachten oder Pläne schmieden handelte. Bearbeitet wurden Menschen, im Stasi-Deutsch »feindlich-negative Kräfte«. Die Bearbeitung konnte darin bestehen, sie zu bespitzeln, ihnen finanzielle, soziale und berufliche Schwierigkeiten zu machen, den Schulerfolg der Kinder zu torpedieren, eine Westreise zu verhindern oder, schlimmstenfalls, einen tödlichen Autounfall zu arrangieren. Das alles nannte man »arbeiten«.

Daß solche »Arbeit« menschenverachtend war, müssen die Stasi-Mitarbeiter gespürt haben. Untereinander sprachen sie deshalb in Wendungen, wie sie sonst vor allem von Kriminellen benutzt werden. Wenn im Interesse einer heimlichen Wohnungsdurchsuchung ein Schlüssel gestohlen werden mußte, nannte man das »Zuppen«. Jemanden verhaften hieß »Hochziehen«. Die beamteten Einbrecher nannten sich »Klempner«. Eine »Wanze« war ein heimlich installierter Kleinstsender, so benannt nach einem häßlichen Insekt, das Krankheiten überträgt. Offiziell sprach man von »Raummikrophon«, das Installieren nannte man aber »Verwanzen«.

Was die hauptberuflichen Agenten und Spione – offiziell nannten sie sich lieber »Tschekisten« oder, wenn sie im Ausland tätig waren, »Kundschafter« – von den nebenberuflich tätigen inoffiziellen Mitarbeitern, den IMs hielten, erklärt sich aus deren umgangssprachlicher Benennung: Intern nannte man die IMs schlicht die »Blauen«, nach der (früheren) Farbe ihrer Akten. Der Hinweis auf einen möglichen IM-Kandidaten hieß »Tippen«. Wahrheitsgemäß wurden die handwerklichen Fähigkeiten, die zum erfolgreichen Anwerben dazugehörten, »krümmen«, »rundmachen« oder »über den Tisch ziehen« genannt. Um einen Spitzel gefügig und erpreßbar zu machen, brachte man ihn mit Vorliebe in eine »Kompromatsituation«: Die »Zielperson« (so nennen die westdeutschen Dienste ihre Kandidaten) wurde durch kompromittierende Fakten, etwa Vorstrafen, Schulden, falsche Titelführung und, am beliebtesten, verheimlichte Sex-Abenteuer in eine Situation manövriert, wo das Nein-sagen sehr schwer fiel.

Einen erfolgreich gekrümmten IM konnte man dann ganz nach Belieben »arbeiten« lassen, ihn aber auch (wie eine lästige Maschine) »abschalten«, notfalls auch »zersetzen« oder »totmachen«. Das hieß nicht, ihn im Wortsinne von den Lebenden zu den Toten zu befördern, sondern meinte eine vorsätzliche, oft aus Rache inszenierte schwere Schädigung der beruflichen, sozialen, finanziellen und familiären Situation.

Die bürokratische Sprache der Stasi-Akten vermeidet alle diese Eindeutigkeiten. Mag der Sachverhalt auch frivol sein – etwa wenn sich attraktive Stasi-IM-Damen minder attraktiven westdeutschen Politikern vor Mikrophon und Videokamera hingaben –; mag er kriminell sein – etwa wenn MfS-Agenten dem Westberliner Studentenführer Rudi Dutschke in der S-Bahn sein Notizbuch entreißen –; mag die Sache lustig, gefährlich, gemein oder langweilig gewesen sein: Das Stasi-Bürokratendeutsch bügelt alle Sachverhalte glatt. Es kennt keine Farbe, es kennt nur Klassenfeinde. Der Ton ist streng und meist abwertend. Da ist von »feindlich-negativer Kraft« die Rede, von »Provokation« und »Zusammenrottung«. Harmlose

Begebenheiten werden aufgewertet und mystifiziert; viel Feind, viel Ehr'. Die Fiktion, das MfS sei ein neutrales Untersuchungsorgan gewesen, findet in den hinterlassenen Akten keine Stütze.

Das MfS war »Schwert und Schild der Partei«, und so liest es sich dann auch: Als das Politbüro anläßlich des 80. Geburtstages des Genossen Erich Mielke beschloß, dem Jubilar einen Band seiner ausgewählten Reden und Aufsätze, Artikel und Interviews aus den letzten 40 Jahren zu dedizieren (488 Seiten dick, hübsch bebildert und sorgfältig redigiert) hatten die Beiträge solch Überschriften wie: »Die zielklare Führung durch die Partei der Arbeiterklasse ist die entscheidende Grundlage aller Erfolge« (Rede auf einem Kampfmeeting); »Treue zur Partei in Wort und Tat« (Referat auf einer Parteiaktivtagung); »Zeichnet Euch ständig durch hohe revolutionäre Wachsamkeit, Einsatzbereitschaft und Disziplin aus!« (Ansprache auf dem »Treffen junger Tschekisten«) oder, letztes Beispiel: »Auf das Mitdenken und Mittun aller kommt es an« (Rede auf dem Wählerforum der LPG Teuchern, Kreis Hohenmölsen). Lustig hört sich das nur an, weil man weiß, wie die Geschichte ausgegangen ist.

Läßt man die Worte und Begriffe, Abkürzungen und Kuriosa der Stasi-Sondersprache noch einmal Revue passieren, so fällt auf, daß sie sich aus mehreren Quellen speisen. Wie alle Polizisten der Welt hatten auch die Geheimpolizisten des MfS einen Hang zum Rotwelsch. Diese Gaunersprachen der Kriminellen und gesellschaftlichen Außenseiter färben durch Diffusion auf den Umgangston der Ordnungshüter ab. Jemanden aus dem Verkehr ziehen, nennt man »absägen«; »Weichmacher« sind die kompromittierenden Materialien, zum Beispiel Sexfotos. Ein heimlich geöffneter Brief wird anschließend wieder »zugenagelt«.

Weil das Ministerium für Staatssicherheit nach eigenem Selbstverständnis ein »Militärisches Organ« war – und weil auch andernorts Geheimdienstler häufig dem Militär entstammen –, wimmelt es in ihrer Sprache von spezifischen Militärbegriffen. »Kampf« ist noch der harmloseste; »tarnen«, »ausspähen«, »operativ«, »Zugriff« – alle diese Worte verheißen nichts Gutes. Den Rotwelsch- und den Militärbegriffen ging im Osten Deutschlands jeder Chic ab. Weder hatten sie Verbindung zum weltläufigen Englisch, noch waren sie auf der Höhe der Zeit. Während bei den westdeutschen Sicherheitskräften die Trend-Ausdrücke der Drogenszene Konjunktur haben – »gut drauf sein«, »goldener Schuß« –, hat das Stasi-Rotwelsch-Repertoire etwas Altbackenes. Es ist der Ganovenjargon von Einbrechern aus einer Dreißiger-Jahre-Klamotte.

Nachrichtendienst ist immer auch Nachrichtenhandel, weshalb sich in der Sondersprache allerlei Worte finden, die das Koofmichhafte des Gewerbes illustrieren: »Selbstanbieter« nennt man Menschen, die mit Nachrichten zum Geheimdienst kommen und sie dort verhökern wollen; ein »Schläfer« ist ein Schweigeagent, der sich, gegen Geld (»Bares«) für den Tag X bereithält; »auf die Rolle kommen« nennt man schließlich das Phänomen, wenn ein tendenziell käuflicher Spitzel in das Blickfeld eines Nachrichtendienstes gerät. Diese Worte sind keine Stasi-Spezialitäten, sie sind gesamtdeutsch.

Den allermeisten Worten der nachrichtendienstlichen Sondersprache ist gemeinsam, daß sie die Lügen des Metiers verschleiern sollen. Von »Lüge« ist sowieso niemals die Rede. Lügen nennt man statt dessen »legendieren«, und »dauerhaft legendieren« heißt, daß nie wieder jemand die Wahrheit erfahren soll. Das Ziel dabei ist, die Arbeitsweise der Nachrichtendienste – streng genommen verletzen sie fast jeden Paragraphen des Strafgesetzbuches – zu bagatellisieren. Fließt in Ausübung des Berufes Blut, kommt gar ein Gegner zu Tode, so spricht man von »nassen Sachen«. Ist ein Raum heimlich verwanzt worden, so nennt man ihn »Musikzimmer«. Wer bespitzelt wird, der ist eine »Zielperson«. »Zersetzung« oder »Subversion« sagt man in Ost- und Westdeutschland schon lange nicht mehr. Das bagatellisierende Substantiv heißt nunmehr »Desinformation«. Diebstahl heißt »Beschaffung«, Grenzverletzung »Schleusung«. Wer unter Vorspiegelung falscher Tatsachen ausgehorcht wird, der wird »abgeschöpft«. Ausnahmsweise ist den Geheimdienstlern mit dem Begriff »Maulwurf« ein Bonmot gelungen: Der Maulwurf ist blind, dringt in den gegnerischen Dienst ein, tappt dort im dunkeln, und was er zustande bringt, sind Erdhügel.

Erich Mielke und sein Stellvertreter Markus (»Mischa«) Wolf verdanken ihre Geheimdienstkarriere dem sowjetischen Ticket. Mielkes Russischkenntnisse sind nicht perfekt, aber – nach mindestens fünf Jahren Aufenthalt im Lande – recht ordentlich, rauh und jobzentriert, dem Wesen des Ministers für S angemessen. Sein russischer Lieblingsausdruck war »Tschekist«, also Mitglied der »Tscheka«, dem Sowjetischen Staatssicherheitsdienst. Dessen Gründer, der russisch-polnische Kleinadlige Feliks Edmundowitsch Dzierzinski (1926 48jährig nach einer temperamentvollen ZK-Rede am Herzinfarkt gestorben und so dem Genickschuß entgangen) wurde von Mielke als »Retter der Revolution« kultisch verehrt. Dzierzinskis Bild schmückte alle Stasi-Büros, allein oder in der Gesellschaft Lenins. Der künstlerischen Phantasie waren keine Grenzen gesetzt. In der aufgelassenen Stasi-Zentrale in der Berliner Normannenstraße konnten Plünderer noch wochenlang ein Ölbild bewundern, das Dzerzinski, Lenin und blonde deutsche Kinder unter einem festlich geschmückten deutschen Weihnachtsbaum zeigte. Das Bild war so groß, daß es niemand klauen konnte.

Der sprachliche Einfluß der russischen Besatzungsmacht auf ihr Baby, das MfS, blieb immer dürftig. Obwohl alle Bediensteten wenigstens Grundkenntnisse der fremden Sprache haben mußten, gab es (ganz im Gegensatz zu den Verhältnissen bei westdeutschen Diensten und deren angloamerikanischen Ziehvätern) kaum Wörter, die aus dem Russischen entlehnt waren. Auch in der ostdeutschen Alltagssprache sind solche Lehnwörter rar gewesen. »Datsche« und »Apparatschik« bürgerten sich erfolgreich ein, alles andere blieb in den Weiten des Ostens. Den Lehnsherren zuliebe wurden einige ideologische Formeln ins Deutsche übertragen und, zumal von den höheren Kadern, brav benutzt, etwa »unverbrüchlicher Bund«, »Banner der Arbeit« oder der Euphemismus »mit an der Spitze«. Als die Begriffe »Glasnost« und »Perestrojka« in der Sowjetunion plötzlich zu Bedeutung und Glanz kamen, wurden sie in der DDR, so gut es ging, tabuisiert. Damit wollte das greise Politbüro nun wirklich nichts zu tun haben. Mielke sah die leninistischen Ideale der Revolution verraten, jedenfalls seinerzeit. Im Gefängnis hat er sich die Sache anders überlegt – seit er sich dort wiederfand, gehört er auch zum Widerstand: »Wir haben das Politbüro über die Zustände im Lande ständig auf dem laufenden gehalten«, berichtet er. Nur leider: »Es blieben die richtigen politischen Konsequenzen aus.«

Das Gros der Stasi-Offiziere beherrschte die hauseigene Sondersprache aus dem ff, wobei die studierten Herren der zweiten Generation gegenüber den »Vomags« der ersten Stunde deutlich im Vorteil waren. Zu einer Russifizierung, vergleichbar der Anglifizierung der nachrichtendienstlichen Sondersprache im Westen, führte das nicht. Auch die parteioffiziellen Schmähworte, meist recht altfränkisch, galten bei den Herren der »Arbeitsebene« als der Schmäh von gestern. »Marionette« oder »Büttel des westdeutschen Revisionismus«, »Speichellecker« und

»Steigbügelhalter«, das war mehr etwas für die Redakteure des »Neuen Deutschland«. Seit Mitte der achtziger Jahre hatten es sich die jüngeren Stasi-Offiziere ohnehin angewöhnt, ein wenig von oben herab auf die große Sowjetunion und ihre tapsig-brutalen Geheimdienste zu schauen. Zunehmend bürgerte es sich ein, den »Freunden« und ihren stets präsenten Verbindungsoffizieren wenigstens Teile der eigenen Erkenntnisse vorzuenthalten. Deshalb forschten die KGB-Offiziere den befreundeten Dienst MfS nach allen Regeln der Kunst heimlich aus, mit einem eigenen Netz. Das brachte den »überworbenen« Agenten ein paar Rubel zusätzlich ein, doch es machte (weil im Geheimdienst nichts wirklich geheim bleibt) auch böses Blut. Wie hätten, angesichts solcher Stimmungen, russische Lehnwörter reüssieren sollen?

Deutsche Worte sind es, die in der nachrichtendienstlichen Sondersprache verhunzt werden. Manche Geheimdienstler – nicht Erich Mielke! – haben ihren Jargon so verinnerlicht, daß sie auch jetzt davon noch nicht lassen können, obwohl sie es gern möchten. Darin liegt eines der Ziele dieser Gruppensprache: Sie soll, wie der Sprachsoziologe Ernest Hess-Lüttich ganz allgemein erläutert, »für ihre Mitglieder untereinander wie für den Außenstehenden als identifizierender ›Gruppenausweis‹ wirken. Die Normen werden nicht nur durch das gemeinsame Interesse gesetzt, sondern stellen auch spezielle Anforderungen an das Verhalten der Gruppenmitglieder, denen zu genügen sie in zuweilen langwierigen Ausbildungs- und Anpassungsprozessen lernen müssen, wenn sie entsprechende Sanktionen vermeiden und zum individuellen und kollektiven Erfolg der Arbeit beitragen wollen.«

Jeder Kommunikationsprozeß in einer sozialen Gruppe führt, schon wegen des gemeinsamen Ziels, über kurz oder lang zur Herausbildung des »Wir-Gefühls«. Die Gruppenkohäsion wird stabiler, wenn man eine gemeinsame, die fachspezifische Sprache spricht. Sie grenzt von anderen Menschen ab – notfalls von anderen Abteilungen des gleichen Ministeriums – und signalisiert, daß der Sprecher emotional und sachlich zur eigenen Truppe gehört. Die menschenverachtende Diktion schüchtert Opfer rasch ein, wie schon die Vernehmung des Parteifeindes Müller durch den DDR-Staatssekretär Mielke im Jahr 1950 belegt (3. Szene des Lebensbildes, Seite 207 ff.). Der konservative Soziologe Helmut Schelsky übertreibt nur wenig, wenn er behauptet, daß Sprache ein modernes Mittel der »Versklavung von Menschen« sein kann: »In der Herrschaft durch Sprache ist ein Herrschaftsgrad von Menschen über Menschen erreicht, dem gegenüber physische Gewalt geradezu harmlos und veraltet ist.«

Die Sprache der westdeutschen Geheimdienste ist, verglichen mit dem Stasi-Jargon, fast zahnlos, manchmal geradezu niedlich. Im Bundesamt für Verfassungsschutz nennt man Informationen, die ein gegnerischer Spion beim Überlaufen mit sich schleppt, den »Brautpreis«. Hat man den Gegner durch erotische Verlockungen zum Verrat bewegt, so ist er – wie der Bär – in eine »Honigfalle« getappt. Operationen heißen »Krokus«, »Fleißiges Lieschen«, »Treibsand« oder »Filmpreis«. Wer in die Netze der Dienste gerät, der wird nun »Angebahnter«, »Angesprochener«, »Verpflichteter« oder »Verstrickter« genannt. Harmoniebedürfnis statt Härte läßt sich aus einer offiziellen Umtaufaktion herleiten: 1958 wurden »Abgrenzungsrichtlinien« für die Arbeit der konkurrierenden Dienste erlassen, ab 1973 heißen sie »Zusammenarbeitsrichtlinien«.

Wird das Telefon eines deutschen Bürgers heimlich abgehört, so heißt es, man habe ihn »unter Wind genommen«. Eine »O-Glocke« ist eine Observationsglocke, bei der das Opfer wie in einer Käseglocke von zahlreichen (bis zu 100) Spähern – oder soll man sagen: Spitzeln? Geheimpolizisten? Agenten? – umgeben ist. Die guten alten Geheimdienstbegriffe wie »Toter Briefkasten« für ein Versteck, »Maulwurf« für den Unterwanderer des gegnerischen Dienstes, »Quelle« und »Quellenschutz« für den Verräter sind international. In den überlebenden deutschen Nachrichtendiensten nennt man beamtete Spitzel lieber »UCA«, von »under cover agent«. Der Maulwurf ist ein »CM«, ein »counterman«. So wird überworben und umgedreht, legendiert und abgedeckt, enttarnt, ausgespäht, abgeschöpft, geschleust und gelogen, was das Zeug hält. Entschuldigung. Gelogen wird nicht. Das Wort ist tabu. Statt dessen haben die Nachrichtendienste, vor allem im Schriftverkehr, die Kunst, eine Unwahrheit zu sagen, ohne sich der Lüge bezichtigen lassen zu müssen, auf elegante Weise perfektioniert.

Der langjährige BND-Chef Reinhard Gehlen nannte seine korruptiven Kontakte zu Gefälligkeitsjournalisten, die für Geld über ihn und seine ORG Nettes schrieben, wichtigtuerisch »Sonderverbindungen«. Was der Verfassungsschutz heutzutage beobachtet, sind angeblich nur verfassungsfeindliche »Bestrebungen«, obwohl ja nicht die Bestrebungen beobachtet werden, sondern die Menschen. »Telefonkontrolle« heißt dabei das unbemerkte Belauschen fremder Gespräche – ein Wort, das suggeriert, man untersuche ein Telefon auf ordentliches Funktionieren. Das dafür (eigentlich) verbindliche Gesetz wird immer mit seiner Chiffre »G 10« genannt, sehr selten in der offiziellen Version als »Gesetz zur Beschränkung des Brief-, Post- und Fernmeldegeheimnisses (Gesetz zu Artikel 10 des Grundgesetzes)« und schon gar nicht, wie es der Wahrheit entspräche, etwa »Gesetz zum heimlichen Belauschen von privaten Telefongesprächen durch deutsche Behörden«. Dabei lautet Artikel 10 des Grundgesetzes vertrauenerweckend: »Das Briefgeheimnis sowie das Post- und Fernmeldegeheimnis sind unverletzlich.«

Zumindest theoretisch muß der Belauschte nach Abschluß der Aktion und einer Wartefrist über den Lauschangriff informiert werden. Das geschieht nur selten.

Beschwert sich ein Bürger beim Verfassungsschutz darüber, daß sein Telefon heimlich abgehört wird, so erhält er schriftlich den Bescheid, daß die Beschwerde geprüft und dabei festgestellt worden ist, daß seine Grundrechte nicht verletzt worden seien. Dieser Text wirkt harmlos, kann aber eine raffinierte Lüge sein. Dazu ein langjähriger, ranghoher Verfassungsschützer des BfV: »Diese lapidare Formulierung deckt sowohl den Regelfall ab, daß keine G-10-Überwachung erfolgt ist, als auch die Möglichkeit, daß eine Maßnahme zwar durchgeführt wurde, aber rechtens war.«

Beim Bundesnachrichtendienst und den Verfassungsschutzämtern gelten Akten amtlich als »vernichtet«, wenn sie in den Suchdateien nicht vorhanden sind. In Wirklichkeit sind sie nicht vernichtet – ein Geheimdienst wirft freiwillig keinen einzigen Zettel weg –, sondern nur etwas schwieriger im Archiv zu finden. Den Juristen der Dienste ist es gelungen, die Begriffe »gelöscht« und »nicht vorhanden« säuberlich zu spalten, doch so, daß es Außenstehende nicht merken. »Gelöscht« wird oft erst dann, wenn Interessenten nachfragen. Und gelöscht heißt nicht vernichtet, und vernichtet heißt nicht verbrannt. Um sich in diesem Irrgarten der Worte und Begriffe zurechtzufinden, hat die russische Republik einen Experten verpflichtet, den 1985 vom Bundesamt für Verfassungsschutz zum Stasi übergelaufenen Kölner Regierungsdirektor Hansjoachim Tiedge, der in seiner Heimatstadt noch vielen Mitbürgern als versoffener Karnvals-Jeck in Erinnerung ist. Tiedge promovierte nach seiner Flucht in Ost-Berlin zum Doctor iuris. Sein Thema: »Die Abwehrarbeit der Ämter für Verfassungsschutz in der Bundesrepublik Deutschland«. Mitstudenten erinnern sich an Tiedge als einen kenntnisarmen Kommilitonen. Desto größer war seine Freude, als ihm die DDR den Decknamen »Professor« Fischer zuteilte (denn »Doktor« allein kam ihm wohl, als er ihn hatte, schon wieder etwas poplig vor). 1992 erhielt der dicke deutsche Jurist, immer weiter nach Osten abdriftend, die russische Staatsbürgerschaft: Iwan Joachimowitsch Tiedkow. Nastorowje!

Asyl im Osten hätte er, sagt Erich Mielke, auch bekommen können. Er wollte aber nicht (mehr). Der Zusammenbruch der Sowjetunion habe ihn »persönlich tief erschüttert. Insbesondere, daß sie nach 74 Jahren so sang- und klanglos ihre Machtposition verlor. Diese Entwicklung ist für mich unvorstellbar gewesen.«

Im Orkus der Geschichte verschwand auch die Stasi-Sprache. Gut vierzig Jahre Wort für Wort aufgebaut, hatte sie – fast – die Qualitäten des Neusprech erreicht. Neusprech nannte der visionäre britische Dichter George Orwell (ein Ex-Kommunist und Spanien-Kämpfer) die Amtssprache des Jahres »1984«:

> *Neusprech war zur Deckung der ideologischen Bedürfnisse ... erfunden worden. Sie hatte nicht nur den Zweck, ein Ausdrucksmittel für die Weltanschauung und geistige Haltung zu sein ..., sondern darüber hinaus jede Art anderen Denkens auszuschalten. Wenn die Neusprache erst ein für allemal angenommen und die Altsprache vergessen worden war (etwa im Jahre 2050), sollte sich ein unorthodoxer... Gedanke buchstäblich nicht mehr denken lassen, wenigstens insoweit Denken eine Funktion der Sprache ist. Der Wortschatz der Neusprache war so konstruiert, daß jeder Mitteilung, die ein Parteimitglied berechtigterweise machen wollte, eine genaue und oft sehr differenzierte*

Form verliehen werden konnte, während alle anderen Inhalte ausgeschlossen wurden, ebenso wie die Möglichkeit, etwa auf indirekte Weise das Gewünschte auszudrücken. Das wurde teils durch die Erfindung neuer, hauptsächlich aber durch die Ausmerzung unerwünschter Worte erreicht.

Der Wortschatz bestand aus Worten, die absichtlich zu politischen Zwecken gebildet worden waren, das heißt, die nicht nur in jedem Fall auf einen politischen Sinn abzielten, sondern dazu bestimmt waren, den Benutzer in die gewünschte Geistesverfassung zu versetzen.

Es war also in der Neusprache so gut wie unmöglich, verbotenen Ansichten, über ein sehr niedriges Niveau hinaus, Ausdruck zu verleihen.

Erich Mielke hat, wie es seiner vitalen Natur entspricht, ohne jede Mühe zur Sprache seiner Jugend zurückgefunden. Stasi-Deutsch und Neusprech, das ist passé. Als er nach dem 40. Jahrestag der DDR und den staatsfeindlichen Demonstrationen, die die Wende einläuteten, konsterniert in seinem Büro saß, fragte er seine Generäle völlig ratlos: »Wer hat uns das eingebrockt?« Korrekt hätte er sagen müssen: »Es sind Informationen zu erarbeiten, welche feindlich-negativen Kräfte aktiv geworden sind, wo der Schwerpunkt der politisch-ideologischen Diversion liegt und welche operativen Maßnahmen seitens des Organs eingeleitet worden sind, um die politische Untergrundtätigkeit vorbeugend zu unterbinden. Abtreten!«

PID ist PUT · Stasi-Kürzel für Nostalgiker

AAW	Archivmaterial abgelehnter Aufnahmeantrag
AfNS	Amt für Nationale Sicherheit
AFO	archivierte Feindobjekt-Akte
AFüST	Ausweichführungsstelle (Bunker)
AGG	Arbeitsgruppe Geheimnisschutz
AGL	Arbeitsgruppe des Leiters
AGM	Arbeitsgruppe Minister
AID	Aktiver Informationsdienst
AK	Auslandskader
AKG	Auswertungs- und Kontrollgruppe
AOPK	Archivierte operative Personenkontrolle
Ast	Akten der Abt. I der General- beziehungsweise Bezirksstaatsanwaltschaft
ASK	Abschöpfkontakt
AuI	Auswertung und Information
AVA	Archivmaterial der Verwaltung »Aufklärung«
AWK	Abwehr Wehrkommando
AWO	Ausweichobjekt
B	Befehl
BAfNS	Bezirksamt für Nationale Sicherheit
BCD	Bewaffnung und Chemische Dienste
BdL	Büro der Leitung
BEL	Bezirkseinsatzleitung
BKK	Bereich Kommerzielle Koordinierung (»KoKo«)
BO	Beobachtung oder Berufsoffizier
BOK	Beobachtungskräfte
BV	Bezirksverwaltung

PID ist PUT · Stasi-Kürzel für Nostalgiker

CFG	Chiffriertes Fernschreiben
DA	Dienstanweisung oder Deckadresse oder Disziplinarakte oder Dienstalter
DB	Durchführungsbestimmung oder Dienstbesprechung
DKK	Deliktenkerblochkartei
DN	Deckname
DO	Dienstobjekt
DT	Decktelefon
DV	Dienstvorschrift
ELOKA	Elektronischer Kampf
Erf.	Erfassung
EV	Ermittlungsverfahren
EV m.H.	Ermittlungsverfahren mit Haft
EV o.H.	Ermittlungsverfahren ohne Haft
F...	Formblatt...
F10	Suchzettel Erfassung
F16	Personenkartei
F22	Vorgangskartei
F22a	Auskunftskartei
F217	Auskunftsbericht über IM
F505	Kartei mit dem wesentlichen Inhalt der F217
F460	Kerblochkartei AKG
FE	Freiheitsentzug
FEK	Funkelektronischer Kampf
FFG	Fahndungsführungsgruppe

PID ist PUT · Stasi-Kürzel für Nostalgiker	
FH	Freiwilliger Helfer
FO	Feindobjekt
FS	Fernschreiben oder Fahndungsstelle oder Fachschule
Füst	Führungsstelle
FZ	Forschungszentrum
GA	Genehmigungsangelegenheit oder Geheime Ablage (über Verräter)
GG	Grenzgänger
GHI	Geheimer Hauptinformant
GI	Geheimer Informant
GKdoS	Geheime Kommandosache
GM	Geheimer Mitarbeiter
GMS	Gesellschaftlicher Mitarbeiter Sicherheit
GT	Geheimnisträger oder Grenztruppen
GTW	Gefangenentransportwagen
GVS	Geheime Verschlußsache
HA	Hauptabteilung
HAL	Haftarbeitslager
HB	Hausbesuch
HMK	Hauptmerkmalskomplex
HVA	Hauptverwaltung Aufklärung
IM	Inoffizieller Mitarbeiter
IMB	IM zur unmittelbaren Bearbeitung von Personen und Kräften
IME	IM für einen besonderen Einsatz

PID ist PUT · Stasi-Kürzel für Nostalgiker	
IMK	IM zur Sicherung der Konspiration und des Verbindungswesens Zur Verfügung stellend: IMK/KW – Konspirative Wohnung IMK/KO – Konspiratives Objekt IMK/DA – Deckadresse IMK/DT – Decktelefon IMK/S – Sicherung der Konspiration
IMS	IM zur Sicherung des Verantwortungsbereiches
JAP	Jahresarbeitsplan
JHS	Juristische Hochschule des MfS in Potsdam
KG	Kontrollgruppe oder Kampfgruppe
KIL	Kapitalistische Industrieländer
kk	kriminell in Erscheinung getreten
KK	Kerblochkartei
KKK	Kreiskampfkräfte
KMB	Kriminelle Menschenhändler-Bande
KO	Kontrollobjekt oder Konspiratives Objekt
KoKo	Kommerzielle Koordinierung
KP	Kontaktperson
KT	Kontakttätigkeit
KuSch	Abt. Kader und Schulung des MfS
KW	Konspirative Wohnung
LAR	legal abgedeckte Residentur
LIKM	leitender inoffizieller kriminalpolitischer Mitarbeiter

PID ist PUT · Stasi-Kürzel für Nostalgiker	
LVO	Landesverteidigungsobjekt
LZ	Lagezentrum
M	Abt. Postüberwachung des MfS
MA	Mitarbeiter
MfS	Ministerium für Staatssicherheit
Mob.	Mobilmachung
MVM	Militärverbindungs-Mission
N	Abt. Nachrichten des MfS
NSAG	Nichtstrukturelle Arbeitsgruppe
OAG	Operative Arbeitsgruppe
OAM	Operatives Ausgangsmaterial
OD	Objektdienststelle
ODH	Operativer Diensthabender
OG	Operationsgebiet (im Ausland)
OI	Objektinformation oder Operativinformation
OibE	Offizier im besonderen Einsatz
OPK	Operative Personenkontrolle
OPM	Operative Personenmaskierung
OTS	Operativ-technische Sicherstellung
OV	Operativer Vorgang
PDB	Personendatenbank
PID	Politisch-ideologische Diversion
PIM	Perspektiv-IM
PKK	Personenkerblochkartei
POZW	Politisch-operatives Zusammenwirken
PUT	Politische Untergrundtätigkeit

PID ist PUT · Stasi-Kürzel für Nostalgiker

RAK	Reise- und Auslandskader
RL	Richtlinie
RRV	Recherche Reiseverkehr
RV	Rückverbindungen
SIVO	Sicherheitsvorgang
SOUD	Datenspeicher der Sicherheitsdienste
SP	Spannungsperiode
SÜ	Sicherheitsüberprüfung
SVG	Sicherungsvorgang oder sprengstoffverdächtiger Gegenstand
SVK	Sachverhaltskomplex
SVKK	Sachverhaltskerblochkartei
SWT	Sektor Wissenschaft und Technik
TBK	Toter Briefkasten
UESE	Übersiedlungsersuchender
UHA	Untersuchungshaftanstalt
UMA	Unbekannter Mitarbeiter
UUA	Unabhängiger Untersuchungsausschuß
UVG	Untersuchungsvorgang
UVM	Unterschlupfmöglichkeit
V	Verwaltung
VaE	Vorläufige exakte Erfassung
VD	Vertrauliche Dienstsache
VE	Volle Einsatzbereitschaft
VMA	Vorzimmer Minister Ausgang

PID ist PUT · Stasi-Kürzel für Nostalgiker

VRD	Verwaltung Rückwärtige Dienste
VSH	Vorverdichtungs-, Such- und Hinweiskartei
VVS	Vertrauliche Verschlußsache
VZ	Verteidigungszustand
WA	Weltanschauung
WR	Wachregiment »Feliks Dzierzynski«
Z	Zuchthaus
ZAGG	Zentrale Arbeitsgruppe Geheimnisschutz
ZAIG	Zentrale Auswertung- und Informationsgruppe des MfS
ZI	Zellen-Informator (IM im Strafvollzug)
ZMA	Zentrale Materialablage
ZMD	Zentraler medizinischer Dienst
ZOF	Zentrales operatives Fernsehen des MdI
ZOS	Zentraler Operativstab
ZOV	Zentraler operativer Vorgang

Wozu die Dienste? Was soll aus ihnen werden?

Amtsrat. Bundesanwalt. Chefarzt. Datenschützer. Eisenbahner. Feuerwehrmann. Gefängniswärter. Hauptmann. Inspektor. Justizsekretär. Kriminalpolizist. Lehrer. Ministerialdirigent. Nachrichtendienstler. Oberregierungsrat. Professor. Richter. Staatsanwalt. Totengräber. Unteroffizier. Verfassungsschützer. Wachtmeister. Zöllner.

Alles Beamte! Für jeden Buchstaben ein Beispiel. Es würde aber keine Mühe machen, für A oder O jeweils 23 Beispiele von Beamtenberufen zu nennen. Es gibt so viele ...

Lohnsteuer. Mehrwertsteuer. Mineralölsteuer. Einkommenssteuer. Gewerbesteuer. Körperschaftssteuer. Tabaksteuer. Kirchensteuer. Kapitalertragssteuer. Kfz-Steuer. Grundsteuer. Vermögenssteuer. Versicherungssteuer. Branntweinsteuer. Grunderwerbsteuer. Erbschaftssteuer. Lotteriesteuer. Kaffeesteuer. Biersteuer. Schaumweinsteuer. Gesellschaftssteuer. Feuerschutzsteuer. Wechselsteuer. Vergnügungssteuer. Hundesteuer. Leuchtmittelsteuer. Börsenumsatzsteuer. Totalisatorsteuer. Kinosteuer. Sportwettsteuer. Jagdsteuer. Rennwettsteuer. Getränkesteuer. Schankerlaubnissteuer. Alles Steuern! Und kein Anspruch auf Vollständigkeit.

Der Anteil der Staatsausgaben an der gemeinsam erbrachten Wirtschaftsleistung der Bevölkerung, dem Bruttosozialprodukt, steigt kontinuierlich an. Er betrug 1952 31,1 Prozent, 1972 41,3 Prozent, 1989 45,3 Prozent und 1992 50,0 Prozent. Direkt oder indirekt gehören dem Staat 50 Pfennig von jeder Mark. Oder anders herum: Von der Staatsquote – das sind 500 Millionen von jeder Milliarde oder 500 Milliarden von jeder Billion – leben immer mehr Menschen, und sie leben im Durchschnitt immer besser davon. Die Beamten sind ja nur ihr kleinerer Teil. Es gibt mehr Angestellte im öffentlichen Dienst und dann noch eine tiefgestaffelte Grauzone. Dort wird das Geld der Staatsquote an die subventionierten Künstler, Dramaturgen, Aidshelfer, Drogenberater, Abgeordneten, Astronauten, Gleichstellungsbeauftragte – kurzum: an Millionen Betroffene und Millionen Betroffenenbetreuer verteilt.

Logischerweise wird die Staatsquote deshalb von Millionen Deutschen energisch verteidigt, von weiteren Millionen wohlwollend gebilligt. Denn noch immer wird die Mehrzahl der sogenannten »Intellektuellen« vom Staat bezahlt, direkt oder indirekt. Danach ist ihre Stimmung, oft auch die der Wissenschaft, denn die hängt ja ebenfalls am Tropf.

Und da sollen wir uns über die drei verbliebenen deutschen Geheimdienste aufregen? Über 15 000 Mann, rund 15 000 nebenberufliche Spitzel und Zuträger, einige zehntausend pensionierte Alt-Schnüffler, wo es doch sechs Millionen aktive Staatsdiener in Deutschland gibt (die Dramaturgen und Aidshelfer gar nicht gerechnet). Sollen wir uns über die 1,5 oder 2 Milliarden DM echauffieren, die die Geheimdienste Jahr für Jahr verbrauchen? Wo Vater Staat in allen seinen Kostümierungen mittlerweile 1700 Milliarden DM pro Jahr ausgibt ...

Also: Keine Aufregung, kein Geschrei. Statt dessen als Panier den Trost des weisen Königs Salomo, der versichert, daß der Gerechte »in der Ruhe ist« (Ws 4; 7). Während doch Gaukler und Narren, sagt sein Landsmann Sirach (15; 7), die Weisheit nicht finden. Gibt es im Zusammenhang mit Geheimdiensten aber überhaupt irgendeine Weisheit, gar den Stein des Weisen zu finden? Oder, wenn schon keine Weisheit, dann doch wenigstens Erkenntnis?

Folgt man den Einlassungen der Dienste, was die Qualität ihrer eigenen Informationen angeht, so läßt sich das nur verneinen. Geradezu gebetsmühlenhaft ziehen sich alle Nachrichtendienste jeweils mit drei, immer gleichen Ausreden aus jeder Affäre:

- Wir wußten es, konnten es aber nicht sagen, weil wir unsere Quellen schützen wollten.
- Wir haben es dem oder jenem wichtigen Politiker gesagt, aber leider hat keiner auf uns gehört.
- Ganz bestimmt wären wir informiert gewesen, wenn wir nur mehr Geld hätten.

Im Ernst wissen die Geheindienste über einzelne Bürger viel zuviel, über den Gang der Dinge aber nichts Wesentliches, weil sich der Lauf der Geschichte nicht prognostizieren läßt (Kapitel 1), Verrat (Kapitel 2), Psychodefekte (Kapitel 3), Kameraderie und Beamtenängste (Kapitel 4) sogar eine normale Behördentätigkeit weitgehend lahmlegen und die Staat-im-Staate-Mentalität der Dunkelmänner samt ihrer Geheimniskrämerei (Kapitel 5) dem ganzen Gewerbe schließlich den Rest geben. Mit guten Gründen darf man deutschen Geheimdienstlern eher nichts als alles zutrauen. Einerseits.

Andererseits: Sie nehmen sich schon eine Menge Frechheiten heraus, die anderen Staatsdienern nicht erlaubt werden. Jahrzehntelang agierten BND und MAD im rechtsfreien Raum. Erst seit Anfang der neunziger Jahre gibt es Geheimdienstgesetze, die allerdings ziemlich wortarm ausgefallen sind. Das MAD-Gesetz hat ganze dreizehn Paragraphen, das BND-Gesetz nur zwölf. Es paßt auf eine Seite DIN A 4. Gestrickt sind alle drei Geheimdienstgesetze nach der gleichen Masche: Ein Tatbestand wird auf beruhigende Weise rechtsstaatlich geregelt, ganz prinzipiell. Im Einzelfall sind aber stets Ausnahmen möglich. Wenn »im Einzelfall« irgend etwas »zwingend erforderlich ist«, dann ist es auch erlaubt. Ein paar Beispiele: Das

BfV gibt »Auskunft an den Betroffenen« (§ 15), und zwar auf Antrag »unentgeltlich«, soweit der Betroffene »hierzu auf einen konkreten Sachverhalt hinweist und ein besonderes Interesse an einer Auskunft darlegt«. Die Auskunftserteilung unterbleibt jedoch, wenn dadurch »Quellen gefährdet sein können«, die »öffentliche Sicherheit gefährdet« oder »sonst dem Wohl des Bundes . . . Nachteile bereitet« würden, Interessen von Dritten verletzt werden, eine Gefährdung der Aufgabenerfüllung eintritt und so weiter. »Die Ablehnung der Auskunftserteilung bedarf keiner Begründung.«

Wenn ein Geheimdienst das Telefon mithört und die Briefe mitliest, dann ist der Rechtsweg für den Betroffenen ausgeschlossen. Er kann ihn ja erst beschreiten, wenn er unterrichtet wird. Und über heimliches Telefonabhören unterrichten die deutschen Nachrichtendienste nur, wenn eine Gefährdung des Zwecks der Anordnung ausgeschlossen werden kann. Wer sich beschwert, weil in seine Grundrechte von Staats wegen heimlich eingegriffen wurde, erhält einen lapidar formulierten Antwortbrief, in dem er lesen kann, daß die Beschwerde geprüft und dabei festgestellt worden ist, daß die Grundrechte des Bürgers nicht verletzt wurden. Wie viele Bundesbürger heimlich abgehört werden, ist geheim. Die heimlichen Lauscher streuen, daß es nicht mehr als 500 oder 600 Personen pro Jahr sind; eine Zahl ohne jeden Beweiswert.

Wer mit anderen »nachrichtendienstlichen Mitteln« ausgespäht wird – etwa durch Observation, heimliches Fotografiertwerden, durch das »Heranspielen« eines Spitzels, durch die Ausforschung der Familie und der Freunde –, der hat wegen vieler unklarer Rechtsvorschriften bei der Gegenwehr sehr schlechte Karten. Schon der Begriff »nachrichtendienstliche Mittel« ist absichtsvoll vage gehalten. Bei einem Arzt müssen dem Patienten alle beabsichtigten therapeutischen Maßnahmen im Detail erläutert werden; der Doktor würde sich strafbar machen, spräche er pauschal von »heilkundlichen Mitteln«. Ähnlich ist die Rechtslage im Geschäftsleben, bei Dienstleistungen und den Staatseingriffen, die nicht heimlich erfolgen. Bei den Nachrichtendiensten aber befindet, wie der Richter am Bundesverwaltungsgericht Hermann Borgs rügt, der »Verfassungsschutz weitgehend aus eigener Machtvollkommenheit darüber, welche Bestrebungen er als verfassungsfeindlich und welche Mittel er als nachrichtendienstlich einstuft«. So ist beispielsweise die Anwendung der Kleinstsender (Wanzen) seit Jahrzehnten juristisch völlig ungeklärt.

Geht ein Verfassungsschützer seinem Gewerbe nach, ist er nicht verpflichtet, den Befragten auf sein Recht zu schweigen, hinzuweisen. Die besonderen Aussageverweigerungsrechte spielen erst recht keine Rolle. Daß die Bürger, die den Geheimdiensten mehrheitlich mißtrauisch und ablehnend gegenüberstehen, häufig über den Zweck einer Unterhaltung arglistig getäuscht werden, gilt als völlig normal. Und normal ist auch, daß diverse Geheimhaltungsvorschriften der Wahrheitsfindung über die Dienste entgegenstehen: Zahl und Art der Mitarbeiter, die finanzielle Ausstattung, selbst Pannen in längst vergangenen Zeiten – alles geheim. Neuerdings kann man eine Tendenz beobachten, die Geschichte der Dienste zu schönen: Akten, deren Inhalt den nachgerückten Beamten allmählich peinlich ist – zum Beispiel die Bespitzelung der Studenten und Jungakademiker 1968 und danach –, werden systematisch vernichtet, Zeitgeschichte hin oder her. Es ist wie bei George Orwell: Die Geschichte verschwindet im »Gedächtnisloch«.

Die weit verbreitete Vermutung, es gebe in Deutschland auch nach dem Ende der Stasi immer noch viel zuviel Geheimdienstler, ist zutreffend. Der Bundestagsabgeordnete Olderog hat ausgerechnet, daß auf je 100 000 Bundesbürger 1990 jeweils

20 Mitarbeiter des Verfassungsschutzes oder des BND entfallen. Die DDR schlug alle diesbezüglichen Rekorde: Auf 100 000 DDR-Bürger kamen mindestens 1 200 Mitarbeiter des Staatssicherheitsdienstes, die bienenfleißigen IMs nicht mitgezählt. Verglichen mit zivilisierten westlichen Nachbarstaaten ist die deutsche Geheimdienstdichte immer noch erstaunlich groß: Ein Verfassungsschützer auf 10 000 Bürger, Kinder und Greise eingeschlossen. In den Niederlanden beträgt die Relation 1:19 000, in Großbritannien 1:27 500.

Im Prinzip sind sich die Deutschen und ihre Politiker weitgehend darüber einig, daß die Geheimdienste, weil sie in die Freiheitsrechte des Betroffenen eingreifen, »wobei die Heimlichkeit des Vorgehens etwaige Rechtsschutzmöglichkeiten weitgehend illusorisch macht« (Borg), wenigstens ordentlich kontrolliert werden sollten. Von der Kontrolle durch die Betroffenen ist dabei freilich nicht die Rede. Nach dem Bundesdatenschutzgesetz hat der Bürger kein Recht, die über ihn gespeicherten Daten bei den Nachrichtendiensten und anderen Behörden des Sicherheitsbereichs einzusehen. Das Kontrollrecht nimmt für ihn der Bundesdatenschutzbeauftragte wahr und dem wiederum werden in vielen Fällen die Akten zur Einsicht, oft sogar eine Auskunft darüber, ob überhaupt eine Akte vorhanden ist, verweigert. Beliebteste Begründung: »Hochwertige« Geheimhaltungsgründe. Was dazu zählt, entscheiden die Dunkelmänner selber. Seit sie sich fest etabliert haben, also seit den Boomzeiten 1968 bis 1980, hakeln sich die Nachrichtendienste sogar mit ihren Dienstaufsichtsbehörden – dem Bundesinnenministerium im Falle des BfV – darum, ob jedes Auskunftsbegehren des Dienstherrn wahrheitsgemäß zu beantworten sei.

Wie viele Deutsche von den Geheimdiensten inzwischen »sicherheitsüberprüft« worden sind, ist geheim. Auch bei den

Details redet den Dunkelmännern niemand herein. Sie allein bestimmen Ablauf und Umfang der Sicherheitsüberprüfungen. Der Betroffene soll eigentlich von der Überprüfung in Kenntnis gesetzt werden, denn er hat ja, wie das Bundesverfassungsgericht beschlossen hat, ein Grundrecht auf »informationelle Selbstbestimmung«. Bei der »erweiterten Sicherheitsüberprüfung« werden jedoch nicht nur zusätzlich Polizeidienststellen befragt, die Schnüffler interessieren sich auch für Verlobte und Lebensgefährten. Gesetzliche Normen fehlen.

»This agency shall have no police authority«, steht im sogenannten Polizeibrief der alliierten Militärgouverneure von April 1949 zu lesen. Er ist die Gründungsurkunde des Bundesamts für Verfassungsschutz. Die Alliierten wollten nicht, daß in Deutschland noch einmal Gestapo-Zeiten anbrechen. Der Nachrichtendienst Verfassungsschutz sollte Nachrichten sammeln und nicht auch noch geheime Staatspolizei spielen. BfV und BND sind deshalb vom sogenannten Legalitätsprinzip freigestellt. Sie brauchen niemanden, der ihrer Meinung nach eine Straftat begangen hat, der Polizei oder Justiz auszuliefern.

Es liegt nahe, daß der richtige Umgang mit der Freistellung vom Legalitätsprinzip den Diensten große Schwierigkeiten macht. Beispiel Spionageabwehr: Der Verdächtige wird von den Kollegen Nachrichtendienstlern befragt. Am liebsten will man ihn dabei zum Maulwurf mutieren lassen, zum »Counterman« in einer »Gegenoperation«. Wenn das aber nicht klappt, dann soll er büßen. Dafür braucht man Polizei und Staatsanwalt. Die informiert man durch einen sorgsam verschlossenen Brief, der den Namen und den Sachverhalt enthält. Die Polizei wird in die Nähe des Befragungsorts gelotst, verhält sich jedoch unauffällig und still. Erst wenn das »Umdrehen« scheitert, wird sie alarmiert, öffnet ihren Brief und – schwupp – greift sie ein. Ist der böse Feind aber zum Freund mutiert und spioniert nun für Deutschland, wird der verschlossene Umschlag sofort wieder eingesammelt. So wird das Legalitätsprinzip immer aufs neue ausgetrickst.

Mit den Kameraden von der Stasi sind die westdeutschen Geheimdienstler weder vor noch nach der Wende rüde umgegangen. Als richtige Feinde galten viel eher die einheimischen Linksradikalen und Kommunisten, freche Schriftsteller, politisierende Gastarbeiter und die flapsig-ironischen Studenten, denen nichts heilig ist, nicht einmal die freiheitlich-demokratische Grundordnung. Gegenüber Stasi-Offizieren galt professionelle Hochachtung, woraus sich nach der Wende logischerweise Initiativen für ihre Amnestie entwickelten. FDP-Minister Klaus Kinkel, früher BND-Präsident, lobte die »friedensstiftende Funktion einer Amnestie«. Hans-Jochen Vogel von der SPD wünschte zum ersten Jahrestag der deutschen Einheit gleich eine »Generalamnestie«. Wenigstens eine »Teilamnestie« für frühere hauptamtliche Mitarbeiter der DDR-Geheimdienste hielt der Ermittlungsrichter beim Bundesgerichtshof, Klaus Detter, für erforderlich. Und wofür war Herr Werthebach, Präsident des Bundesamts für Verfassungsschutz? Für eine Amnestie als »saubere Lösung« für den Kreis der Mitarbeiter der früheren Hauptverwaltung Aufklärung der Stasi, die man doch so lange und mit so viel hundert Millionen DM Steuergeld verfolgt hatte.

Von intensiver Verfolgungsbereitschaft kann jedenfalls keine Rede mehr sein. Es ist ja auch strittig, ob das wünschenswert wäre. Bundesanwälte machen hinter vorgehaltener Hand jedenfalls schon folgende Rechnung auf: In ganz Deutschland gibt es gegenwärtig nur acht Strafsenate der Oberlandesgerichte, die Spionagefälle aburteilen. Wenn diese Richterkollegien sehr fleißig sind (das sind sie nicht alle), dann schaffen sie im Jahr im Durchschnitt zehn Verfahren; macht zusammen 80

Verfahren. Von den hauptberuflichen Stasi-Mitarbeitern wird also nur ein kleiner Bruchteil vor Gericht gestellt werden, von denen wiederum nur sehr wenige am Ende sitzen müssen. Denn beim Wettlauf zwischen dem Strafanspruch des Staates und der Verjährung, welche bekanntlich den Rechtsfrieden fördert, hat die Verjährung die besseren Chancen.

Der Präsident des Berliner Verfassungsgerichts, Klaus Finkelnburg, ist ohnehin dafür, daß wir »gemeinsam in die Zukunft gehen, statt weiter jahrelang in der Vergangenheit von Hunderttausenden zu wühlen«. Die Politik solle endlich einen »Schlußstrich unter die DDR-Geschichte« ziehen. De iure wird es den nicht geben, de facto für die 100 000 einzelnen aber schon. Ohnehin weiß keiner, wie viele Ex-Stasi-Spione in der Bundesrepublik unentdeckt leben. Werthebach glaubt an 350, der Generalbundesanwalt Alexander von Stahl an 1 000. Denen bleibt (wie den österreichischen Truppen bei gemeinsamen preußisch-österreichischen Manövern) nur die zweite Strophe von »Ein feste Burg ist unser Gott«. Sie lautet: »Mit unserer Macht ist nichts getan, wir sind gar bald verloren . . . « Aber vielleicht wird der eine oder andere ja doch als Counterman gebraucht gegen Kiew oder Alma-Ata.

»Unsere Aufgabe ist schwieriger geworden«, jammert der BND-Chef Konrad Porzner. »Jetzt genügt es nicht mehr zu wissen, was in Moskau geschieht. Nun müssen wir auch wissen, was in Kiew, Alma-Ata und St. Petersburg passiert.« In typischer Geheimdienstmanier suggeriert der Satz, der BND habe vormals gewußt, was in Moskau geschieht. Auf alle Fälle will er sich nun strebend neu bemühen – und das heißt: Er will aufrüsten. Aufrüsten gegen Ost, denn »unser neuer Hauptgegner sind die Staaten der Sowjetunion«, wie BfV-Vizepräsident Peter Frisch erkannt hat. Aufrüsten aber auch rundum und hoch hinaus. Porzner hätte gern als nächstes einen BND-eigenen Spionagesatelliten. Er begründet das auf doppelt originelle Weise. Erstens, sagt er, leisten sich sogar die armen Russen so etwas, und zweitens muß man, »wenn man Bescheid wissen will, in die Kommunikationswege eindringen«. Wegen der Drogen! Ja, wirklich, wegen der Drogen, weil nämlich »Drogengeschäfte auch über Satellitenkommunikation abgewickelt werden, muß der Staat sich da einschalten können«. Satellit gut, Hasch kaputt.

Der Kampf gegen die weltweite Drogen-Mafia ist eines der Argumente für Expansion und Aufrüstung der Nachrichtendienste, aber beileibe nicht das einzige. Es gilt ja auch, die Rüstungsexporteure zu entdecken, die internationalen Mafiosi und Geldwäscher, die Hochtechnologie-Spione, sogar die international operierenden Mädchenhändlerringe. Haben wir den Terrorismus schon erwähnt? Der muß auch bekämpft werden! Kurzum: Die Bedrohung aus dem Osten, der eine große Feind, der ist perdu. Doch an seiner Stelle sind dem Auslandsgeheimdienst BND viele neue erwachsen.

Auf die ist der Inlandsdienst Verfassungsschutz aber auch angewiesen. Schon 1991 empfahl der Staatsminister im Bundeskanzleramt Lutz Stavenhagen, zuständig für die Koordination der deutschen Nachrichtendienste, daß die Kölner Verfassungsschützer »mit nachrichtendienstlichen Mitteln die schwarzen Schafe der Industrie erkunden, die der Bundesrepublik Deutschland schweren Schaden zufügen«. Daraus wurde vorerst nichts, Stavenhagen ist jung gestorben. Die Idee gefällt den Kölnern aber. Zur Zeit fühlen sie sich noch etwas gehandicapt, weil sie über den illegalen Transfer von Hochtechnologie oder von »sensitiven Gütern« nur dann Erkenntnisse sammeln dürfen, wenn dieser von einem gegnerischen Geheimdienst gesteuert wird. Jede Aufgabenerweiterung würde dankbar akzeptiert.

Ihre eigene Zukunft, so glauben die deutschen Geheimdienstler, lasse sich am besten durch das Wohlwohllen der deutschen Industrie und des Großkapitals sichern. Wer Wirtschaftsspione abwehrt und – vielleicht – nebenbei selbst ein bißchen Wirtschaftsspionage treibt, der ist womöglich bald unentbehrlich. Auf diese Idee sind freilich die amerikanischen, britischen und französischen Dienste auch schon gekommen. Sogar die brave Schweiz hört ihre deutschen Nachbarn ab, auch den Bankenplatz Frankfurt/Main.

Der ehemalige CDU-Innenminister und jetzige Fraktionsvorsitzende Schäuble – ein Politiker, der sich wirklich für Geheimdienste interessiert – will den Verfassungsschutz jedwede organisierte Kriminalität bekämpfen lassen. Die demokratische Grundordnung, so Schäuble, werde heute stärker durch das organisierte Verbrechen bedroht als durch die klassischen Staatsschutzdelikte. Weil die Banden versuchen, Einfluß auf Wirtschaft, Politik und gesellschaftliche Gruppen zu gewinnen und so die freiheitliche Grundordnung aushöhlen, muß die gefährdete innere Sicherheit durch ein ganzes Bündel auch »unkonventioneller Maßnahmen« verbessert werden, fordert Schäuble. Jedenfalls will sich das Kölner Bundesamt, sagt sein Präsident Werthebach, nicht auf die Beobachtung bestimmter Deliktsformen – etwa Rauschgift oder Waffenhandel – beschränken. Wenn schon, denn schon.

Ende 1992 gewann die Debatte neuen Schwung und eine andere Richtung. Plötzlich war der Rechtsextremismus Feind Nr. 1 und Alibi, den schon beschlossenen Stellenabbau bei den Geheimdiensten zu stoppen. Bis zum Herbst 1992 und den Attacken der Neo-Nazis gegen Ausländer waren die Geheimdienste auf dem rechten Auge nahezu blind gewesen. In den Abteilungen für Rechtsextremismus konnte man keine Karriere machen. Sie galten als Abschiebebahnhof. Das soll nun anders werden. Die Neo-Nazi-Szene soll intensiv ausgespäht werden. Das stößt auf große Schwierigkeiten: Ein Richtungswechsel ist in den großen Schnüffelbehörden so langsam durchzusetzen wie bei einem Ozeanriesen. Der kann auch nicht auf der Stelle anhalten oder drehen. Erfahrungsgemäß dauert es Jahre, bevor Behörden Tritt fassen, da machen die geheimen Behörden keine Ausnahme.

Wer die Neo-Nazi-Szene und das diffus-gewalttätige Potential der jungen Unterschicht ausspähen will, stößt bald auch an die Grenzen des Metiers: Von wirren und wechselnden Ideen getriebene Täter, die sich von großen Mengen Alkohol befeuern lassen, heute so und morgen anders reagieren, sind von V-Männern oder V-Kindern (das wäre übrigens verboten) schwer auszuspähen. Weil die Tat überdies meist einen nächtlichen Affektsturm zum Vater hat, ist sie ohnehin nicht rechtzeitig zu verraten. »Die berechtigten Erwartungen der Polizei«, gesteht der stellvertretende Bremer Verfassungsschutz-Chef Lothar Jachmann ein, »werden sich nur selten erfüllen.« Macht nichts: Die deutschen Dienste werden ihren Geldgebern vorgaukeln, daß Prognosen über rechtsextreme Täter demnächst schnell auf denTisch kommen – Voraussetzung: Geld her, politische Unterstützung und Umstrukturierung samt Höherstufungen. Dann werde das schon klappen mit dem »Frühwarnsystem«...

Der geheime »Seismograph Verfassungsschutz« (Werthebach) will verständlicherweise von Erschütterungen verschont bleiben, aber auch von Kontrollen. Die Arbeit der Dienste, hat schon General Reinhard Gehlen postuliert, muß sich im Verborgenen abspielen. Deshalb bleibe dem geheimen Mitarbeiter Zurückhaltung im Auftreten nach außen auferlegt und »offene Anerkennung im allgemeinen versagt«. Die Idee, den Staat durch mehrere geheime Behörden schützen zu lassen, ist ein Relikt aus alten, absolutistischen Zeiten. Es wird von der rech-

Eckart Werthebach

ten Fraktion des öffentlichen Dienstes jedoch hartnäckig verteidigt. So hat das Bundesverwaltungsgericht unlängst in letzter Instanz entschieden, daß es einen »Auskunftsanspruch« gegenüber Verfassungsschutz- und Polizeibehörden nicht gibt. Der sei im Anwendungsbereich der Datenschutzgesetze durch Sondervorschriften ausgeschlossen. Ein Auskunftsanspruch folge auch nicht aus dem Grundgesetz, meint das Gericht. Wörtlich: »Namentlich gibt das im allgemeinen Persönlichkeitsrecht enthaltene Recht auf informationelle Selbstbestimmung keine uneingeschränkte Herrschaft über ›seine‹ Daten, insbesondere nicht über solche, die den Aufgabenbereich der Sicherheitsbehörden betreffen. Einem auf diese Daten zielenden Auskunftsersuchen steht das staatliche Geheimhaltungsbedürfnis gegenüber.« Bedürfnis, nicht Interesse.

Für solche Positionen gibt es immer wieder Beifall, nicht nur von der rechten Fraktion der Beamtenschaft. Staatstreu geben sich, kaum ist Gelegenheit dazu, stets auch die Gottesmänner. So postuliert der ostdeutsche Pfarrer Richard Schröder – jetzt SPD-Politiker mit dem Gefühl, zu Großem berufen zu sein – für die Bürger apodiktisch: Stasi-Akten »in ganzer Fülle auszuliefern, davon halte ich nichts. Man muß nicht alles wissen wollen.« Gemeint ist: Die Bespitzelten haben kein Recht auf die ganze Wahrheit, das hat nur der Spitzel und sein Arbeitgeber, der Staat, der die Erkenntnisse, wenn er denn, wie die DDR, zugrunde geht, dem nächsten Staat vererbt, nicht dem Opfer. Deutschland ist ein »massiver Überwachungsstaat geworden«, meint der ehemalige Regierende Bürgermeister Berlins Heinrich Albertz. Dieser Ex-Pastor hat als Berliner Innensenator lange und aktiv an dieser Politik mitgewirkt. Er ist, wie das bei Theologen hin und wieder vorkommt, vom Saulus zum Paulus geworden. Am Überwachungsstaat ändert sich dadurch natürlich nichts.

Dessen Befürworter propagieren jetzt einen Sprung nach vorn, genannt: »Großer Lauschangriff«. Gemeint ist, daß überall in der Wohnung, sogar im Schlafzimmer und auf dem Klo, versteckte Abhöranlagen installiert werden dürfen. Auch der Einsatz von technischen Aufzeichnungsgeräten, etwa Infrarot-Kameras, Peilsendern, Bewegungsmeldern, Nachtsichtgeräten und versteckten Überwachungskameras soll erlaubt werden. Noch ist es so, daß die »Verletzung der Vertraulichkeit des Worts« mit Gefängnis bis zu drei Jahren bestraft wird. Unter dem Stichwort »OK« – es steht für »organisierte Kriminalität« – soll in Zukunft der große Lauschangriff gegen »Schwerkriminelle« erlaubt sein. Eine große Koalition ist sehr dafür. Bundesinnenminister Seiters hält die Verwanzung von Wohnungen für »zwingend notwendig«. Der SPD-Vorsitzende Björn Engholm ist im »Bereich der Schwerstkriminalität«, etwa im Kampf gegen die Drogen-Mafia, »gerne bereit, etwas mehr staatliche Härte walten zu lassen als das anderen – auch in meiner Partei – lieb ist«. Härte heißt für ihn: »Verdeckte Ermittler, Abhöranlagen und Überwachungskameras müssen möglich sein.«

Es versteht sich, das Edmund Stoiber von der CSU in dieser »wichtigen sicherheitspolitischen Frage« die »Verantwortungsgemeinschaft über Parteigrenzen hinweg« begrüßt. Vor einigen Jahren, als der Vorsitzende Franz-Joseph Strauß heimlich belauscht worden war, wurde von der CSU ausdrücklich gefordert, das Abhören per Kleinstsender unter Strafe zu stellen. So ändern sich die Zeiten.

Voraussichtlich werden routinierte Berufskriminelle rasch Mittel und Wege finden, um den großen Lauschangriff ins Leere laufen zu lassen. Für den gewöhnlichen Bürger, der keine Straftat begangen hat, sondern nur von geheimen Behörden verdächtigt wird, mit einer suspekten Person in Kontakt gewesen zu sein, bleibt die Verwanzung von Bett, Telefon und Stehlampe unvorhersehbar, samt dem dafür erforderlichen Wohnungseinbruch. Es stellt sich die alte Frage, ob der Staat versuchen darf, Verbrechen um jeden Preis zu bekämpfen, wo doch die Erfahrung lehrt, daß dies gewöhnlich schiefgeht. Die Menschenwürde, hat der Bundesbeauftragte für den Datenschutz, Alfred Einwag, gegen den großen Lauschangriff eingewandt, die Menschenwürde verlange, daß dem einzelnen ein Raum bleibe, »in dem er vor staatlicher Ausforschung und Beobachtung sicher ist«. 1961 hat der SPD-Bundestagsabgeordnete Adolf Arndt – er war seinerzeit der weitaus klügste deutsche Jurist – das »Problem des belauschten Bürgers«, ein »Jedermannsproblem«, eindringlich und endgültig analysiert:

> *»Das Problem des belauschten Bürgers weckt nicht nur den Zweifel, ob der Mensch so vor sich bestehen kann, sondern wirft auch die Frage auf, ob Demokratie so noch möglich ist. Denn um Demokratie von der Wurzel her wachsen zu lassen, ist für den Jedermann der ein ›Einzelner‹ ist,* Freiheit von Furcht *das erste Erfordernis.*
>
> *Der belauschte Bürger ist jedoch der geängstigte Bürger. Er ist der aus dem Dunkeln geröntgte Mensch, der von Blicken durchdrungen wird, die er nicht sieht. Sein Staat liegt nicht mehr verläßlich im Hellen.«*

Man wird sehen. Das deutsche Grundgesetz, von den Geheimdiensten so ausdauernd geschützt, müßte jedenfalls erst einmal mit Zweidrittelmehrheit (also auch den Stimmen der SPD und FDP) geändert werden.

Nach der Aufrüstung ihrer »nachrichtendienstlichen Mittel« sehnen sich alle Geheimdienstler wie die Bienen nach dem Honig. Man hätte dann ja nicht nur mehr Geheimnisse gebunkert – wie der Hamster das Winterfutter –, man hätte auch die Chance, rascher befördert und besser alimentiert zu werden. Denn für heimliches Lauschen im großen Stil braucht man allemal neue Leute, Untergebene (und Einbrecher), die die eigenen Beförderungschancen vermehren. Im Beamtenapparat geht es desto schneller nach oben, je größer die Zahl der nachgeordneten Mitarbeiter und je stattlicher das Budget ist.

Von diesen Mechanismen wollen auch die Zöllner profitieren. Sie hätten am liebsten ein eigenes »Zollkriminalamt«, eine neue Bundespolizei gegen den Waffenhandel und die Außenwirtschaftskriminalität. Die Zöllner, noch zu Jesu Zeiten mit Heiden, Huren und Sündern in einen Topf geworfen, wollen die deutschen Sünder und ausländischen Heiden durch das heimliche Öffnen ihrer Post und das Belauschen der Telefone verfolgen. Am liebsten, so hat die Bundesregierung verlauten lassen, wäre ihr, wenn die Zöllner bereits »vorbeugend« tätig würden, »wenn die Erforschung des Sachverhalts auf andere Weise aussichtslos oder wesentlich erschwert wäre ...«

Aufgerüstet werden soll auch in den neuen Bundesländern. Dort ist der Widerwille gegen einen neuen Geheimdienst allerdings besonders tief verwurzelt. Deshalb war nach der Wiedervereinigung vorsichtig von ganz kleinen Landesämtern für Verfassungsschutz die Rede, Brandenburg dachte an 20 Mann, Thüringen an 80. Der BfV-Präsident Werthebach ist für »mindestens 125 Verfassungsschützer pro neues Bundesland«, sonst seien die Behörden nicht arbeitsfähig. Die rechtsextremistischen Gewalttaten kamen gerade zur richtigen Zeit, um wenigstens diese Arbeitsplätze zu sichern. So halfen die kleinen, besoffenen Nachwuchs-Nazis dem Verfassungsschutz aus der Legitimationskrise und vielen hundert Nachwuchs-Beamten zu einem Arbeitsplatz im Warmen und Trockenen.

Daß in der Ex-DDR nach Ende der Stasi-Zeit nun wieder – und wieder ganz legal – heimlich abgehört und gelauscht wird, wird dazu beitragen, das vorsichtig-verquaste DDR-Deutsch am Leben zu erhalten. Aus Angst vor Mithörern – die Stasi hieß im Volke »Firma Horch und Guck« – haben sich insbesondere die Eliten der DDR eine extrem unscharfe Ausdrucksweise angewöhnt. Ihre Rede ist nicht »Ja, ja« und »Nein, nein«, sondern wolkig und frei von Daten oder Zahlen. Es ist, als hätten Millionen die Erkenntnis der Markus-Wolf-Ikone Richard Stahlmann (Seite 82) für alle Zeiten verinnerlicht. Der alte Klassenkämpfer blaffte seine Nachwuchsagenten an: »Weißt Du, wer unser größter Feind ist? Das weißt Du nicht. Das Telefon!« Stahlmanns Rat für alle Zeiten und offenbar für jedermann: »Sage niemals am Telefon etwas Konkretes, weder Zeit noch Ort, noch Namen!«

Seit der Kalte Krieg und die Konfrontation der Supermächte vorbei sind, haben die Geheimdienstler überall auf der Welt Legitimationsprobleme. Selbst in Ländern, in denen die Dunkelmänner die stärkste aller Parteien sind – Rumänien, Algerien, Afghanistan, um nur ein paar zu nennen –, kriselt die Branche. Das macht Sorgen. Schließlich gilt überall die lebensnahe Boxerregel: »No fight, no money.« Was also tun? Wie die Krise abwenden? Woher Geld nehmen und neue Auftraggeber? Am Horizont zeichnen sich die Konturen einer Internationale der Gaukler ab: In Zukunft wollen die Geheimdienstler nicht mehr gegeneinander für das Wohl der Menschheit arbeiten, sondern miteinander. Der oberste deutsche Verfassungsschützer Eckart Werthebach hat es freimütig eingeräumt. Galt bis 1989 die Argumentation, Deutschland müsse sich eher notgedrungen Geheimdienste halten, weil nur so die Bedrohung durch die Geheimdienste anderer Länder austariert werden könne, unsere eigenen Geheimdienste also entbehrlich würden, wenn die anderen keine mehr hätten, hat Werthebach jetzt ganz neue Vorstellungen. Er hofft, daß »wir das herkömmliche Freund-Feind-Bild auflösen« können. Das soll nicht heißen, daß er hofft, die anderen, vor allem unsere östlichen Nachbarstaaten, würden ihre Geheimdienste auflösen. Ganz im Gegenteil: Als das von der Opposition in diesen Staaten gefordert wurde, hat Eckart Werthebach für die deutschen Geheimdienstler erklärt, was die sich im eigenen und im fremden Interesse wünschen: »Den Nachrichtendiensten in Osteuropa und im neuen Rußland sollten wir bei der Entwicklung zu demokratischen Diensten behilflich sein.« Wir wollen ihnen also helfen, daß sie auch fürderhin Spione zu uns senden können. Und genau das hat der neue russische Geheimdienstchef bereits – wunschgemäß! – angekündigt.

Auch Oberst Henryk Jasik, Chef des neuen polnischen Nachrichtendienstes, hat nach Ost und West ausgeschaut und Prioritäten genannt: Als erstes will sein Geheimdienst ein »eigenes Agentennetz« in den GUS-Ländern aufbauen, und zwar »forciert«. Jasik hat versprochen, darüber die Spionagetätigkeit in Deutschland auf gar keinen Fall zu vernachlässigen. Eine Hand wäscht viele andere. Der vom Mythos umwehte britische Geheimdienst MI 6 unterhält in der Nähe von Portsmouth ein Trainingslager für angehende polnische Spione. Ungarn, Tschechen, vielleicht demnächst auch Bulgaren und Slowaken werden an anderen Orten trainiert. Das ist gut für England und gut fürs Busineß. Man weiß ja nie, wie das Leben noch spielt. 1944 unterrichtete der Vatikan die USA über Bombenziele in Japan; der CIA Vorläuferdienst OSS hatte seinerzeit sicherheitshalber den Gottesmännerstaat infiltriert und zahlte dem frommen Chiffrierer ein zweites Gehalt. Im letzten Jahr waren wir Deutschen der chinesischen Führung gefällig. Damals lieferte ein Münchener Unternehmen Peking raffinierte Antennenanlagen, mit deren Hilfe man die in Autos versteckten Wanzen lokalisieren kann. Die Hilfe geschah etwas außerhalb geltender Bundestagsbeschlüsse, hat den Großen Drachen aber gefreut.

Selbst Bundeskanzler Helmut Kohl, der den deutschen Geheimdiensten traut wie einem angefaulten Steg, mußte sich im letzten Jahr notgedrungen in die Niederungen des Metiers begeben. Er stimmte in einem Schreiben an Boris Jelzin dem Vorschlag der russischen Regierung zu, die Nachrichtendienste beider Länder sollten bei der Bekämpfung der Rauschgiftkriminalität zusammenarbeiten. BND-Vizepräsident Münstermann hatte zuvor verlautbart, daß BND und die KGB-Nachfolger gemeinsam auch den internationalen Terrorismus bekämpfen könnten. Das wird was werden ... Traditionell hat in russischen Reichen die Geheimniskrämerei den Rang eines Sakraments.

Theoretisch haben geheime Nachrichtendienste kein anderes Ziel als legale Nachrichtenagenturen oder Zeitungsredaktionen: Sie versuchen, möglichst viele, möglichst wichtige, möglichst verborgene Neuigkeiten zusammenzutragen und ihrem Leserkreis – hier auserwählt wenigen, dort allen, die dafür bezahlen – zugänglich zu machen. Alle Geheimdienste komplizieren die Arbeit aber so gut es geht: Die Nachricht soll ganz unauffällig gewonnen werden, ohne daß es jemand merkt. Sie wird auf höchst komplizierte und zeitraubende Weise übermittelt, durch Geheimtinte, Mikroverfilmung, tote Briefkästen in alten Friedhofsbäumen oder im Spülbecken eines Eisenbahnerklos, schließlich durch Kuriere mit Legende und feuchten Händen. Trifft die Nachricht endlich in der Zentrale ein, wird sie möglichst wenigen zur Kenntnis gegeben (»need to know«!). Die Abschottung erschwert die richtige Wertung, fördert paranoides Verhalten und mindert die Qualität der so mühsam recherchierten Nachricht.

Dieses ganze Drumherum des Dunkelmännergewerbes, die Idee, ein Staat im Staate zu sein, macht das Nachrichtensammeln und -auswerten am Ende zu einem Alibi. Altbundeskanzler Helmut Schmidt jedenfalls, der lange Jahre den Vorzug genoß, Adressat der allergeheimsten Neuigkeiten deutscher Nachrichtendienstler zu sein, hat deren Berichte aufgrund seiner schlechten Erfahrungen überhaupt nicht mehr gelesen. Schmidt: »Sie taugten nichts.«

Das eigentliche Wesen der Geheimdienste ist aber nicht ihre Ineffizienz, sondern ihre Geheimheit. Normalerweise erfährt es kein Bürger, wenn ein Nachrichtendienst über ihn Informationen sammelt. Die Tätigkeit der Dienste soll für Dritte überhaupt nicht erkennbar sein. Wir bezahlen sie, aber wir sehen sie nicht, wir hören sie nicht (und wenn es im Telefon knackt, dann sind es die Gesetze der Physik). Der deutsche Bürger merkt nichts, und ihm wird auch nichts gesagt. Ist er beispielsweise von einer Maßnahme der sogenannten »strategischen Postkontrolle« betroffen, bei der täglich Tausende von Briefen, die ins Ausland gehen, heimlich geöffnet und mitgelesen werden, so entsteht – hat das Bundesverfassungsgericht 1985 entschieden – keine Mitteilungspflicht. Von laufenden Eingriffen muß der Betroffene ohnehin nicht unterrichtet werden; wenn überhaupt, kann er Rechtsschutz erst nachträglich erlangen. Vorausgesetzt: Er wird nachträglich unterrichtet, was aber auch nicht sein muß. Die Geheimdienste wollen partout nicht transparent werden. Deshalb gilt: »Im Regelfall wird von einer Auskunft abgesehen«, so das Bundesverwaltungsgericht 1990. Geheimhaltung geht vor Bürgerinteresse, und zwar so weit, daß nicht einmal ein Auskunftsanspruch darüber besteht, ob die Daten einer Person überhaupt gespeichert sind oder nicht.

An dieser Stelle wird von den Fürsprechern der geheimen Behörden (die meist wiederum Beamte eben dieser Behörde sind) öffentlich eingewandt, daß die Nachrichtendienste schließlich von der »Parlamentarischen Kontrollkommission« (PKK) des Deutschen Bundestages kontrolliert würden, und zwar gründlich und stellvertretend für alle Bürger, Wähler und Betroffene. Das ist eine grobe Irreführung. Die PKK ist blind, schwerhörig und zahnlos. Zwar ist im Mai 1992 ein neues Gesetz über die parlamentarische Kontrolle nachrichtendienstlicher Tätigkeit des Bundes in Kraft getreten, sieben Paragraphen auf anderthalb Seiten, doch hat dies an der Misere nichts Wesentliches geändert. Es bleibt dabei: Die Bürger erfahren vom Geheimdienst nichts, weil er per definitionen geheim ist. Die Betroffenen dürfen ihn nicht kontrollieren, weil die wenigen eingeräumten Rechtsschutzmöglichkeiten ausgehöhlt, also illusorisch sind. Die Parlamentarier des Deutschen Bundestages wissen von den Geheimdiensten nichts, weil sie nichts wissen wollen und nichts wissen dürfen. Denn die Volksvertreter haben ihr Kontrollrecht der achtköpfigen PKK delegiert und die, so bestimmt es das neue Gesetz, tritt nur »mindestens einmal im Vierteljahr zusammen«; selten öfter.

Bei diesen gelegentlichen Treffen unterrichtet die Bundesregierung die PKK über die »allgemeine Tätigkeit« des Bundesamts für Verfassungsschutz, des Militärischen Abschirmdienstes und des Bundesnachrichtendienstes. Also über Tun und Lassen von rund 15 000 Staatsdienern, deren Credo der General Gehlen vorgebetet hat: »Die Tätigkeit der Dienste ist extrem geheimhaltungsbedürftig. Eine *fachliche* Aufsicht durch Nichtfachleute ist illusorisch.« Das müssen die deutschen Volksvertreter und ihre PKK wohl eingesehen haben, jedenfalls bestand die Personalausstattung ihres Sekretariats bis 1989 aus einem einzigen Beamten der Bundestagsverwaltung, und der nahm das PKK-Amt »nebenher« wahr.

In anderen Ländern ist das anders. So wird der kanadische Geheimdienst CSIS durch ein Aufsichtskomitee kontrolliert, dem wiederum dreizehn hauptamtliche Mitarbeiter mit einem Etat von 1,2 Millionen Dollar pro Jahr zur Verfügung stehen. Aufgabe des Komitees und seiner hochqualifizierten Mitarbeiter ist es, »watchdog« der Volksvertreter und der Bürger zu ein. Das Aufsichtskomitee agiert wie ein Aufsichtsrat, ihm werden freiwillig alle den Dienst betreffenden Anordnungen zugeleitet. Mit großem Aufwand an Männern und Material sucht auch der US-Kongreß, die Geheimdienste unter Kontrolle zu halten. Anders als in Kanada, Dänemark oder den Niederlanden geht es dabei seltener um das Recht der Betroffenen als vielmehr um die Analyse der Effizienz und das Aufspüren von Schwachstellen. »Performance« heißt die Devise.

Das neue PKK-Gesetz erlaubt der Bundesregierung, und damit den Nachrichtendiensten, die Unterrichtung über einzelne Vorgänge zu »verweigern«, wenn dies aus »zwingenden Gründen des Nachrichtenzugangs notwendig ist«. Über solche zwingenden Gründe entscheiden die Dunkelmänner selbst. Der Abgeordnete Wilfried Penner, von der SPD in die PKK delegiert, hat den Mechanismus richtig verstanden: »Die zu Kontrollierenden kontrollieren, was die Kontrolleure kontrollieren sollen.« Das war unter SPD-Regierungen nicht anders. Die wollten sich mit den Diensten auch nicht anlegen. Weiß man denn, welches Dossier aus Rache lanciert wird? Und welche Politikerweste ist schon blütenweiß?

Weil die Regierenden den Geheimdienstlern niemals richtig über den Weg trauen, hat die Bundesregierung 1992 versprochen, daß der PKK auf deren Verlangen Akteneinsicht gewährt wird, mehr noch: Die Bundesregierung gestattet Angehörigen der Dienste, sich »zur Verbesserung der Aufgabenerfüllung der Dienste« mit Hinweisen an die PKK zu wenden, und wird wegen der Hinweise an die Parlamentskommission Geheimdienstler nicht dienstrechtlich maßregeln oder benachteiligen. Damit sich die Sache nicht verselbständigt, ist gleich ein Schlupfloch eingebaut worden. Die Bundesregierung wird die versprochenen Maßnahmen nämlich »verweigern, wenn dies aus zwingenden Sicherheitsgründen notwendig ist«. Und wer sagt, was »zwingende Sicherheitsgründe« sind? Die Sicherheitsdienste.

Eigentlich gehörten in die PKK also Männer aus Eisen, in Wirklichkeit erledigen das Kontrollgeschäft die Fraktionsführer eher nebenbei. Daß dadurch die deutschen Geheimdienste jahrzehntelang von Herbert Wehner kontrolliert wurden, der sein Handwerk im Politbüro der KPD gelernt hatte und eine dicke Akte beim stalinistischen Geheimdienst NKWD hinterließ, gehört zu den Merkwürdigkeiten des dunklen Metiers. Abgeordnete aus den neuen Bundesländern sind bisher nicht in die PKK gewählt worden, ebensowenig eine Frau. Es wäre schon überraschend, wenn dies demnächst geschähe. Mißtrauen ist und bleibt das konstituierende Element aller geheimen Behörden. Was also soll aus den deutschen Geheimdiensten werden? Müssen oder sollten sie ausgebaut werden wegen der vielen neuen Gefahren (Drogen! Mafia!)? Soll man sie, weil ihre Hauptaufgabe ohne ihr Zutun ersatzlos weggefallen ist, verkleinern, sie schrumpfen lassen? Oder soll man sie abschaffen, auflösen, abwickeln?

Das Abwickeln ist die radikalste Idee. Sie hat einige kluge Fürsprecher und ist Teil des Parteiprogramms der Grünen (jedenfalls so lange, bis die ersten Grünen eine Abteilungsleiterposition, besser noch einen B 3-Job bei den Diensten übernommen haben). Anführer der Abwickler ist der Berliner Jura-Professor Uwe Wesel, der die Dunkelmänner vor allem mit seiner Feststellung kränkt: »Die Komik der Geheimdienste liegt in der Arbeit selber.« Die Geheimdienste stammen, so

Wesel, aus vor-demokratischen Zeiten. Sie seien eine staatliche Tätigkeit, die sich überholt habe, die absolut überflüssig und gefährlich sei.

Wäre dem öffentlichen Interesse nicht gedient, wenn alles öffentlich ist? Korrumpiert geheime Macht ganz besonders? Warum sollen die deutschen Geheimdienste, alle drei Kinder des Kalten Krieges, nicht mit ihrem Vater sterben wie die Stasi?

Das wirkliche Leben ist nicht so. Deutsche Geheimdienstler sind nicht in erster Linie Kommunistenfresser, Drogenfeinde, Gegner des Mädchenhandels oder prinzipienfeste Freunde der freiheitlich-demokratischen Grundordnung. Sie sind vor allem Beamte. Und deutsche Beamte ließen sich nicht einmal nach den beiden verlorenen Weltkriegen abschaffen. Ganz im Gegenteil! Es werden immer mehr. Niemals hat es irgendeine Rolle gespielt, ob die Aufgaben wechseln oder fortfallen. Kein einziger Beamter mußte seiner Alimentation Lebewohl sagen, nur weil keine Lebensmittelkarten mehr verteilt wurden oder die Wohnraumbewirtschaftung aufhörte. Der Beamte war, ist und wird sein. So ist das Leben in Deutschland.

Abschaffen könnte man die Dienste also nur, wenn ihre rund 15 000 Mitarbeiter und die ebenso große Zahl der freiberuflichen Spitzel auf irgendeine andere Weise beschäftigt oder abgefunden würde. Theoretisch ist das denkbar, denn die Existenz von Geheimdiensten ist ja durch kein Naturgesetz begründet. Um ein Haar hätte US-Präsident John F. Kennedy nach dem Desaster in der kubanischen Schweinebucht die ganze CIA aufgelöst. Und der Auslandsaufklärungsdienst IDB des niederländischen Königreiches wird zum Januar 1994 offiziell liquidiert, ersatzlos gestrichen. Bis dahin sollen sich die Agenten einzig und allein mit dem surinamischen Kokainhandel und dessen Verhinderung beschäftigen. Doch für die Auflösung der deutschen Geheimdienste gibt es keine politische

Mehrheit, weder im Parlament (denn Beamte protegieren Beamte und deren Kinder) noch im ausgespähten und beschützten Volk.

Geheimdienste, sagen die Geheimdienstler, habe es immer gegeben und werde es immer geben. Sie seien »Attribut jedes Staates«. Aber müssen sie so bleiben, wie sie sind? Das müssen sie nicht. Seit der Wiedervereinigung drängeln sich die Dunkelmänner nach immer neuen Aufgaben – ein sicheres Zeichen dafür, daß der Wind von vorn kommt. Er bläst recht kräftig. So hat Erwin Huber, der einflußreiche Generalsekretär der bayerischen CSU vorgeschlagen, das Kölner Bundesamt für Verfassungsschutz durch eine kleine Koordinierungsstelle zu ersetzen und den Riesenbau für die Unterbringung von Asylbewerbern freizugeben. Huber ist ein bodenständiger Niederbayer, der weiß, wie schwer in seiner Heimat das Geld verdient wird und wie leicht es sich in Köln in heiße Luft verwandelt.

Unterstützung hat der Christsoziale vom Vorsitzenden des Haushaltsausschusses, Rudi Walther (SPD), bekommen: »Wenn wir wissen, wohin mit den Tausenden von Beamten, kann man das heutige BfV ganz auflösen.« Und der FDP-Wirtschaftsexperte und Landesvorsitzende von Schleswig-Holstein, Wolfgang Kubicki, ist auch kein Freund der geheimen Behörden: »Die wesentlichen politischen Entwicklungen der Welt laufen sowieso an unseren Geheimdiensten vorbei.« Ihn ärgert auch das »Kasperle-Theater des BND bei der Betreuung von Schalck-Golodkowski«. Dem BND will er die Haushaltsmillionen drastisch zusammenstreichen, und: »Das BfV mit seinen schwachen Leistungen ist ganz verzichtbar.«

Soweit die Ansichten von zweifellos staatstreuen Christ-, Sozial- und Freidemokraten. Die grimmigen Drei werden sich nicht durchsetzen können. Aber sie zeigen wenigstens die Richtung. Der große Sprung wird nicht gelingen. Aber versprechen viele kleine Schritte wenigstens kleine Erfolge? Denkbar wäre es. Hier sind sechs Schritte, ein Reigen zum allgemeinen Wohl.

Erster Schritt: gesundschrumpfen, kleinhalten.

Geheimdienste wachsen wie ein Krebs. Sie dehnen sich, siedeln Tochtergeschwülste an, infiltrieren ihre gesunde Umgebung. Ein geheimes Büro hat sieben Leben, wie die Katze. Jeder verteidigt sein Terrain. Heribert Hellenbroich, früher Chef in Köln und Pullach, fordert: »Nicht Abschaffung des Bundesamtes für Verfassungsschutz, sondern Abschaffung beziehungsweise Reduzierung der Landesämter, die im übrigen straffer organisiert sein müßten.« Das finden die meisten Landesregierungen auch. Doch abspecken und gesundschrumpfen, straffer organisieren, das ist schwer getan. So soll das Berliner Landesamt für Verfassungsschutz zwar prinzipiell Mitarbeiter abbauen, doch zuerst einmal sind »vorübergehend noch zusätzliche Stellen für die Aktenbereinigung notwendig«. Da ist es wieder, das Orwellsche »Gedächtnisloch«. In Niedersachsen soll die Zahl der Mitarbeiter des Landesamtes um ein Drittel reduziert werden, denn der Ministerpräsident Gerhard Schröder weiß: »Sonst verschanzen sich die Leute hinter Aufgaben, die sie nicht haben.«

Die Chefs der diversen Dienste scheinen allesamt Kreide gefressen zu haben. Sie versichern, es nie wieder so treiben zu wollen wie 1968 oder in den siebziger Jahren. Und sie stemmen sich auch nicht gegen gewisse »materielle und personelle Einsparungen«. In dem Maße, in dem Aufgaben entfallen, »sind Personalreduzierungen selbstverständlich«, sagt BND-Chef Porzner. Er soll 700 Mitarbeiter im Laufe der Jahre verlieren, hält aber auch »zum Teil Neueinstellungen für notwendig«. Ähnlich argumentieren die Verfassungsschützer. Fünf Jahre lang sollen jeweils 80 von den jetzt 2485 Planstellen abgebaut werden. Betroffen sind die Herren des mittleren Dienstes, die Akademiker im höheren Dienst bleiben der Bundesoberbehörde erhalten. Ob der deutsche Rechtsradikalismus lebhaft genug wirkt, um die kleine Schrumpfkur vorzeitig zu beenden, muß man abwarten. In Hessen ist das schon beschlossene Sache, dort wird das Landesamt für Verfassungsschutz nun doch nicht radikal verkleinert, wg. Reps.

Zweiter Schritt: auf die Finger sehen.

Vertrauen ist gut, Kontrolle ist besser. Oder sollte man Lenins Maxime vom Kopf auf die Füße stellen und sagen: Kontrolle ist gut, Vertrauen ist besser? Den Geheimdiensten vertraut niemand. Kein Bürger, kein Politiker, nicht einmal die Geheimdienstler selber. Deshalb sind alle gut beraten, die geheimen Behörden im Auge zu behalten. Jahrzehntelang haben BND und MAD im rechtsfreien Raum agiert, der Verfassungsschutz in einer Grauzone. Die 1990 neu beschlossenen Gesetze, 1992 abgerundet durch das PKK-Gesetz, haben die Situation verändert, vorerst jedoch nur pro forma.

Noch immer sammeln die deutschen Geheimdienste Informationen ohne Zahl. Allein das Kölner Informationssystem NADIS besteht aus 32 Großrechenanlagen, Computern mit fast unbegrenzter Kapazität, die (anders als der menschliche Verfassungsschützer) nie etwas vergessen. Die Kontrolle durch die beamteten Datenschützer ist bisher eher symbolisch. Richtig hinlangen können sie nicht. Noch ist fast jede Datensammlung und jeder Austausch von Daten mit anderen Behörden erlaubt. Warum kann das deutsche Grundgesetz eigentlich nicht durch einen transparenten Dienst geschützt werden? Sind denn, wie die Geheimdienstler glauben, Transparenz und

Verfassungsschutz ein Widerspruch in sich? Oder dient die Geheimniskrämerei nur den Geheimniskrämern, nicht dem Schutz des Grundgesetzes?

Dritter Schritt: bessere Leute rekrutieren.

Bessere Leute heißt andere Leute. Wer sich derzeit zu den Geheimdiensten hingezogen fühlt, der ist schon aus diesem Grund eigentlich berufsunfähig. Die großen und die kleinen biographischen Einzelheiten, die in diesem Buch ausgebreitet worden sind, beweisen, daß die deutschen Dunkelmänner keine Herren von edlem Charakter und starkem Verstand sind. Jedenfalls würde man von ihnen keinen Gebrauchtwagen kaufen wollen. Doch woher andere, bessere Männer nehmen? Frauen interessieren sich, von wenigen Ausnahmen abgesehen, überhaupt nicht für diese Tätigkeiten (was für die Frauen spricht). Würde die Sache besser, wenn man die Geheimdienstler besser bezahlen würde? Oder ihren Beamtenstatus abschaffte? Oder sie deutlich schlechter honorierte? Wahrscheinlich hätte das alles wenig Einfluß auf die Qualität der Mitarbeiter. Die sind zumeist dort, weil sie draußen, in der freien Wirtschaft etwa, für sich keinen Platz sehen, weil sie Angst haben vor den Risiken anderer Berufe, weil sie von »Vater Staat« alimentiert werden wollen, und das lebenslang. Das würde sich nicht ändern, wenn man die Alimentation herauf- oder heruntersetzen würde.

Die besseren Leute kann ein deutscher Geheimdienst unter den gegebenen Umständen nicht an sich binden. Hin und wieder versucht er es, dann geht es schief. So sollte der Verfassungsschutz des neuen Bundeslandes Brandenburg durch Detlef Graf von Schwerin aufgebaut werden. Das ist ein anständiger, leicht melancholischer Mensch, dessen Vater als Widerstandskämpfer von den Nationalsozialisten gehängt wurde. Detlef von Schwerin, früher im Deutschen Entwicklungsdienst tätig, hat die düstere Welt der Geheimdienste, kaum war er in sie eingetreten, sofort wieder fluchtartig verlassen. Auch in Köln und Pullach gibt es kaum noch Geheimdienstler, die eine andere Herkunft haben als ihre Chefs. Fast alle entstammen den aufstiegsorientierten unteren Mittelschichten oder der Unterschicht. Verfassungsschutz und Geheimdienstarbeit sind für sie, vor allem anderen, Vehikel des eigenen sozialen Aufstiegs und der erstrebten Sicherheit. Staatsschutz ist für sie eine liebenswerte Idee, weil der Staat ihr Einkommen schützt.

Vierter Schritt: dem Internationalismus wehren.

Ein Spion ist stets des anderen Spions Alibi. Zeigt ein gegnerischer Geheimdienst Kollapsneigungen, stehen ihm erfahrungsgemäß die Kameraden von der anderen Seite hilfreich bei. Sie tun das auch um des eigenen Vorteils willen. Lebensziel der Dunkelmänner ist ja nicht, die Dunkelmänner von der anderen Seite ein für allemal um Arbeit und Brot zu bringen. Lebensziel ist, mit den anderen ein möglichst unterhaltsames Indianerspiel für Erwachsene zu veranstalten, wenn es klappt mit leichten Vorteilen für die eigene Seite. Nach Ende des Kalten Krieges tun die überlebenden deutschen Dienste deshalb viel für ihre einstigen Gegner. Nicht nur, daß neue Männer ausgebildet und mit dem Handwerk vertraut gemacht werden: Man versucht, auch Absprachen über gemeinsame Aktionsfelder zu treffen.

Markus (»Mischa«) Wolf meint, »man muß versuchen, Regeln zu schaffen für eine Kooperation auch gegeneinander gerichteter Geheimdienste sowie für den Informationsaustausch auf bestimmten sensiblen Gebieten«. Und wie sollte das geschehen, Herr Generaloberst? »Vielleicht wären einige Ex-Geheimdienstchefs prädestiniert, sich mal zusammenzusetzen und darüber nachzudenken.« Dreimal darf man raten, welcher Ex-Geheimdienstchef sich selbst für prädestiniert hält...

Brüderliche Hilfe und Vernetzung erschweren es den einzelnen Ländern, ihre nationalen Geheimdienste unter Kontrolle zu halten. Wenn die Geheimdienstler erst supranational agieren, etwa weil sie für die Brüsseler Bürokraten sensitive Exportgüter beobachten, für die UNO Konfliktherde in aller Welt, für die Drogenbekämpfer den Hanfanbau und für die Welternährungsorganisation die Weizenverteilung – wenn also Geheimdienst und Nation entflochten sind, wird die politische Kontrolle völlig illusorisch.

Fünfter Schritt: legale Geheimdienst-Residenten?

Im September 1992 hat der Bundesnachrichtendienst in der russischen Hauptstadt Moskau ein offizielles Büro eröffnet. Im Gegenzug wird der russische Geheimdienst (das sind die alten KGB-Kader) demnächst in der Bonner Botschaft der GUS offiziell ein Büro einrichten. Ende des Jahres 1992 begannen russische und deutsche Fachleute in Moskau, die vom KGB Mitte der achtziger Jahre im Neubau der Deutschen Botschaft installierten Abhörmikrofone zu entfernen. Gut so? Oder nicht so gut?

Alte Geheimdienstfüchse, die noch im Reichssicherheitshauptamt der SS ihr Handwerk gelernt haben, erinnern sich, daß die Idee gar nicht so neu ist. Im Krieg wurden den deutschen Botschaften Polizei-Attachés der SS zugeordnet. Sie hatten ähnliche Aufgaben wie die nun offiziell amtierenden Geheimdienstler. Demnächst will der Bundesnachrichtendienst in Warschau ein Büro eröffnen. Präsident Lech Walesa ist auch dafür. Aber was – um Himmels willen – sollen die legalen Residenten der Geheimdienste anderes tun als die legalen deutschen Diplomaten? Offiziell wird gesagt, daß sie vertrauensbildende Maßnahmen betreiben sollen. Inoffiziell hoffen die hell im Licht stehenden Geheimdienstler, sie könnten die diplomatischen Berichte ergänzen und »vor allem verifizieren«. Gut? Oder nicht so gut?

Sechster Schritt: Bürgerkontrolle.

In unserem Grundgesetz steht nichts davon, daß der Verfassungsschutz als Geheimdienst organisiert sein muß. Es ist ja auch eine merkwürdige Idee, daß alle Erkenntnisse, die zum Schutz der Verfassung vorsorglich zusammengetragen werden, im öffentlichen Interesse vor der Öffentlichkeit geheimgehalten werden müssen. Die rechte Fraktion des öffentlichen Dienstes – dazu zählen erfahrungsgemäß die meisten Mitarbeiter der Justiz, der Polizei, der Bundeswehr, der Feuerwehr, der Sozialämter – ist sehr dafür. Die linke Fraktion – also Professoren, Künstler, jüngere Lehrer und alle Betroffenenbetreuer – ist sehr dagegen. Die Kontrolle über die deutschen Geheimdienste wird aber ausschließlich durch die rechte Fraktion ausgeübt, wenn überhaupt.

Vorsichtig haben manche sozialdemokratischen Landesregierungen in den letzten beiden Jahren versucht, daran etwas zu ändern. Immer geht es um das Recht der Betroffenen, Auskünfte über die zu ihrer Person gespeicherten Daten zu erhalten. Nun ist der Datenschutz eine Mehrzweckwaffe. Er schützt die Milliarden Daten, die von den Geheimdiensten in vielen Jahrzehnten gespeichert worden sind, vorerst viel wirksamer vor der Einsichtnahme durch interessierte Betroffene, als daß der Datenschutz dem einzelnen gegen die geheime Behörde zu seinem guten Recht verhülfe. Aber das muß ja nicht so bleiben. Den Datenschutz kann man variieren. Das ist selbst in den Vereinigten Staaten von Nordamerika gelungen, deren Administration gewöhnlich nicht auf der Seite des einzelnen Bürgers steht.

Seit den Zeiten des US-Präsidenten Lyndon B. Johnson gibt es ein Gesetz mit dem schönen Titel: »Freedom of Information Act«, das allen Bürgern das Recht gibt, die Akten der nationalen und lokalen Regierungsstellen einzusehen. Von diesem Recht gibt es etliche Ausnahmen. So geht selbstverständlich die nationale Sicherheit vor Neugierde, alte Akten sind eher zu bekommen als junge, und die Geheimdienste sowie das Militär sträuben sich erfahrungsgemäß am ausdauerndsten. Doch alle Institutionen unterhalten eigene Büros, um der Informationsfreiheit wenigstens eine schmale Gasse zu bahnen. Von dieser Freiheit sind wir in Deutschland noch weit entfernt. Kein Rechtsanwalt nimmt, anders als in Dänemark, von Staats wegen die Interessen des heimlich Abgehörten wahr. Der dänische Rechtsanwalt ist berechtigt, stets dabei zu sein, wenn über Wasserdampf die Briefe eines ausgespähten Bürgers geöffnet und gelesen werden. In Kanada gibt es einen »Advocatus diaboli«, vom Staat bestellt und bezahlt, der bei der Entscheidung über den Einsatz geheimdienstlicher Mittel gegen verdächtige Bürger deren Rechte argumentativ vertritt. Transparent wird das geheime Tun deshalb noch lange nicht, doch allemal ein wenig durchsichtiger und wohl auch besser vor Mißbrauch geschützt.

Noch haben die Geheimdienste den längeren Atem. Es sieht auch nicht so aus, als würde ihnen bald die Luft ausgehen. Noch ist eine führende Tätigkeit im Dunkelmännergewerbe kein Stigma für eine politische Karriere. George Bush hat die

CIA geleitet und der deutsche Außenminister Kinkel den Bundesnachrichtendienst. Jurij Andropow, einer der letzten sowjetischen Generalsekretäre, war vorher jahrelang Chef des KGB. Der afghanische Regierungschef Nadschibullah ist ebenso Geheimdienstler wie ein halbes Dutzend Staatspräsidenten der Dritten Welt.

Kein Geheimdienst auf der ganzen Welt hat jemals freiwillige auf irgend etwas verzichtet. Wie in Deutschland so rechtfertigt auch anderswo der »Übergesetzliche Notstand« im Ernstfall nahezu jede Geheimdienstaktivität; in vielen Ländern sogar Mord und Totschlag. Was wäre, wenn jeder Mensch so handelte wie ein Geheimdienstler? Gäbe es dann mehr Freiheit, Gleichheit und Brüderlichkeit auf der Welt? Machen die Geheimdienste nicht alles immer nur schlimmer? Aber warum werden sie dann nicht abgeschafft?

Dafür gibt es (neben den sozialpsychiatrischen Beamteninteressen) zwei Gründe: Der erste ist das allgemeine, die Politik konstituierende Mißtrauen. Keiner traut keinem; jeder hofft, wenn auch meist vergeblich, die eigene Unsicherheit durch Nachrichten- und Geheimdienste zu reduzieren. Der zweite Grund ist banalerer Natur: Die jeweils Herrschenden mögen die Zeitungen nicht leiden. Die Medien informieren zwar meist schneller, korrekter und umfassender als die Dienste. Aber die Medien kritisieren gleichzeitig permanent alle Regierenden, und das wollen die nicht lesen, hören oder sehen. Solange das so ist – warum und wann sollte es sich ändern? –, wird es bleiben wie bisher: Die Geheimdienste sind zu nichts zu gebrauchen, aber zu allem fähig.

JÜRGEN ALBERTS

Zielperson unbekannt

Roman aus dem Verfassungsschutz
272 Seiten, Taschenbuch, 10,00 DM

*

Vier Topagenten eines deutschen Geheimdienstes fühlen sich unwohl. Man hat sie aufs Abstellgleis geschoben. Aber statt sinnlose Aktenvermerke anzulegen, planen die Geheimdienstler eine spektakuläre Aktion, plaziert im Fadenkreuz von Terrorismus und Atomkraft. Plötzlich jedoch gerät die brisante Inszenierung aus den Fugen – und die Nation an den Rand einer Katastrophe... Drei Jahre hat Jürgen Alberts recherchiert. Er ist Affären nachgegangen, hat in Archiven geforscht und sich mit Agenten mehrerer Geheimdienste unterhalten. Er war der einzige westdeutsche Journalist, der mit Hansjoachim Tiedge ausführlich sprechen konnte. Aus der Fülle des gesammelten Materials wurde ein Roman. Ein Realitätsthriller. Es ist der Stoff, aus dem die politischen Skandale sind. Als Buch knisternd, spannend, phantastisch; in Wirklichkeit ein Alptraum.